컬처노믹스 시대 문화도시 브랜드

Cultural City Brand in the Culturenomics Age

조태남 지음

신아사

서문

인류의 역사를 보면 일찍이 풍요로운 문화의 꽃을 피운 국가가 세계 강국이 될 수 있었다. 고대 로마가 유럽 대륙을 넘어서서 아시아 대륙의 일부와 아프리카 대륙의 일부까지 점령하여 대제국을 건설할 수 있었던 것도 강력한 군사력과 함께 위대한 로마 문화의 힘을 갖추고 있었기에 가능한 일이었다. 20세기 미국이 세계의 주도권을 장악할 수 있었던 것도 엄밀히 분석해 보면 문화의 힘이 기여한 바가 크다고 할 수 있다. 유럽대륙의 국가들이 가지고 있는 전통적이고 고전적인 문화예술의 유산이 없었던 미국은 대중소비 사회를 조성하고 문화예술까지도 상품화하면서 현대 대중 문화예술 시장을 주도하여 문화적으로나 경제적으로 강국으로 올라설 수 있었다.

21세기 컬처노믹스 시대에도 미국은 문화의 힘으로 여전히 세계의 주도권을 놓지 않을 것이며, 문화 창조산업으로 제2의 산업혁명을 일으키고 있는 영국이 이에 합류하고 있다. 미국과 영국은 문화의 파워를 산업적으로 활용하는 문화전략으로 이미 세계 문화산업을 주도하고 있는 국가들이다. 문화가 국가와 도시의 경제를 살리는 키포인트가 되고 있는 컬처노믹스 시대에 세계인들에게 문화적 깊이와 다양성을 갖춘 국가로 인정받지 못한다면 국가의 미래는 결코 밝을 수 없다. 오늘날 세계인들은 문화적 즐길 거리를 찾아 전 세계를 두루 여행하는 문화유랑자들이라고 할 수 있다. 그러니 국가의 다양하고 풍부한 문화 인프라를 구축하는 일이 무엇보다도 절실히 필요하다. 이제는 자기 나라 사람들뿐만 아니라 전 세계인들의 문화적 욕구까지도 채워 줄 수 있는 나라, 즉 문화가 강한 나라가 세계 강국이 되는 컬처노믹스 시대이다.

컬처노믹스 시대는 또한 전 세계의 도시들이 자기 도시만의 문화브랜드를 갖추고 치열하게 경쟁하는 문화도시 경쟁의 시대이기도 하다. 문화도시 브랜드 경쟁의 시대에 무엇보다 우선 되어야 할 것은 세계적인 문화도시들과 견주어도 손색이 없을 정도로 도시의 문화적 환경을 완벽하게 구축하여 세계인들의 마음에 문화도시로서의 이미지를 확실하게 각인시키는 일이다. 그 다음으로는 문화도시 브랜드를 만들고 전 세계의 여행객들이 몰려오도록 홍보 마케팅하고 지속적으로 브랜드 가치를 높여나가는 일이 필요하다. 세계 문화도시 경쟁에서 이기려면 무엇보다도 다른 도시들과 비교해서 분명하게 차별화될 수 있는 자기 도시만의 독특하고 매력적인 문화도시 브랜드를 갖고 있어야 한다. 문화도시 브랜드는 도시의 경제를 살리는 강력한 파워로 작용한다. 지금 전 세계의 도시들은 강력한 문화도시 브랜드 파워 경쟁을 벌이며 자기 도시를 전 세계에 마케팅하고 있다.

차 례

제 1 부

컬처노믹스 시대

The Culturenomics Age

제1장

컬처노믹스와 시티노믹스

21세기는 문화와 경제가 만나 문화적으로 경제적으로 풍요로운 세상을 만들어가는 컬처노믹스 시대이다. 즉 지구촌 사람들이 전 세계를 여행하며 세계 각국의 다양한 문화와 예술을 통해 인생의 즐거움과 행복을 만끽할 뿐만 아니라 문화가 산업이 되어 경제적 부가가치를 창출하는 일이 가능해진 시대이다. '문화(culture)'와 '경제(economics)'를 합쳐 '컬처노믹스(culturenomics)'라는 새로운 용어를 처음으로 사용한 사람은 덴마크 코펜하겐대학교 피터 듀런드 교수이다. 그는 경제적으로 경쟁력 있는 국가와 도시를 만들기 위해 문화를 활용해야 한다는 의미에서 이 말을 사용하였다.

21세기에 들어서면서 문화와 예술이 국가와 도시의 경제를 살리는 중요한 자원이라는 인식이 전 세계적으로 빠르게 확산되고 있다. 문화와 경제를 융합한 컬처노믹스 시대인 21세기는 또한 문화전쟁의 시대라고

까지 일컬어지고 있다. 전 세계 국가와 도시들이 경제에 지대한 영향을 미치는 문화를 가지고 치열하게 경쟁하는 시대가 된 것이다. 이제 전 세계 국가와 도시들은 자기만의 독특한 문화를 강력한 무기로 삼아 문화적으로 경제적으로 가장 경쟁력 있는 국가와 도시를 만들기 위해 온갖 노력을 기울이고 있다. 문화산업에서 앞서나가고 있는 다른 국가들의 경우와 비교해 볼 때, 우리 중앙정부와 지방자치단체의 문화 관련 예산은 우리 문화를 발전시키고 문화산업을 일으키기에는 턱없이 부족하다.

> 프랑스나 영국 등 선진국들도 정책적으로 문화산업 육성에 심혈을 기울이고 있다. 프랑스는 정부가 주도하는 '설계자(Architect) 전략'을 펼치며 국가 예산을 문화 분야에 많이 배정하고 있다. 2012년 예산은 한국의 3배 가까운 11조 원에 이른다. 영국은 크리에이티브 브리튼(Creative Britain) 전략을 지속하며 전 산업 분야로 문화적 창조성 확대에 심혈을 기울이고 있다. (…) 유럽연합(EU)은 2011년 11월 23일 사상 최대의 '예술기금조성계획(Arts Funding Program)'을 발표했다. 그들이 내건 슬로건은 '창조 유럽(Creative Europe)'으로 2014년부터 2020년까지 18억 유로(약 2조 7,000억 원)를 조달해 예술 산업 부흥에 투자하겠다는 계획이다. 재정위기로 사면초가에 빠진 노쇠한 유럽을 창조산업을 통해 회생시켜보겠다는 전략이다. (한류본색, pp.163, 215.)

영국은 창조산업을 국가의 핵심 전략산업으로 추진하여 경제적 부가가치를 높이고 일자리를 늘인 결과 2006년에 이미 1인당 국민소득이 4만 달러를 넘어섰고 지금도 지속적인 성장을 이루고 있다. 18세기 후반 산업혁명을 통해 세계 경제의 주도권을 잡았던 영국이 21세기에 문화산업혁명을 통해 다시 도약하고 있다. 산업혁명 때 세워진 공장들이 세계적인 산업구조의 급격한 변화로 문을 닫으면서 영국의 경제가 침체기를 맞았을 때, 영국은 이 위기에서 벗어날 해법을 이른바 '창조산업'에서 찾았다. 산업혁명의 중심 도시들 중의 하나였던 리버풀이 비틀즈의 록 음악으로 다시 살아난 것이 대표적인 사례이다. 영국은 창조산업을 주력산업으로 성장시켜 세계문화의 주도권을 잡고 전 세계에 영국문화의 열풍을 일으키려고 한다.

이제 우리나라의 문화예술 산업이 세계 여러 나라와의 경쟁에서 우위를 점하고 국가 경제 성장의 중추적인 역할을 다하기 위해서는, 문화예술에 경제적 원리를 도입하고 질 좋은 문화예술 상품을 세계 시장에 내놓고 효과적으로 문화마케팅 해야 할 때이다. 수준 높은 문화예술을 바탕으로 국내 시장에서 치열한 경쟁을 통해 질 좋은 문화예술 상품을 개발하여 해외시장에 진출해야 한다. 그 다음으로 중요한 것이 우리나라의 문화 수준과 문화상품의 가치를 전 세계에 널리 알리고, 세계인들을 대상으로 효과적으로 문화마케팅 하는 전략이다. 질 좋은 문화상품 개발과 효과적인 문화마케팅 전략이 함께 할 때, 우리나라의 문화산업은 국제적인 경쟁력을 확보할 수 있는 것이다.

문화가 국가 경제 발전의 중요한 동력이 되는 컬처노믹스 시대에, 문화는 21세기가 요구하는 트렌드로서 이제 문화 산업으로까지 비약적으로 발전하여, 오늘날 국가 경제에서 중요한 몫을 담당하기에 이르렀다. 문화가 삶의 중심으로 다가오면서 세계적으로 문화산업의 부가가치와 문화산업이 국민총생산에서 차지하는 비율이 해를 거듭할수록 높아지고 있다. 지난 20세기가 기술과 정보의 시대였다면, 사람들이 보다 높은 삶의 질을 추구하려는 경향을 보이는 21세기는 문화에 대한 관심과 욕구가 그 어느 시대보다 극대화되고 있는 감성적인 문화의 시대이다. 이러한 시대에 지금까지의 그 어느 때보다도 더 놀라운 위력을 발휘하는 것이 스토리텔링의 힘이다.

문화는 태초로부터 오늘날에 이르기까지 인류가 살아온 삶의 발자취이며, 각 지역과 각 시대의 문화에는 서로 다른 삶을 살아온 사람들의 고유한 스토리가 담겨 있기 마련이다. 오늘날 세계 각 국가와 도시들은 이 스토리들을 자원으로 다양한 장르의 문화콘텐츠 창작품들을 만들어 내고 즐기면서 전 세계 여행자들을 불러들이고 있다. 바야흐로 스토리텔링이 우리 사회 전 분야에서 경쟁력의 원천으로서 중요한 화두가 되고 있다. '해리포터'와 '반지의 제왕'의 예에서 볼 수 있듯이 이제 스토리는 고부가가치를 낳는 귀중한 자원이 되었고, 스토리산업은 문화를 활용하여 경제적 부가가치를 창출하는 문화산업의 근간이 되었다.

스토리는 문화콘텐츠 창작의 원천이다. 한 편의 재미있고 감동적인 스토리를 원천소스로 삼아 만화, 드라마, 영화, 뮤지컬뿐만 아니라 게임에 이르기까지, 하나의 스토리를 새롭고 다양한 방식으로 재미있게 즐길 수 있도록 해주는 갖가지 문화콘텐츠 창작품들을 만들 수 있다. 더 나아가서 스토리텔링이 있는 축제를 열고, 테마파크를 만들어 많은 사람들이 다 함께 참가하여 즐거움을 나누는 열린 문화의 공간을 조성할 수도 있다. 문화콘텐츠 산업은 문학, 미술, 음악, 무용 등 여러 가지 예술적 요소들을 바탕으로 다양한 문화콘텐츠 상품을 만들어 현대인들에게 보고 듣고 즐길 거리를 제공하는 산업이라고 할 수 있다. 이 문화콘텐츠 산업의 중요한 전략은 하나의 원천소스를 기반으로 다양한 콘텐츠들을 개발하여 경제적 부가가치를 증대시키는 OSMU(One Source

Multi Use) 전략인데, 이 전략의 핵심에 스토리텔링이 있다. 스토리텔링은 문화콘텐츠 산업의 경쟁력을 높여 주는 필수적인 요소라고 말할 수 있다.

'해리포터와 혼혈왕자'의 책을 사기 위해 기다리는 독자들

'해리포터'와 '반지의 제왕' 이야기가 출판되자 전 세계에 엄청난 돌풍을 일으키고, 이 이야기들을 원천소스로 하여 개발된 애니메이션, 영화, 게임, 캐릭터와 같은 다양한 문화콘텐츠 상품들도 크게 성공을 거두고 막대한 경제적 부가 가치를 가져다주는 등 오늘날 영국은 스토리를 기반으로 한 문화콘텐츠산업(영국에서는 이른바 창조산업)의 메카가 되었다. 또한 이들 이야기에 매료된 세계인들이 이야기 속 배경이나 영화 촬영지를 찾아오면서 지역의 관광산업도 크게 활성화되었다.

해리포터에 나오는 9와 4분의 3 승강장

한국 경제가 외환위기로 최대 고비를 맞았던 1997년, 영국은 '크리에이티브 브리튼(Creative Britain)'이라는 문화산업 육성전략을 시작했다. 당시 영국의 1인당 국민소득은 2만 3,000 달러로 2011년 한국의 국민소득과 비슷했다. 영국이 문화산업에 관심을 가진 것은 제조업 중심의 성장전략에 한계를 봤기 때문이다. 고용창출효과가 높고 경제적 파급력도 큰 문화산업에서 새로운 성장동력을 찾아보자는 공감대가 형성됐다. 효과는 예상을 뛰어넘었다. 영국의 1인당 국민소득이 단숨에 3만 달러와 4만 달러를 돌파했다. 일자리 40만 개도 추가로 만들어졌다. (한류본색, p.153,154.)

오늘날 세계인들은 문화적 즐길 거리를 찾아 전 세계를 두루 여행하는 문화유랑자들이라고 할 수 있다. 지금도 지구촌 사람들은 감동적인 스토리를 간직하고 있는 문화적 명소들을 찾아 전 세계 곳곳으로 문화유랑을 떠나고 있다. 전 세계 문화유랑자들이 우리 한국으로 찾아들게 만드는 가장 효과적인 방법도 한국 고유의 스토리를 원천소스로 삼아 다양한 문화콘텐츠 상품을 개발하는 것이다. 인간은 본능적으로 스토리텔링을 즐기는 존재인 까닭에 스토리텔링을 바탕으로 한 문화콘텐츠 창작품들이 우리에게 그 무엇보다도 더 진한 감동과 즐거움을 줄 수 있는 것이다. 이제 한국 고유의 이야기를 바탕으로 만들어진 문화콘텐츠 상품이 국가의 경제를 살릴 수 있는 컬처노믹스 시대이다.

21세기는 또한 세계의 도시들이 문화와 예술을 원동력으로 삼아 도시 경쟁력을 키우고, 도시의 지속적인 경제성장을 위해 문화 인프라를 경쟁적으로 구축하는 시티노믹스 시대이기도 하다. 이제 국가 경쟁의 시대를 지나 도시 경쟁의 시대가 되었다. 도시 경쟁의 시대에 경쟁력 있는 도시가 되기 위해서는 다른 도시들과 차별화된 자기 도시만의 도시 브랜드를 만들고 브랜드 가치를 유지할 뿐만 아니라 지속적으로 상승시키는 일이 무엇보다 중요하게 되었다. 이제 우리는 도시 브랜드가 도시 경제 발전의 가장 강력한 원동력이 될 수 있는 시티노믹스 시대에 살고 있다. 특히 세계의 도시들은 각기 자기 도시만이 지니고 있는 문화적 특색을 내세우며 문화도시 만들기 경쟁에 나서고 있다. 우리 도시만의 특색 있는 문화자원을 활용하여 만들어낸 문화도시 브랜드가 도시의 경쟁력을 높일 수 있다.

> 우수한 도시 브랜드들의 가치는 국가 브랜드를 뛰어넘고 있는 것이 현실이다. 이것이 바로 글로벌 경쟁력의 핵심 근간은 국가 브랜드가 아니라 도시 브랜드라고 전문가들이 강조하는 이유라고 하겠다. 세계적인 브랜드 컨설팅 분야의 전문가인 사이먼 안홀트 역시 "도시 브랜드 없는 국가 브랜드는 허상이다"라고 하면서 도시 브랜드의 중요성을 역설한 바 있다. 또한 "도시 브랜드는 국가 브랜드를 대변하는 동시에 역할과 기능면에서 더 큰 비중을 차지한다. 향후 글로벌 경쟁은 도시를 중심으로 이루어지므로 도시 브랜드 육성에 관심을 기울여야 한다."고 덧붙였다. (…) 잘 팔리는 히트 상품 하나가 그 기업을 먹여 살리는 것과 마찬가지로 잘 브랜딩한 도시가 국가를 먹여 살리는 시대에 우리 모두 살고 있다. (도시 브랜드 마케팅, pp.41,42.)

사람들이 찾아가서 보고 싶고 또 살고 싶어지는 매력 넘치는 행복도시를 만들어야 한다. 도시의 경관이 아름답고 그 도시에서 즐길 수 있는 풍부한 문화예술 자원이 있는 도시, 무엇보다도 그 도시에서 살고 있는 시민들 스스로가 행복하고 자기 도시를 방문한 여행객들을 행복하게 만들어 줄 수 있는 도시가 문화도시 경쟁의 시대, 시티노믹스 시대에 세계 모든 도시들이 저마다 만들고자하는 도시일 것이다. 경쟁 도시들과 차별화된 문화도시 브랜드가 세계 관광객들을 불러들일 수 있다.

우리나라에서도 서울시가 '창의문화도시 서울, 컬처노믹스'라는 주제로 2008년 제2차 글로벌 서울 포럼(Global Metropolitan Forum of Seoul)을 개최한 것은 세계 도시경쟁에서 전 세계 문화도시들과 어깨를 나란히 하기 위해 문화를 통해 도시경쟁력을 키워나가겠다는 의지에서 비롯된 일이다. 2009년 3월 서울시는 한강 노들섬에 세계적인 복합 문화예술 시설 '한강 예술섬'을 2014년까지 건립하여, 서울을 '동북아 문화예술의 상징적 허브'로 만들겠다는 야심찬 계획을 발표했다. 심포니홀, 오페라극장, 다목적공연장, 미술관, 야외음악공원, 조각공원, 생태노을공원, 전망카페 등 '모든 장르의 문화를 환상적으로 창조하고 즐기는 복합 문화예술 공간을 지향'하는 한강 예술섬은 문화예술의 도시 서울의 상징적인 랜드마크가 될 전망이었다. 안타깝게도 서울 시장이 바뀌면서 이와 같은 야심찬 계획이 수포로 돌아갈 위기에 처하기는 했지만, 아직은 늦지 않았으니 컬처노믹스, 시티노믹스 시대의 세계적인 물결에 함께 할 수 있기를 기대한다.

서울을 시작으로 문화예술을 자원으로 활용하여 도시 경쟁력을 높여야 한다는 인식이 우리나라 전국 지방자치단체들 사이에서도 널리 퍼져나가고 있다. 이제 지방자치단체들도 문화예술을 통해 지역경제를 살리기 위해 지역 문화예술의 산업화전략과 경영마인드가 필요한 시대, 문화예술 자원을 활용하여 지역 경쟁력을 높여야 하는 시대가 되었다. 지역의 문화적 환경을 구축하고, 지역적 특색이 있는 문화예술자원을 발굴하여 문화상품으로 개발하고, 경쟁력 있는 지역축제와 이벤트를 개최하는 등 모든 것을 문화관광 자원화하고 마케팅하여 전 세계 관광객들을 불러들여야 할 때이다.

제2장

문화예술 경영

전 세계 국가들이 문화산업을 국가 경제를 이끌어 나갈 중추적인 동력산업으로 생각하는 컬처노믹스 시대에 국내 문화예술계에도 마케팅 개념을 도입하는 등 경영마인드를 살려 국내 문화예술 시장을 활성화하고 재정 자립도를 높여나가야 할 때가 되었다. 우선 해외 공연예술극장의 재정 자립도와 비교해 볼 때 국내 공연예술극장의 재정 자립도는 아직까지 부끄러울 정도로 지극히 낮은 수준에 머물고 있다. 하지만 여러 가지 어려운 상황에서도 문화예술 경영을 잘 하고 있는 곳들도 있다.

우리나라의 공연예술 경영의 성공적인 사례로 정동극장을 들 수 있다. 정동극장은 기업의 경영과 마찬가지로 극장을 경영한다는 경영마인드를 가지고 질 좋은 문화상품을 제작하고 마케팅하여 우리나라의 공연예술극장 중에서는 가장 높은 재정 자립도를 보여 주고 있다. 정동극장의 마케팅은 고객의 입장에서 관객들에게 편의를 제공한다는 서비스

정동극장으로 가는 길(덕수궁 돌담길)

원칙을 철저하게 실천하는 등 고객에 대한 주의 깊은 배려에서부터 시작된다.

정동극장이 자리 잡고 있는 정동길은 도시의 문화적 환경을 구축하려는 서울시의 도시 갤러리 프로젝트에 의해 새로운 모습으로 변화해 온 서울의 대표적인 문화거리이다. 덕수궁 돌담길을 시작으로 고궁의 고풍스런 분위기와 현대 문화의 분위기가 잘 어우러지면서 길게 이어진 정동길 한 가운데 들어서 있는 공연장답게 정동극장은 전통적인 것과 현대적인 것을 이어 주는 공연 작품을 무대에 올렸다. 우리나라의 전통 공연예술 작품을 현대적 감각에 맞추어 새롭게 각색한 한국 전통예술 공연 '미소 MISO(美笑)'는 현대 도시인들의 문화적 욕구를 충족시켜 주고 전통 공연예술을 대중화하는데 크게 기여했다.

정동극장은 여기서 한걸음 더 나아가서 외국인 관광객들을 대상으로 우리의 전통공연 작품을 훌륭한 문화관광 상품으로 만들어 더 높은 경제적 부가가치를 창출하겠다는 문화경영 전략을 세웠다. 지금은 바로 질 좋은 문화상품이 훌륭한 관광자원이 될 수 있는 컬처노믹스 시대인 것이다. 수많은 노력의 결과 정동극장의 '미소 MISO(美笑)' 공연은 한국인들은 물론 세계인들의 문화적 욕구까지도 충족시켜 주고 세계인들의 가슴속 깊이 한국의 미와 멋과 흥을 심어줄 수 있는 명실공히 한국의 대표적인 전통 공연예술 상품이 되었다.

우리 전통공연예술의 세계화를 위해서는 차별화된 전략이 필요하다. 세계인들이 다른 어느 나라에서도 만날 수 없는 가장 한국적이고 전통적인 탄탄한 스토리를 바탕으로 새롭게 창작된 공연예술 작품을 품질 좋은 문화상품으로 내놓아야 한다. 정동극장은 우리의 전통공연예술을 명품화하겠다는 의지로 단 한 작품만을 공연하는 전용관이다. 가장 한국적인 고전 스토리를 가지고 세계인들이 공감하고 즐길 수 있도록 만

정동극장

든 정동극장의 '미소 MISO(美笑)' 공연은 전체 관람객 중 외국인이 90%를 차지하는 가운데, 한국의 대표적인 전통공연예술 상품으로 장기 공연을 이어가고 있다.

'미소 MISO(美笑)'는 고전 '춘향전'의 스토리를 바탕으로 현대인들의 정서적 공감을 자아낼 수 있도록 '춘향과 몽룡의 사랑스토리'와 '변학도의 춘향을 향한 사랑과 질투' 등, 세 주인공의 삼각관계에 포커스를 맞추어 각색한 러브스토리로서 대사 없이 한국의 아름다운 전통춤과 노래, 국악연주, 풍물놀이가 한데 어우러지면서 펼쳐지는 한국 전통 뮤지컬 '춘향연가'에 이어 지금은 '배비장전'을 공연하고 있는 중이다.

문화콘텐츠 그리고 문화콘텐츠산업이 국제화 시대에 접어든 오늘날 세계인들은 문화적 즐길 거리를 찾아 세계를 두루 여행하며 다니고 있다. 그 나라의 문화가 독특하고 다양할수록 외국인 여행객들이 즐길 거리도 그만큼 많아지게 된다. 외국인 관광객들이 한국을 찾아오게 만드는 가장 확실한 방법도 정동극장의 '미소'처럼 한국에서만 즐길 수 있는 한국 고유의 스토리가 담겨 있는 다양한 문화상품을 개발하는 것이다. 한국을 방문한 외국인들이 한국 고유의 문화를 즐겁게 체험하고 또 거기에 담긴 스토리까지 이해하고 돌아가서 그 감동을 자기 나라 사람들에게 알려주면 한국 고유의 문화는 세계인들을 감동시키는 세계적인 문화로 발돋움할 수 있다. 이제 한국 고유의 스토리를 바탕으로 만들어진 콘텐츠를 활용한 문화콘텐츠 상품이 국가의 경제를 살릴 수 있는 가장 중요한 수출 상품이 될 수 있는 컬처노믹스 시대이다.

정동극장의 '미소'와 더불어 한국의 대표적인 공연예술 상품으로 자리잡은 작품이 비언어극 뮤지컬 '점프'이다. '점프'도 제작자 중심에서 벗어나서 문화소비자 중심의 제작과 마케팅으로 성공한 사례이다. '점프'가 대한민국의 대표적인 공연예술 상품이 될 수 있었던 것은 관객의 입장에 서서 관객들의 욕구를 사전에 조사하고 관객이 진정으로 보고 싶어하는 '재미와 감동'을 주는 공연 작품을 제작하려고 노력했기 때문이다.

'점프'는 태권도 등의 무술만을 선보이는 단순한 쇼 공연을 넘어서서 세계인들이 공감할 수 있는 탄탄한 스토리를 갖추고 있었기에 흥행에 성공할 수 있었다. '점프'는 '현란한 무술과 아크로바틱과 슬랩스틱 코미디'와 절묘한 조화를 이루며 펼쳐지는 '별난 가족의 별난 스토리'이다. 할아버지, 아버지, 어머니, 딸, 삼촌 모두 남다른 무술 실력을 갖춘 무술의 달인들로 이루어진 별난 대가족 사이에 벌어지는 웃지 않을 수 없는 재미있고 흥미진진한 에피소드들이 현란한 무술과 곡예 속에 관객들의 시선과 마음을 사로잡는다.

국내 공연에 이어 해외 공연 시장에서도 인정받기 위해 '점프'는 영국 에든버러 페스티벌 진출을 목표로 삼는다. '난타'도 에든버러 페스티벌에서 얻은 좋은 반응에 힘입어 세계 공연시장에 성공적으로 진입하였듯이, 세계무대에 진출하기 위한 교두보를 확보하기 위해 영국 에든버러 페스티벌에 '점프'를 선보인다. 전 세계 공연 마케터들이 좋은 공연작품을 찾아 구매하기 위해 모여드는 에든버러 페스티벌은 세계무대에 진출하려는 세계 모든 공연 단체들에게는 세계적으로 인정된 아주 중요한 공연 마켓이다.

'점프'는 2005년 영국 '에든버러 페스티벌'에서 출품된 1800개 작품들 중에서 박스 오피스 1위에 오를 정도로 폭발적인 인기를 얻으며 예상 외의 성공을 거두었다. 에든버러에서의 성공에 힘입어 미국 뉴욕 브로드웨이로 진출하는 길도 열렸다. 더 나아가서 세계 여러 나라에서 공연할 수 있는 기회도 많아졌다. 이들은 전 세계에서 적극적으로 공연활동을 펼치며 세계 여러 곳에 점프 공연 전용관을 열었다. '점프'는 이제 '난타', '미소'와 더불어 대한민국의 대표 문화 브랜드로 성장하였다. '점프'의 성공은 문화산업의 고용창출로 이어지고 공연 수입도 연간 100만 달러를 넘어서고 서울 부산 제주 일본 뉴욕 등에 상설 전용극장을 갖추기에 이르러 우리나라의 문화산업을 이끄는 선도 주자가 되었다.

컬처노믹스 시대에 기업들도 문화예술을 단순히 마케팅에 활용하는 단계를 넘어서서 과감히 문화예술에 투자하고 문화예술 경영에 나설 때이다. 우리 기업이 국내 문화예술 시장을 활성화시켜 우리나라가 문화 강국으로서 세계 정상에 올라서는 그날, 문화강국이라는 대한민국의 브랜드 가치에 힘입어 우리나라 기업들이 수출하는 제품들의 브랜드 가치도 향상되고 세계인들에게 인정받으며 높은 값에 팔려나가게 될 것이기 때문이다.

> 지금은 대중문화업계와 제조업체들이 정기적으로 교류할 수 있는 장이 전혀 없다. (…) 한국 기업들이 한류 혜택을 지속적으로 누리려면 한류를 만들고 있는 엔터기업들을 지원할 필요가 있다. 해외 수출을 위해 마케팅에 투입할 돈을 엔터기업에 투자한다고 생각해도 된다. (한류본색, p.176.)

기업의 문화예술 경영과 마케팅은 기업이 문화예술을 통해 소비자 곁으로 한 걸음 더 가까이 다가가서 소비자와 원활히 커뮤니케이션하고, 결과적으로 기업의 문화적 이미지를 높이면서 동시에 경제적 부가가치도 창출할 수 있는 효과적인 전략이다. 기업은 문화를 통해 소비자들의 마음속에는 문화적 기업이라는 이미지를 심어 주고, 기업 구성원들에게도 창의적 사고력을 길러 주어 기업의 지속적인 성장과 발전을 이룰 수 있는 것이다. 문화가 국가발전의 중요한 동력이 되는 21세기 문화의 시대에, 기업의 문화예술 경영과 마케팅은 이제 기업의 선택 사항이 아니라 필수적인 요건이라고 할 수 있을 정도로 중요한 전략이 되었다.

> 일본의 학습지 회사 베네세 그룹은 뜻밖의 장소에서 스위트스폿을 찾았다. 금속 제련 공장만 있던 썰렁한 일본 중남부 해안 세토나이카이 해상국립공원에 위치한 나오시마 섬에 세계적인 건축가 안도 다다오와 함께 지중미술관, 호텔, 조각공원을 만든 것이다. 이 섬은 여행 전문지 〈트래블러〉가 꼽은 '죽기 전에 가보고 싶은 세계 7대 명소'로 유명하다. (…) 그 결과 한해 33만명의 방문객이 이 섬을 찾아오고 섬주민의 소득 수준도 현에서 1위로 올라섰다. (컬처 파워, p.165.)

기업이 문화예술을 지원하는 메세나 운동은 이미 고대 로마 시대에서부터 시작되었다. 메세나의 어원은 고대 로마 아우구스투스 황제 시대에 문화예술가들을 적극적으로 후원했던 재상 가이우스 슬리니우스 마에케나스의 이름에서 유래된 것이다. 프랑스어로 메세나(mécénat)는 문예, 학술, 예술에 대한 폭넓은 후원을 뜻한다. 이제 21세기 문화의 시대에 기업은 단순히 문화예술을 후원하는 단계를 넘어서서 소비자들뿐만 아니라 기업 구성원들에게도 문화예술을 향유할 수 있는 기회를 제공하고 이들의 문화적 욕구를 충족시켜 주는 방향으로 나아가야 한다. 오늘날 우리나라의 기업들 중에서도 21세기 국가 발전의 새로운 원동력으로 대두되고 있는 문화산업에 과감히 투자하여 문화산업을 발전시키고 창의적인 기업 문화를 만들어 기업의 경쟁력을 한 단계 더 높이는 발전 전략을 적극적으로 추진하는 기업들이 생겨나고 있다.

금호아시아나는 '문화가 살아야 일류 국가라는 취지하에', '발전하는 경제 강국으로서의 위상에 걸맞은 문화예술 선진국으로 거듭나는데 기여하고자' 기업의 사회적 공헌을 다하기 위한 메세나활동의 일환으로 금호아시아나문화재단을 설립하여 다양한 문화예술 지원 활동을 하며 한국 문화예술 활성화에 이바지해 오고 있다. 금호아시아나문화재단은 음악영재 육성사업, 한국 문화예술을 세계적 수준으로 끌어올리기 위한 문화예술 분야의 국제교류 활성화, 지역문화예술 발전을 위한 지역문화예술 인프라 구축 및 활성화 등 문화예술분야 지원을 확대 강화하고 있다.

> 금호아시아나 문화재단은 '영재는 기르고 문화는 가꾸고'라는 취지 아래 실내악 전용 클래식 공연장 금호아트홀과 문화아트홀을 운영하면서 음악 영재를 집중 발굴, 육성하고 해외에 소개하는 역할을 오랫동안 해왔다. (…) 해외 정상급 오케스트라를 국내에 초대하는 금호월드 오케스트라 시리즈도 열고, 단편 영화제도 지원하고, 대치동에 새로 연 아름다운 전시관 크링도 많은 관심을 받는다. (컬처파워, p.50.)

삼성문화재단은 '문화예술이 개인의 삶의 질을 향상시키고 국가 발전의 원동력이 된다'고 인식하고, '한국 문화예술 발전에 중추적 역할을 담당'하겠다는 목표를 세우고 1965년 설립되어 다양한 문화예술 사업을 펼치고 있다. 특히 국내 미술 사업을 전문화하고 국제화하기 위해 해외 유명 미술관과의 교류 및 협력을 지속적으로 추진하고 있다. 21세기 문화전쟁의 시대에 삼성문화재단이 '문화의 가치가 그 어느 때보다도 중요해진 지금' '한국의 우수한 문화를 널리 알리고 해외와의 문화교류를 적극 지원하여 21세기의 문화리더로서의 역할을 담당'하겠다는 약속을 충실히 이행할 것을 기대한다.

삼성문화재단은 국보 및 보물급 문화재를 소장한 호암미술관, 다양한 현대미술 관련 기획전시를 하는 삼성미술관 Leeum, 삼성어린이박물관을 운영하고 있다. 특히 삼성문화재단이 세계적 수준의 미술관으로 만들려고 하는 곳은 삼성미술관 Leeum이다. Leeum의 건축물은 세 명의 세계적인 건축가들의 독특한 개성을 담은 건축물들이 조화롭게 어우러진 예술작품이다. 삼성문화재단은 삼성미술관 Leeum을 '문화 글로벌 시대를 맞이하여 동양과 서양을 잇는 새로운 개념의 미술관', '아시아 미술의 구심점이 되어 세계를 향해 열린 예술과 문화의 발신지'로 만들겠다는 강력한 의지를 보여준 바 있다.

LG연암문화재단은 '문화예술의 창작과 교류를 통한 기업 이윤의 사회 환원'을 실현하는 문화 공간으로 LG아트센터를 개관하여 국내 문화예술 분야의 발전에 기여하고 있다. LG아트센터는 특히 건축 설계 단계에서부터 공연장 운영과 공연 프로그램 기획 실무자들이 참여하고, 국내외 전문가들의 협력을 구하여 세계적인 수준의 전문적인 공연장으로 탄생하였다. LG아트센터는 음악, 무용, 연극, 뮤지컬 등 다양한 장르의 공연예술을 수용할 수 있는 최첨단 다목적 공연장을 갖추고 국내외의 다양하고 수준 높은 공연예술을 선보이는 복합 문화예술의 공간이다. LG아트센터에서는 국내외의 수준 높은 공연예술 작품을 지속적으로 무대에 올려 관객들의 문화적 욕구를 충족시켜 주고 국내 공연예술의 세계화를 선도하고 있다. LG 그룹의 문화예술 경영 활동은 '브랜드와 예술을 접목시키는 아트 마케팅'으로도 이어졌다.

> LG 계열사의 예술경영 활약은 대단하다. LG전자는 브랜드와 예술을 접목시키는 아트 마케팅이 단연 돋보인다. 2003년 에어컨 전면 패널에 명화 그림을 적용한 휘센 아트쿨로 아트 마케팅에 착수하면서 하상림, 김지아나 등 '휘센이 만난 6인의 아티스트전'을 열었고, 휘센 합창 페스티벌도 개최했다. (…) LG화학의 Z:in은 벽지 브랜드인데 뜻밖에도 금난새 오케스트라를 지원했다. 하나는 시각 브랜드이고 하나는 청각 예술인데 서로 다른 아이디어 공간을 섞어버린 것이다. 반응은 참신함과 놀라움이다. (컬처파워, pp.36, 251.)

기업 이윤의 사회 환원이라는 차원에서 문화예술 사업에 접근하면서 문화적인 기업으로서의 이미지를 강하게 부각시키려고 노력하는 기업들이 생겨나고 있는 것은 우리나라 문화예술의 발전을 위해 매우 긍정적인 일이다. 앞으로 더욱더 우리 문화예술의 발전을 위한 기업의 역할과 그 바람직한 방향을 진지하게 모색해야 할 것이다. 진정한 의미에서 문화예술을 통한 기업 이윤의 사회 환원이 되기 위해서는 기업들의 문화예술 사업이 또 다른 수익 창출의 수단이 아니라 경제적 여유가 없는 서민들에게 문화예술을 향유할 수 있는 기회를 제공하는 방식이 되어야 할 것이다.

문화예술 환경이 풍부하게 구축되고 문화예술을 즐기는 사람들의 층이 두터운 문화국가를 만드는 일에 보다 많은 기업들이 기꺼이 참여하는 문화적 풍토가 필요한 21세기 문화의 시대가 되었다. K-Pop의 인기는 한국문화와 언어에 대한 관심으로 이어질 뿐만 아니라, 한국을 방문하는 관광객의 증가와 한국기업이 생산한 제품의 매출증가를 가져온다. 다시 말해 한국문화의 저력을 키우면 관광수지는 물론 무역수지를 높이는 결과를 얻을 수 있는 것이다.

한국의 기업들도 우리나라의 문화 발전이 기업의 이익을 증대시키는 지름길이라는 것을 깨닫고 이제는 문화 후원이 아니라 문화 투자의 차원에서 접근하여야 할 것이다. '문화와 감성, 스토리 등과 같은 계량화할 수 없는 가치들이 21세기 기업경영, 사회경영의 성공인자로 주목받고 있는'(컬처파워, p.29.) 컬처노믹스 시대에 기업의 문화예술 경영과 마케팅 전략은 선택이 아니라 필수가 되어가고 있다.

이제 세계는 문화전쟁의 시대로 접어들었다. 전략적으로 문화의 힘을 효과적으로 잘 활용하는 국가, 도시, 기업만이 살아남을 수 있다. 기업의 문화예술 경영과 마케팅 전략은 자사의 제품을 구입해서 사용하는 소비자들의 문화예술에 대한 욕구를 채워주어 그들의 행복지수를 높여주면서 기업에 대한 긍정적인 이미지와 호감을 갖게 할 수 있다. '문화전략은 기업과 문화가 윈-윈하는 지속가능 전략이라는 것을 알아야 한다.' (컬처파워, p.259.)

제3장

한류열풍

한국 드라마와 K팝이 세계 여러 나라에서 한류열풍을 일으키고 있다. 이를 통해 한국 대중문화를 접한 세계인들이 한글을 배우고 한국을 찾아오고 한국음식을 맛있게 먹는 모습들을 자주 볼 수 있게 되었다. 한국의 대중문화가 일으킨 한류 덕분에 한국의 국가 이미지와 국가 브랜드 지수도 향상되었다. 우리 기업들도 한류의 혜택을 상당히 크게 보고 있다. 한류는 한국과 한국인들을 좋아하게 할뿐만 아니라 한국 기업이 만든 제품까지 선호하게 만드는 효과까지 만들어 냈다. 한류를 타고 한국 제품들이 전 세계로 보다 더 많이 팔려나가고 있는 것이다.

컬처노믹스 시대에 문화가 국가의 경제적 부가가치를 향상시키는데 얼마나 큰 힘을 발휘할 수 있는지를 실감할 수 있다. 문화산업이 창출하는 경제적 부가가치는 그동안 우리나라의 경제 성장을 견인해온 자동차, 조선, 반도체 산업과 비교도 되지 않을 정도로 크다. 영국이 문화산업에 주력하고 있는 까닭도 여기에 있다. 21세기는 문화국가 브랜드 가치가 높은 국가가 세계의 주도권을 가질 수 있는 컬처노믹스 시대이다. 인류 역사상 문화가 앞선 국가가 세계를 지배해왔다. 로마제국의 힘도 군사력 못지않게 문화의 힘에서 비롯되었다.

> 문화산업이 양질의 성장을 이뤄내면 한류는 더욱 강화되고, 이에 따른 긍정적 파급효과가 전 산업으로 퍼져나가면서 생산유발효과와 고용유발효과는 더 빠르게 확대될 전망이다. (…) 한류는 특히 수출증대효과도 뛰어나다. 대표적인 문화콘텐츠 부문인 영화, 음악, 방송, 게임의 수출액은 2006년 9,600억 원에서 2011년 3조원으로 5년 개 3배나 급증했다. (…) 한류를 생산하는 문화콘텐츠산업은 특히 고용유발계수(10억 원 투자 시 고용창출 인원)가 12명으로 5~8명 수준인 반도체나 조선, 자동차, 통신 등을 압도한다. (한류본색 pp.106,107.)

K팝 한류의 일등 공신은 유튜브이다. 유튜브를 타고 K팝은 아시아의 거의 모든 국가들을 넘어 유럽의 프랑스와 영국, 미국과 캐나다, 남미의 여러 국가, 호주, 아프리카에 이르기까지 전 세계 젊은이들의 마음에 파고 들어갔다. 2011년 6월 SM 타운 빠리 콘서트 입장권이 매진되자, 표를 구하지 못한 젊은이들이 루브르 박물관 유리 피라미드 앞 광장에서 플래시 몹 행사를 벌이며 K팝 공연회수 연장을 요구하기까지 했다. 유튜브에 올린 뮤직 비디오를 통해 K팝을 처음 접한 이들은 K팝 가수 공연을 직접 보고 싶어 프랑스 전역에서뿐만 아니라 다른 국가에서 기차와 비행기를 타고 찾아온 열혈 팬들이었다. 유튜브 위력의 결정판은 싸이의 '강남 스타일'이었다. '강남 스타일'은 2012년 7월 15일 유튜브에 뮤

K-Pop 공연 중 싸이

직 비디오를 공개한지 채 두 달도 되지 않은 52일 만에 유튜브 조회 건수가 1억 건을 넘어서더니, 161일 만에 10억 건, 1년 3개월이 지나면서 18억 2만여 건에 달하는 경이적인 기록을 이어가고 있다. 역시 빠리의 샤이오궁 앞 뜨로까테로 정원에서 싸이가 '강남스타일' 노래를 부르고 춤을 추는 모습을 보기 위해 2만 여명의 빠리 팬들이 몰려들었다.

국내에서 선풍적인 인기를 끌며 높은 시청률을 보여 주었던 '사랑이 뭐길래', '겨울연가', '대장금' 같은 한국 드라마들이 해외에 수출되어 외국 텔레비전에서도 인기리에 방송되는 일이 많아졌다. 컬처노믹스 시대에 한국적인 소재와 이야기를 다룬 드라마들이 한류 열풍을 일으킨 것이다. 한국 드라마를 보면서 드라마 스토리에 깊이 빠져 일본을 비롯한 동남아시아 여러 국가에서 한국으로 여행을 오는 외국인 관광객들의 수도 눈에 띄게 증가했다. 감동적인 스토리를 담은 한국 드라마가 국내에서의 인기에 힘입어 이른바 드라마 한류 열풍까지 일으킨 것이다. 이들의 발길을 우리 한국으로 이끄는 것이 바로 테마 관광 스토리텔링의 매력이다.

남이섬

드라마 '겨울연가'의 감동적인 스토리가 남이섬의 존재 자체도 몰랐던 수많은 해외 관광객들의 발길을 한국의 북한강에 떠있는 한 작은 섬으로 이끄는 놀라운 기적을 만들어냈다. 이들은 춘천의 가정집이나 남이섬 등 드라마의 실제 배경이 되었던 장소들을 찾아다니면서 드라마의 감동을 온몸으로 다시 느끼고 싶어 했다. 드라마의 배경이 된 장소에 들어서는 순간, 이들은 마치 자신들이 드라마 속의 주인공인 배용준이나 최지우가 된 것처럼 감격해 하며 즐겁고 행복한 시간을 보내고 돌아갔다. 그리고 배용준이 목에 둘렀던 목도리와 최지우가 목에 걸었던 폴라리스 목걸이는 여행객들에게 가장 인기 있는 기념품으로 불티나게 팔렸다. 드라마 한류가 만들어낸 관광의 명소 남이섬은 지금도 여전히 새로운 콘텐츠들을 다양하게 담으며 한국 문화관광산업이 앞으로 나아가야 할 방향을 제시해 주고 있다.

> 강우현 소장이 남이섬을 캔버스 삼아 그림을 그렸다고 할 정도로 남이섬은 강소장의 손길이 곳곳에 닿아 있으며 자연과 휴식, 그리고 꼼꼼한 예술의 재탄생 작업이 이루어진 곳이다. (…) 남이섬은 한 해 약 30만 명이 찾는데, 가평 인근 지역에 미치는 경제적 유발효과도 크다. (…) 이제는 〈겨울연가〉의 촬영지가 아니라 '나미 공화국'으로서 세계적인 회의와 대회를 유치하면서 관광객들이 계속해서 꾸준히 늘고 있다. 남이섬은 한류를 이어가는 힘이기도 하다. (컬처파워, pp.166,167.)

한류열풍은 언제까지 지속될 수 있을 것인가? 때로는 한류열풍에 거부감을 느낀 일본이나 중국 등에서 언론 매체를 통해 한류에 반대하는 반한류 내지는 한류를 혐오하는 혐한류 움직임이 일어나기도 하고, 또한 정부차원에서 한국 대중문화 유입을 규제하고 차단하려는 움직임도 있어 대단히 염려스러운 상황인 것도 사실이다. 우리나라에서도 한때 일본 문화가 한국을 침략하려고 한다며 왜색 문화 배척 운동이 벌어졌던 적이 있었으니, 그들도 한국 대중문화의 지나친 유입을 경계하려고 하는 것은 어떻게 보면 당연한 일이라고 할 수 있다. 이제 우리들의 노력은 반한류와 혐한류의 직격탄을 맞지 않고 한류 열풍을 지속적으로 확산시켜 나가는데 초점을 맞추어야 한다. 무엇보다도 한류의 일방적인 확산이 아니라 상호 교류하면서 거부감을 최소화하면서 이 문제를 풀어나가야 한다.

지금까지 한류를 이끌어온 주역은 드라마와 K팝 등 한국의 대중적인 문화이다. 대중문화 상품의 인기는 대중들의 트랜드가 변하고 또 다른 새롭고 독특한 문화 상품이 출현하면 언제든지 식을 수 있다. 1980년대 선풍적인 인기를 끌었던 홍콩 영화의 열풍도 비슷한 스토리와 액션이 반복되면서 어느 순간 가라앉고 말았다는 것을 기억해야 한다. 한국 드라마와 K팝도 새롭게 변화하지 않고 비슷한 스토리와 노래를 반복해서 보여주고 들려준다면 홍콩 영화가 걸었던 길을 똑같이 걸을 수밖에 없을 것이다. 대중들은 기존의 문화에 쉽게 싫증을 느끼고 끊임없이 새로운 문화를 찾는다. 다른 나라에서 참신한 드라마와 노래가 새롭게 뜨면 한국 드라마와 K팝도 밀려날 수 있다는 것이다. 그래서 필요한 것이 한류 문화를 다양화하고 질적인 수준을 높여나가는 일이다.

> 한류 위기론의 핵심은 편중이다. 지역은 아시아, 분야는 K팝과 드라마에 쏠려 있다. 타개책은 문화와 기업 간 연계성 제고를 통한 입체화 전략이다. 단편적으로 되어 있는 한류의 구조를 입체화시키는 게 한류 지속 가능의 관건이다. (한류본색, p.167.)

이제 드라마와 K팝 한류를 넘어서서 한국의 전통적인 문화 한류를 일으켜야 한다. 세계 여러 나라에서 한국의 드라마를 보고 K팝을 들으면서 한국문화에 빠져든 외국인들이 직접 한글을 배우고 한국의 음식을 즐겨 먹는 모습은 이미 낯설지 않다. 한류의 영향으로 세계 여러 나라의 한국 음식점에 한국 음식을 먹으러 찾아오는 외국인들의 발길이 잦아졌다고 한다. 우리나라의 전통 음식과 음식에 얽힌 이야기 소재를 발굴하고 스토리텔링하여 세계인들에게 한국의 음식문화를 알리고, 이에 매혹된 세계인들이 한국의 음식을 즐겨 맛보기 위해 한국 관광을 떠나오도록 해야 할 것이다.

특히 음식문화 한류의 주역이 되고 있는 우리의 전통적인 김치의 유래와 김치에 얽힌 민속적인 이야기 소재들을 발굴하여 세계인들에게 김치문화를 스토리텔링해줄 수 있어야 한다. 우리나라로 관광을 온 외국인 여행자들이 김치 만들기 체험을 하고 김치의 맛을 즐기고 우리 고유 음식에 담긴 이야기 속으로 빠져들게 해야 한다. 텔레비전 프로그램 '한국인의 밥상'처럼 한식을 테마로 우리나라 전국 곳곳을 찾아다니며 체험하고 즐기는 문화관광 상품을 개발할 필요도 있다. 스페인의 산티아고 데 콤포스텔라는 성 야고보의 발자취를 찾는 순례자들의 도시로 전 세계에서 매년 수많은 여행자들이 방문한다. 요즈음 한국의 사찰을 찾아와 템플스테이를 하는 외국 여행자들이 늘어나고 있다. 한국의 역사 깊은 사찰 순례와 같은 한국의 전통문화를 체험하는 테마여행 한류도 기대해 볼 수 있을 것이다.

한글과 한식의 한류를 새로운 한류의 전환점으로 삼아 우리가 간직하고 있는 다양한 전통문화에 대한 세계인들의 관심과 사랑을 이끌어내야 한다. 한복을 비롯하여 한국인 패션 디자이너의 작품이 빠리와 뉴욕 등 세계 패션쇼에 모습을 드러내면서 서서히 패션 한류도 시작되었

한복 패션쇼

다. 한국의 화장품 회사들도 한류스타들을 모델로 하여 홍보 마케팅하면서 매출이 급성장하며 화장품 한류를 만들어내고 있다.

한국 영화들이 세계적인 국제영화제에서 수상하면서 한국영화의 한류도 가능해졌고, 신경숙의 '엄마를 부탁해'를 비롯하여 다수의 국내 작가들의 문학작품들이 세계 여러 나라 출판사에서 번역 출판되어 베스트셀러가 되기도 하면서 한국문학의 한류도 생겨나기 시작했다. 영화와 문학의 한류는 자연스럽게 영화와 소설 스토리에 나오는 한국인의 삶과 한국적인 모든 것에 대한 관심으로 이어지면서 새롭고 다양한 한류를 일으키는 원동력이 될 수 있다. 이제 21세기 컬처노믹스 시대는 문화의 힘이 보다 본격적으로 경제 성장의 기반이 되는 시대이다. 한류 열풍이 우리나라의 다양하고 깊이 있는 문화 전반에 불어서 한국이 세계 문화와 경제의 대국으로 올라설 때인 것이다.

제4장

컬처노믹스와 스토리텔링

컬처노믹스 시대에 문화콘텐츠를 활용하여 경제적 부가가치를 창출하는 문화콘텐츠 산업은 이제 한 국가의 경제를 이끌어가는 중추적인 동력 산업이 되었다. 문화경쟁을 넘어서 문화전쟁의 시대가 된 21세기는 특히 스토리 자원이 풍부한 국가가 경쟁력을 갖는 시대이다. 문화콘텐츠가 가지고 있는 경쟁력의 원천은 바로 감동을 주는 스토리이며, 문화콘텐츠 산업은 근본적으로 스토리텔링에 바탕을 두고 있기 때문이다. 영국, 미국 등 세계 문화콘텐츠 산업 선진국들은 이미 경쟁적으로 스토리 산업을 육성해 왔다.

지금 세계에서 스토리 산업에서 가장 앞서가고 있는 나라는 영국이다. 영국은 '해리포터', '반지의 제왕', '웨스트엔드 뮤지컬' 등으로 문화산업의 핵심이 되는 스토리산업에서도 세계 선두의 자리를 지키며 앞으로 나아가고 있다. 영국의 스토리 산업의 잠재력은 스토리를 좋아하고 스토리텔링을 즐기는 영국인들의 삶 속에 일찍부터 깊이 내재되어 있었다. 영국 내에는 작은 지역과 동네 단위의 스토리텔링 클럽이 활발하게 운영되고 있어 일상적인 삶에서 자연스럽게 스토리를 즐기고 있다. 영국 정부에서 운영비를 지원하는 스토리텔링 클럽의 수가 3만 개도 넘는다. 해리포터, 반지의 제왕 등의 성공 사례에서도 볼 수 있듯이 영국은 풍부한 스토리 자원을 가지고 제2의 산업혁명, 21세기 스토리 산업혁명을 일으키고 있는 나라이다.

> 문화상품의 대표적인 성공 사례로 꼽히는 조앤 롤링의 〈해리포터〉는 경제적 파급효과만 300조를 뛰어넘는다. (컬처파워, p.19.)

작은 어촌 마을 목사인 무명의 작가가 어느 날 베스트셀러 작가로 세상에 이름을 알리게 된 것도 영국에서 가능한 일이다. 영국 북해의 어촌 마을 스카보로의 작은 교회의 그레이엄 테일러목사가 그 지역에 떠돌아다니는 스토리들을 바탕으로 판타지 소설 '새도맨서'를 자비로 출판하여 마을 사람들에게 나누어 주었는데, 이 책이 나중에 조앤 롤링의 '해리 포터'를 누르고 15주 연속 베스트셀러에 오른 일은 너무나 유명하다.

스토리를 바탕으로 만든 다양한 문화콘텐츠 상품들이 지구촌의 수많은 사람들의 사랑을 받으며 전 세계계적으로 유통되는 스토리 산업 시대에 풍부한 스토리 자원을 갖고 있느냐 없느냐는 이제 국가 경제 발전의 중요한 요인이 되고 있다. 감동적인 스토리를 바탕으로 제작된 '레미제라블', '노트르담 드 빠리', '오페라의 유령' 등 런던 웨스트 앤드와 뉴욕 브로드웨이의 뮤지컬들이 흥행에 성공하면서 전 세계로 수출되어 막대한 수익을 거두어들이고 있다.

한국의 뮤지컬이 독자적인 스토리를 바탕으로 제작된 순수 국내 뮤지컬 작품보다는 세계적으로 흥행에 성공하여 검증받은 해외 작품들 위주로 공연이 이루어지고 있는 것은 한국 뮤지컬 산업 발전의 걸림돌이 될 것이다. 이와 같은 현상이 계속된다면 한국의 뮤지컬 산업이 영국과 미국 등 뮤지컬 산업 선진국들을 따라잡는 일은 요원해질 것이다. 한국 뮤지컬 산업의 지속적인 성장뿐만 아니라 한국 문화콘텐츠 산업의 전반적인 발전을 위해서는 감동적인 스토리를 창작할 수 있는 우수한 스토리텔러를 육성하고 독창적인 스토리를 발굴하고 개발하는 일이 절대적으로 필요하다.

> 다니엘 핑크가 미래 사회의 인재로 꼽는 능력 중의 하나는 공감을 이끌어내는 능력이다. (…) 그래서 진정성이 담긴 스토리는 문화전략의 중요한 요소이다. (컬처파워, p.105.)

21세기 컬처노믹스 시대에 국가와 도시의 경제를 발전시키는 데 중요한 산업이 문화관광산업이다. 오늘날 세계인들은 문화 유랑자가 되어 각 국가와 도시의 이색적인 문화를 즐기기 위해 전 세계를 여행하며 연간 소득액의 상당 부분을 여행비로 지출하고 있다. 사람들에게 일을 해서 돈을 모으는 목적이 무엇이냐고 물으면 특히 서양인들은 당연하다는 듯이 여행을 즐기기 위해서라고 대답하는 경우가 많다.

이처럼 문화 유랑인들이 전 세계적으로 증가하는 덕분에 특히 유럽의 도시들 중에서는 그 도시에 살고 있는 주민들 대부분이 주로 문화관광산업만으로 소득을 올리며 여유로운 생활을 즐길 수 있게 된 도시들도 곳곳에 생겨나고 있다. 뉴질랜드는 영화 '반지의 제왕'의 촬영지가 되면서 경제적으로 큰 혜택을 보고 있다. 뉴질랜드 관광산업은 뉴질랜드의 청정한 자연을 배경으로 촬영된 3부작 '반지의 제왕' 덕분에 비약적으로 성장할 수 있었다.

뉴질랜드 관광지

콘텐츠가 국가의 전략적 산업으로 자리 잡고 있다. 영화 〈반지의 제왕〉이 뉴질랜드에 가져다준 경제적 효과를 뜻하는 '프로도 경제[Frodo Economy]'는 콘텐츠산업의 파급효과를 잘 보여준 사례다. 프로도는 영화 〈반지의 제왕〉의 주인공 이름이다. 뉴질랜드는 이 영화로 2001년 이후 연평균 관광객이 5.6% 증가했다. 전 세계 관광객 증가율이 1% 안팎인 것을 감안하면 비약적인 발전이다. 영상산업도 164% 성장했다. 2만 명이 넘는 고용창출효과를 거뒀다. (한류본색, p.99.)

이제 문화관광산업은 국가와 도시의 경제적 부가가치를 창출할 수 있는 중요한 산업이 되었다. 컬처노믹스 시대에 무엇보다 중요한 것은 문화관광산업을 활성화하는 일이다. 세계인들을 매혹시킬 수 있는 풍부한 스토리 자원을 가진 국가가 문화관광 대국이 될 수 있다. 각 국가와 도시의 문화관광산업을 키우기 위해서는 지역의 명소나 문화유산에 담겨 있는 스토리 자원을 효과적으로 활용하여 관광지의 브랜드적 가치를 높이는 일이 무엇보다도 중요하다. 스토리텔링은 평범한 관광지를 문화관광의 명소로 만들 수 있다. 문화관광과 스토리텔링의 행복한 만남, 여기에 문화관광산업 활성화의 길이 있다.

지역의 문화자원을 콘텐츠화하여 지역 경제를 성장시키는 방안은 다양하게 있을 수 있다. 다른 지역과 차별화된 특색 있는 축제를 개발하고 관광객들을 유치하여 지역의 관광산업을 활성화할 수도 있다. 무엇보다도 관광객들에게 스토리텔링해 줄 수 있는 지역의 숨겨진 스토리들이 있다면 좋을 것이다. 지역에서 태어나고 활동한 역사적인 인물들의 생가나 주거지 그리고 역사성 깊은 건축물이나 장소를 발굴 복원하고, 그 곳에서 살았던 인물들에 관해 스토리텔링하면 여행객들의 감동은 배가 될 것이다. 옛날부터 전해져 내려오는 전설과 설화를 지닌 장소들, 문화예술가들이 살아온 삶의 스토리가 간직되어 있는 장소들, 영화나 소설 속의 스토리를 간직한 장소들도 스토리텔링이 있는 관광명소가 될 것이다.

'봄의 교향악이 울려 퍼지는 청라 언덕 위에 백합 필 적에, 나는 흰 나리 꽃 향내 맡으며 너를 위해 노래 노래 부른다. 청라 언덕과 같은 내 맘에 백합 같은 내 동무야, 네가 내게서 피어날 적에 모든 슬픔이 사라진다.'라는 노랫말을 지닌 가곡 '동무생각'이 태어난 대구 청라언덕에는 노랫말에 얽힌 숨은 이야기를 들려주는 노래비가 서있다. '대구가 고향인 작곡가 박태준이 곡을 짓고 노산 이은상이 노랫말을 붙인 가곡이 '동무 생각'이다. 바로 이곳이 푸른(靑) 담쟁이(蘿)넝쿨이 휘감겨있던 청라언덕이고 백합화는 그가 흠모했던 신명학교 여학생이란다. 박태준의 꿈과 추억이 서린 이곳에 노래비를 세운다. 이 언덕을 찾는 이들의 가슴에 청라언덕의 노랫소리가 울려 퍼지길 기원하면서…'

돌아가는 삼각지 로터리는 오래전에 철거되어 사라졌지만, 지하철 4호선 삼각지역에는 배호의 '돌아가는 삼각지' 기념 쉼터가 만들어져 옛 시절의 이야기를 스토리텔링해 주고 있다. 그곳에서는 동상으로 제작된 가수 배호가 지금도 여전히 벤치에 앉아 기타를 치면서 '돌아가는 삼각지' 노래를 부르고 있다.

> '삼각지 로타리에 궂은비는 오는데, 잃어버린 그 사랑을 아쉬워하며 비에 젖어 한숨짓는 외로운 사나이가 서글피 찾아 왔다 울고 가는 삼각지. 삼각지 로터리를 헤매 도는 이 발길 떠나버린 그 사랑을 그리워하며 눈물 젖어 불러 보는 외로운 사나이가 남 몰래 찾아 왔다 돌아가는 삼각지'

스토리텔링을 효과적으로 활용하여 관광객 유치에 성공한 세계문화 관광 지역의 사례들 중의 하나로 미국의 옐로스톤 국립공원을 들 수 있다. 옐로스톤 국립공원은 인디언의 전설과 역사에 관한 스토리텔링을 담은 '스토리텔링 가이드북'을 만들어 관광객들에게 제공하면서 최대의 관광객 유치 효과를 보고 있다. '스토리텔링 가이드북'은 옐로스톤 국립공원 곳곳에 숨겨져 있는 전설적인 스토리들을 스토리텔링하여 국립공

독일 라인강 로렐라이 언덕

원을 찾아온 여행객들에게 태고의 모습을 그대로 간직하고 있는 경이로운 자연경관 속에 깃들어 있는 숭고한 영혼의 숨결을 느끼게 해 준다.

독일 라인강의 로렐라이 언덕은 어느 나라의 강가에 있는 그저 평범한 언덕에 불과하다. 그런데도 그곳이 세계적인 관광의 명소가 될 수 있었던 것은 '옛날부터 전해오는 쓸쓸한 이 말이, 가슴 속에 그립게도 끝없이 떠오른다. 구름 걷힌 하늘 아래 고요한 라인강, 저녁빛이 찬란하다 로렐라이언덕. 저편 언덕 바위 위에 어여쁜 그 색시, 황금빛이 빛나는 옷 보기에도 황홀해. 고운 머리 빗으면서 부르는 그 노래 마음을 끄는 이상한 힘 로렐라이 언덕'이라는 가사를 지닌 로렐라이 노래와 그 노래를 낳은 로렐라이 전설이 간직되어 있는 장소이기 때문이다.

테마관광 스토리텔링은 스토리텔링을 활용하여 여행객들에게 여행의 즐거움과 감동을 함께 줄 수 있는 문화관광 산업의 새로운 전략이라고 말할 수 있다. 관광객들은 소설이나 영화 그리고 드라마의 배경이 된 장소 등을 여행하면서 자신들이 마치 스토리 속의 주인공이 된 것 같은 새로운 경험을 맛볼 수 있다. 테마관광 스토리텔링은 역사적인 문화유산이 간직되어 있는 공간과 만나는 역사기행, 작가가 태어나고 자라난 생가나 작품의 배경이 된 문학적인 공간과 만나는 문학기행, 예술과 관련이 있는 공간과 만나는 예술기행 등 여행자 각자의 취미와 관심의 대상을 찾아 떠나는 다양한 여행에 활용될 수 있다.

여행지에 깃들어 있는 스토리를 활용하는 스토리텔링이 테마관광 스토리텔링의 기본이다. 역사기행에는 역사적 인물이나 사건에 관한 스토리텔링, 문학기행에는 작가와 작품에 관한 스토리텔링, 예술기행에는 예술가와 예술작품에 관한 스토리텔링이 필요하다. 스토리텔링이 함께하는 여행은 관광지의 육신만을 보는 여행이 아니라 관광지의 영혼과 만나는 여행이 되는 것이다. 스토리는 건물이나 장소에 아주 특별한 의미를 부여하여 그곳으로 사람들을 강하게 끌어당기는 묘한 매력을 지니고 있다. 소설이나 드라마나 영화 스토리에 매료된 수많은 사람들이 소설의 배경이 된 건물이나 장소 그리고 드라마나 영화의 촬영지를 찾아 여행을 오면서 해당 지역의 문화관광산업이 자연스럽게 활성화되는 사례들이 늘어나고 있다.

> 〈겨울연가〉로 유명한 남이섬은 한류 열풍의 진원지다. (…) 남이섬은 이제는 독자적인 스토리텔링과 색다른 서비스를 제공하면서 다양한 국적의 관광객들을 끌어들이고 있다. (…) 남이섬은 국가체제를 표방한 '나미나라공화국'을 통해 외국인의 눈길을 끌고 있다. 나미나라공화국에 출입하기 위해서는 입장권이 아닌 '여권'을 발급받아야 한다. 매표소는 '출입국 사무소'로 이름 붙였다. 이

디즈니랜드

밖에도 주한 외국인을 위한 '국가의 날'을 지정하는 등 이색적인 프로그램을 제공하면서 외국인 관광객 유치에 성공을 거두고 있다. (한류본색, p.231.)

스토리텔링은 테마파크를 스토리가 있는 환상의 공간으로 바꾸어 놓을 수 있다. 테마파크는 멋있게 꾸며놓은 것을 그냥 구경만하거나 탈것을 즐기기 만하는 단순한 놀이공원과는 차원이 다른 문화공간이 되어야 한다. 테마파크는 단어의 의미 그대로 어떤 테마를 가지고 있는, 즉 스토리가 담겨 있는 공간이다. 테마파크의 시작은 1955년 미국 캘리포니아에 만들어진 디즈니랜드라고 볼 수 있다. 디즈니랜드는 디즈니 만화와 영화 속 스토리의 세계를 즐기고 체험할 수 있는 다양한 이벤트와 놀이가 있는 공간이다. 디즈니랜드를 찾아온 사람들은 잠시 동안 현실로부터 벗어나서 꿈과 환상의 세계에 빠져 행복한 시간을 보낼 수 있다.

테마파크는 무엇보다도 특별히 선정한 테마를 중심으로 재미있고 감동적인 스토리를 전시, 공연, 이벤트, 놀이 등 다양한 콘텐츠에 담아 연출한 문화공간이어야 한다. 그리고 방문객들이 억눌렸던 일상의 삶을 벗어나서 현실과는 다른 환상적인 세계를 체험하며 자유로움을 만끽하고 마음껏 즐기고 때로는 감동도 받을 수 있는 공간이어야 한다. 민속촌이나 문화재단지도 스토리를 담아 시설과 공간을 연출하고 이벤트를 기획하여 테마파크로 만든다면 방문객들이 관람만하는 수동적인 관객이 아니라 능동적으로 그 공간의 주인공이 되어 다른 세계를 체험할 수 있을 것이다. 테마파크 스토리텔링으로 테마파크도 사람들이 즐겨 찾는 문화관광의 명소, 훌륭한 문화관광 상품이 될 수 있다.

우리나라의 각 지방자치단체마다 드라마와 영화 세트장을 앞 다투어 유치하려는 것은 지역의 문화관광산업을 일으켜 보자는 생각에서이다. 그러나 촬영이 끝나고 세트장을 제대로 활용하여 관광산업 활성화로 이어지게 한 경우는 그렇게 많지 않다. 문제는 세트장만 무작정 지어놓고 촬영만 하면 관광객들이 당연히 몰려올 것이라고 생각한 것이다. 결과는 기대에 어긋났다. 많은 촬영 세트장이 1~2년 정도 반짝 방문객들이 찾아오다가 그 이후로는 발길이 멈추고 잡초만 무성한 애물단지로 전락하는 경우가 많았다.

문제는 촬영 세트장에 콘텐츠들을 담으려는 계획의 부재로 한번 방문해서 세트장을 관람하고 간 사람들은 다시 찾아올 매력을 느낄 수 없다는 것이다. 국내 여행자들은 물론 한류 열풍으로 먼 타국에서 찾아온 외국인 여행자들이 다시 방문하더라도 늘 새롭게 즐기고 체험할 수 있는 다양한 스토리와 콘텐츠를 담은 테마파크로 드라마와 영화 촬영지와 세트장을 다시 태어나게 한다면 국내외의 많은 관광객들을 유치하여 지역의 문화관광산업 발전에 크게 기여할 것이다. 지역의 역사와 인물에 관한 스토리를 활용한 테마파크를 만들 수도 있을 것이다.

이제 우리나라도 스토리 자원을 발굴하고 활용하여 다양한 문화관광 상품을 개발하고 세계 관광객들을 불러들여 문화관광 대국을 꿈꾸고 실현시켜야 할 때이다. 우리 문화관광산업을 활성화하기 위해서는 각 지역에 간직되어 있는 스토리 자원을 적극적으로 활용하여 여행객들에게 스토리텔링해 줄 수 있는 다양한 프로그램들이 필요하다. 지역에 전해져 내려오는 신화와 전설, 지역의 역사와 문화유산, 지역의 인물들에 관한 스토리텔링으로 다른 지역과 차별화된 그 지역만의 색깔을 여행객들에게 보여주어야 한다. 이 색깔은 바로 그 지역만의 개성적인 이미지가 되고 지역의 브랜드가 된다. 관광객은 스토리텔링을 통해 단순한 구경꾼에서 여행지가 품고 있는 스토리를 구체적으로 느끼고 체험하고 즐기는 주체가 된다. 스토리텔링을 통한 지역 문화관광 마케팅은 지역의 독특하고 매력적인 스토리로 관광객들의 마음을 감동시켜 그곳으로 찾아오고 싶게 만드는 일종의 감성마케팅이다.

한국관광공사는 '문화유산 및 한 스타일(han style) 스토리텔링 부문'과 '한류 관광지 동영상 스토리텔링 부문'으로 나누어 '관광스토리텔링 공모전'을 개최한 것을 시작으로 관광콘텐츠와 스토리텔링을 접목시키려는 노력을 지속하고 있다. 현재 한국관광공사 홈페이지에 전국 관광지 총 2623 곳을 그 곳에 얽혀 있는 스토리와 함께 소개하는 '이야기가 있는 여행' 코너를 운영하는 등 스토리텔링을 적극 활용한 문화관광마케팅 전략을 지속적으로 실천해오고 있다.

문화체육관광부는 2009년 5월 '아름다운 자연과 문화 역사자원을 특성 있는 이야기로 엮어 국내외 탐방객들이 느끼고 배우고 체험할 수 있는 걷기중심의 길'을 만들기 위한 첫 프로젝트 사업으로 역사문화, 예술문화, 생활문화, 생태, 복합형 등 길을 테마별로 분류해 '스토리가 있는 문화생태 탐방로' 시범 사업지 7곳을 선정 발표했다. '스토리가 있는 문화생태 탐방로' 만들기 프로젝트는 2017년까지 1000억원을 투입하여 진행될 예정이다. 역사문화, 예술문화, 생활문화, 생태, 복합형 등 길을 테마별로 분류해 선정한 7개 탐방로는 강화 나들길, 여강길(남한강 따라가는 역사문화체험길), 동해 트레일(영덕, 삼척 구간), 소백산자락 길, 섬진강을 따라가는 박경리 토지길, 고인돌과 질마재를 따라 100리길, 삼남대로 따라가는 정약용의 남도유배길 등이다.

'스토리가 있는 문화생태 탐방로'에서 나중에 '이야기가 있는 문화생태 탐방로'로 정식 명칭이 바뀐 이 프로젝트를 시작으로 지방자치단체를 중심으로 우리나라 곳곳에 이른바 '문화와 이야기가 있는 스토리텔링 로드 조성 열풍'이 불고 있다. 지방자치단체들은 각기 인터넷 공식 홈페이지를 통해 자기 지역의 문화관광명소에 얽힌 이야기들을 스토리텔링하고 있다. 문화체육관광부는 '관광객들에게 다양한 도보여행의 즐거움을 제공'하기 위해 '이야기가 있는 문화생태 탐방로(Culture and Eco Trail)'를 조성하여 운영하면서, 2009년을 시작으로 매년 '귀중한 역사문화자원을 보유한 아름다운 우리 길을 선정'하여 발표하고 있다. 이는 우리나라의 문화자원과 자연자원을 활용하여 관광산업을 활성화하려는 노력과 의지를 잘 보여준다. 특히 문화자원과 자연자원을 그 속에 담긴 이야기로 엮어내는 스토리텔링 방식은 관광객들에게 단순한 관광 이상의 감동과 즐거움을 줄 수 있다.

동강

2010년 '이야기가 있는 문화생태 탐방로' 10개소는 전남 해남의 '땅끝길', 충북 괴산, 충주, 경북 문경의 '새재넘어 소조령길', 강원도 강릉, 평창의 '대관령 너머길', 경남 산청, 하동의 '백의종군길', 경기 광주, 하남시, 서울 송파의 '토성산성 어울길', 강원도 철원의 '쇠둘레 평화누리길', 경남 통영의 '토영이야~길', 경남 남해의 '남해 바래길', 전남 완도 청산도의 '청산여수(靑山麗水)길', 전남 신안 증도의 '증도 모실길' 등이다.

2011년 '이야기가 있는 문화생태 탐방로' 10개소는 '시대별 역사길, 삼남대로 옛길, 풍경이 있는 가람길, 사랑과 낭만과 사색의 테마길 등 크게 4가지 큰 주제'로 나누어 선정되었다.

1. 길을 통해 우리 역사의 발자취를 더듬고 선조들의 지혜를 배운다는 취지에서 서울지역의 '서울 성곽길', '아차산 고구려 역사길', 부여의 '사비길' 등 서

두물머리길

울과 부여 고도의 다양한 역사의 향기를 느낄 수 있는 상징성이 높은 역사길과 일제 수탈 아픔과 교역의 도시 군산의 근대문화유산을 둘러 볼 수 있는 '금강 하구길' 선정

2. 옛길을 찾고 가꾸어 간다는 취지에서 삼남대로 구간 중 옛길 흔적이 고스란히 남아있는 '갈재길'(전남 장성, 전북 정읍 구간)을 선정

3. 우리나라 가람길의 원형을 잘 간직하고 있으면서 다양한 이야기와 풍경이 살아 있는 '동강길', '섬진강길' 선정

4. 북한강과 남한강이 만나 어우려져 흐르는 '두물머리길'(남녀가 만나 인연이 맺어지는 사랑테마길), 낙동강 상류의 아름다운 풍광과 철도와 같이 걷는 '승부역 가는 길'(추억과 낭만의 길), 담양 대나무 숲길인 죽녹원, 관방제림, 아름다운 거리 숲인 메타세콰이어 길을 따라 여유로움과 명상에 잠길 수 있는 '담양 수목길'(사색의 길) 등 다양한 테마가 있는 길 선정

2012년 '이야기가 있는 문화생태 탐방로' 10개소는 '고려와 조선 시대를 아우르는 역사문화길, 소설과 구전설화 속 현장을 걷는 문학 이야기

길, 강 주변의 문화를 자연스럽게 접할 수 있는 풍경이 있는 가람길, 그리고 다양한 근대 역사문화자원 및 우수한 자연경관을 자랑하는 테마여행길 등 네 가지 주제'로 나뉘어 선정되었다. '고려와 조선 시대를 아우르는 역사문화길'로는 내포 안개길(홍주성 천년 여행길), 함양 선비문화탐방로 2곳, '소설과 구전설화 속 현장을 걷는 문학 이야기길'로는 태백산맥 문학기행길, 흥부길 2곳, '풍경이 있는 가람길'로는 하남 위례길, 중원문화길, 낙동강 하구 생태길 3곳, '테마여행길'로는 무돌길, 금강생태탐방길(익산둘레길), 무안 갯벌 낙지길 3곳이 선정되었다.

2013년에는 '이야기가 있는 문화생태 탐방로'가 8개소만 선정되었는데, 역사문화길로 성주 가야길, 진주 비단길, 진도 아리랑길 3곳, 종교문화길로 김제 아름다운 순례길 6~7코스 1곳, 테마여행길로 마포 난지생명길, 웅진 백령 구경길, 포천 한탄강 어울길, 신안 가거도 샛개제길 4곳이 있다. (문화체육관광부 홈페이지 참조)

컬처노믹스 시대는 기업의 상품 마케팅에도 많은 변화를 주었다. 기업들은 자사의 상품에 문화적 이미지와 스토리를 담아 팔기 시작했다. 21세기는 문화에 대한 관심과 욕구가 그 어느 시대보다 극대화된 감성적인 문화의 시대이다. 기업에 감성적인 문화마케팅이 필요해진 것도 바로 이 때문이다. 기업과 제품 마케팅에 문화를 적극적으로 활용하는 문화마케팅은 기업과 제품에 대한 호감도를 높여주고 긍정적인 이미지를 심어준다. 특히 스토리텔링을 기반으로 한 문화마케팅의 효과는 크다. 문화적 트렌드를 반영하여 꿈과 감성을 전해주는 기업과 감성적인 스토리를 담은 제품이 경쟁력에서 우위를 점하는 시대가 되었다.

컬처노믹스 사회에서는 기업도 주체나 객체로서 스토리 문화가 넘쳐 나야 한다. (컬처파워, p.203.)

미래학을 연구하는 덴마크 학자 롤프 옌센 Rolf Jensen이 말한 앞으로 다가올 '드림 소사이어티 Dream Society', 즉 '꿈과 감성을 파는 사회'에서 스토리텔링은 중요한 역할을 할 것이다. 기업은 이제 소비자들에게 단순히 상품만을 파는 것이 아니라, 꿈과 감성까지도 팔아야 살아남을 수 있게 된 것이다. 스토리텔링은 드림 소사이어티 시대의 감성 마케팅의 가장 효과적인 방식이다. 꿈을 파는 마케팅, 줄여서 '드림케팅(dreamketing)'이라고도 하는 드림 마케팅(dream marketing)은 롤프 옌센이 말한 꿈과 감성을 파는 드림 소사이어티 시대에 맞는 마케팅 전략이라고 할 수 있다.

문화적 이미지와 스토리를 담아 상품을 광고 마케팅하는 감성마케팅은 우리나라에서 이전부터 자주 활용되어 왔다. 특히 우리 한국인 모두에게 널리 알려져 있어 친근감을 주는 고전 스토리를 재미있게 패러디한 광고 마케팅은 놀라운 효과를 발휘했다. 동아제약의 박카스는 이미 1960년대부터 '토끼와 거북이' 편을 시작으로 스토리텔링을 활용한 광고를 지속적으로 선보였다. '토끼와 거북이' 편에서는 용왕의 간장병을 치유하기 위해 토끼의 간을 구하러 육지로 올라와 토끼를 꾀어 용궁으로 돌아온 거북이 스토리를 애니메이션으로 스토리텔링하고 있다. 토끼는 간을 산에 빼놓고 왔으니 다시 가서 가져오겠다고 속여 거북이 등에 올라타고 다시 육지로 돌아와 산으로 도망친다. 어찌할 바를 모르고 망연자실해 울고 있는 거북이 앞에 산신령이 나타나 걱정하지 말라며 박카스 드링크 한 병을 용왕에게 가져다주라고 내민다. 이때 '간장 질환에

박카스'라는 멘트가 나온다.

광고 마케팅에서 패러디 형식의 스토리텔링을 활용하면 높은 광고 효과를 볼 수 있는 까닭은 무엇일까? 잘 알려진 고전 원작을 재미있게 패러디한 광고 마케팅은 사람들에게 웃음을 자아내고 즐거움을 선사하여 기업과 제품에 대한 이미지가 좋아지고 친근감을 줄 수 있기 때문이다. 의좋은 형과 아우가 서로 볏단을 양보하기 위해 밤사이에 서로 볏단을 몰래 들어다 놓아주는 형제애를 담은 전래 동화 '의좋은 형제'를 패러디한 농심라면의 광고 '형님 먼저, 아우 먼저'는 그 때까지의 라면 시장의 판도를 완전히 바꾸어 놓을 정도로 큰 위력을 발휘했다.

내의 제조업체인 임프레션은 '보여주고 싶은 언더웨어'를 슬로건으로 내세우고, '심청전', '춘향전', '선녀와 나무꾼', '해와 달이 된 오누이' 등 여러 편의 우리 고전을 재미있게 패러디한 시리즈 광고를 선보여 많은 사람들의 관심을 끄는데 성공했다. '심청전' 편에서는 아버지의 눈을 뜨게 해드리려고 공양미 삼백 석에 중국 상인들에게 제 몸을 용왕의 제물로 판 효녀 심청이가 치마를 뒤집어쓰고 인당수에 뛰어드는 장면을 재미있게 패러디하여 심청이가 입은 임프레션 속옷을 만인들에게 보여주었다.

기업의 마케팅은 이윤 추구 수단으로서의 단계에 머물지 않고 삶의 행복을 느끼며 살아가도록 소비자의 마음에 꿈과 희망을 심어주는 역할까지도 하게 되었다. 기업이 제품의 판매와 동시에 이러한 역할까지 하려면 제품에 스토리를 담아 광고하는 스토리텔링 마케팅 기법을 잘 활용하여야 한다. 따뜻하고 감성적인 스토리를 담아 스토리텔링하는 것이 광고의 효과를 높이기 때문에 스토리텔링을 활용한 감성적인 광고가 지속적으로 늘어나고 있다. 기업의 정신을 알리기 위한 광고에서도 스토리텔링을 활용하는 것이 보다 효과적이다. 소비자들이 공감할 수 있는 훈훈한 스토리를 통해 기업은 소비자들과 소통하고 마음을 나눔으로써 기업의 이미지를 높일 수 있는 것이다.

SK 텔레콤의 광고들은 보는 사람들을 재미있게 때로는 가슴 뭉클해지게 만들기도 하여 사람들의 마음속에 기업에 대한 좋은 이미지를 심어주기도 했다. '사람 다시보기' 편은 한 집안에서 숱한 세월을 함께 지내면서도 마음의 소통이 이루어지지 않고 대화가 단절된 채 살아가는 아버지와 아들에 관한 스토리를 다루었다. '내가 아홉 살이 되던 해부터 나는 그의 손을 잡지 않고 걸었다. 그는 마음을 표현하는 법을 몰랐고 나는 그가 궁금하지 않았다. 오늘 그가 내 아기를 처음 안는다. 그의 눈에 눈물을 보이고 그의 입술이 자장가를 부른다. 나는 과연 당신에 대해 무엇을 알고 있었던 걸까. 더 늦기 전에 아버지의 가슴 속을 만나십시오.' SK 텔레콤은 오늘날 빈번하게 일어나는 가정의 해체를 걱정하며 더 늦기 전에 마음의 문을 열고 서로의 마음을 들여다보고 가족 간의 잃어버린 사랑을 되찾기를 바라는 우리 모두의 마음을 스토리텔링하고 있다. 이러한 광고 스토리텔링을 통해서 SK 텔레콤은 사람을 향하는 기업이라는 따뜻한 이미지를 소비자들에게 심어주는데 성공했다.

오늘날 광고의 홍수 시대에 재미있고 감동적인 스토리를 담은 광고들이 소비자들의 마음에 깊은 인상을 남기고 기업과 제품에 대한 긍정적인 이미지를 심어주는 효과를 발휘하고 있다. 광고 마케팅에서 스토리텔링의 중요성이 그만큼 커진 것이다. 소비자들의 마음속에 꿈과 감성을 심어주고, 생활의 즐거움과 행복감까지 느낄 수 있도록 만드는 광고가 늘어나고 있다.

제5장

스토리텔링 파워

21세기 컬처노믹스 시대는 '꿈과 감성을 파는' 스토리 산업 시대, 스토리를 활용하여 사람들의 마음에 꿈과 행복을 심어주는 스토리텔링 시대이다. 사람들의 마음을 움직이고 변화시키려면 이성보다는 감성에 호소해야 한다. 이성적이고 논리적인 설명보다는 감동적인 스토리가 사람들의 마음을 더 쉽게 움직일 수 있기 때문이다. 스토리텔링은 사람들 사이에 생각과 느낌을 주고받으면서 세상과 소통하는 하나의 방식, 인간의 감성에 호소하여 공감대를 이끌어내며 서로 소통하는 가장 효과적인 방법이다. 스토리텔링은 우리에게 즐거움도 더해준다. 스토리텔링이 있는 문화관광은 여행지에 숨겨져 있는 숭고한 영혼의 숨결까지 느끼게 해 주며, 스토리텔링이 있는 문화축제는 우리가 꿈꾸는 상상의 세계로 우리를 데려가 준다.

인기 있는 만화가 영화로 제작되고 주인공이나 다른 등장인물들의 캐릭터가 팬시제품으로 만들어져 불티나게 팔릴 수 있는 것도 바로 사람들이 좋아하는 스토리가 있기 때문에 가능한 일이다. 텔레비전 드라마 '겨울연가'에서 배용준이 목에 둘렀던 목도리와 최지우가 목에 걸었던 폴라리스 목걸이가 인기리에 팔린 것도 드라마가 보여준 감동적인 스토리의 힘이다. 드라마 스토리텔링은 국경을 뛰어넘어 한류 열풍을 일으켜 일본을 비롯한 동남아시아 사람들이 우리 한국으로 여행을 떠나와 드라마 배경이 되었던 장소들을 방문하게 하였다.

텔레비전 드라마의 힘은 실로 대단하다고 말할 수 있다. 중국 베이징 올림픽 경기 중계보다도 '대장금'을 시청하기 원할 정도로 아프리카와 중동에서의 '대장금 열풍'은 실로 대단했다. 특히 일본, 중국, 짐바브웨, 이란, 대만 등에서는 이영애를 '국민스타'라 부른다고 한다. 저 멀리 아프리카에서 드라마 대장금을 본 소녀에게 의사가 되겠다는 꿈을 갖게 해 준 것도 바로 스토리텔링의 힘이다. 짐바브웨의 소녀는 "장금이는 내게 의사의 꿈을 갖게 했어요. 드라마를 볼 때마다 나도 사람들을 돕고 싶다는 생각이 들어요. 당신은 내가 미래의 꿈을 갖고 공부를 해나가는데 용기를 주고 있죠."라고까지 말했다. 짐바브웨 아이들은 전통춤을 추면서 대장금 주제가 '오나라 오나라 아주 오나'를 불렀다. 이란에서도 장금이 노래를 전통악기에 맞춰 불렀고, 모나리자 그림에 이영애 얼굴을 바꿔 넣은 그림이 이란 잡지 표지에 실리기도 했다. 드라마 '대장금'도 중국, 일본, 동남아시아, 중동 등 아시아 국가 거의 대부분과 헝가리를 비롯한 유럽뿐만 아니라 짐바브웨 등 아프리카 국가들에 이르기까지 60여 개국에서 인기리에 방송되었고, 대장금 세트장도 외국인들이 즐겨 찾는 관광명소가 되기도 했다.

드라마 속에서 인기 탤런트 김혜자가 흥얼거리면서 부른 김국환의 노래 '타타타'와 임주리의 노래 '립스틱 짙게 바르고'가 드라마 인기에 힘입어 사람들 사이에 많이 불리면서 그 때까지 인기와는 다소 거리가 멀었던 가수 김국환과 임주리가 가요계에서 빛을 본 것도 스토리, 즉 스토리텔링의 힘에 의한 것이다. 국내에서 가수로서의 인기를 얻지 못하고 은퇴하듯이 미국으로 건너가 살고 있던 가수 임주리는 한국으로 다시 건너와 텔레비전 가요 프로그램에 출연하며 가수로서의 활동을 재개하기도 했다.

박물관도 유물의 보존이나 전시에 그치지 않고, 유물에 숨겨져 있는 의미 있는 스토리 소재들을 발굴하여 관람객들에게 스토리텔링해 주어야 한다. 박물관은 언제라도 생생하게 살아있는 문화를 만나고 체험하고 동시에 즐길 수 있는 문화공간으로 거듭나야 한다. 과거의 문화유물들이 들려주는 스토리들이 관람객들의 마음을 사로잡을 때, 박물관은 현대를 살아가는 우리가 과거의 사람들과 만나 소통하며 우리의 문화를 즐기고 지속적으로 다시 찾아오고 싶어지는 매력적인 문화의 공간이 될 것이다.

모든 문화의 바탕에는 이야기하기, 즉 스토리텔링이 자리 잡고 있다. 외관상 다른 것과 비교하여 별로 특별할 것 없어 보이는 평범한 상품이라도 스토리를 담게 되면 폭발적인 인기를 얻고 하나의 문화적 가치까지 지닐 수 있게 된다는 것을 잘 증명해준 대표적인 예가 테디 베어 곰 인형이다. 사실 테디 베어 곰 인형은 한 때 우리나라의 대표적인 수출상품 중의 하나이기도 했던 흔하디흔한 봉제 인형에 불과했지만 곰 인형의 탄생에 관한 감동적인 비하인드 스토리를 지니면서 세상에서 가장 특별한 인형이 될 수 있었다.

어느 날 곰 사냥을 나갔던 미국 제26대 대통령 테오도어 루스벨트가 끝내 한 마리도 잡지 못한 채 돌아서야 했다. 이를 본 보좌관 한 명이 대통령의 체면을 생각해서 손쉬운 사냥감으로 새끼 곰 한 마리를 잡아다가 사정거리 안에 놓아두었다. 그러나 루스벨트 대통령은 이를 페어플레이 정신에 어긋나는 일이라고 단호히 말하며 곧바로 뒤돌아서서 관저로 돌아왔다. 대통령의 곰 사냥 일화는 있었던 사실 그대로 다음날 신문에 실렸다. 루스벨트 대통령의 곰 사냥 일화는 대통령의 페어플레이 정신과 맞물려 미국 전역에 큰 반향을 일으켰다. 이즈음 뉴욕에서 선물 가게를 열고 있던 한 부부가 대통령의 곰 사냥 일화에서 아이디어를 얻어 귀여운 아기 곰 인형을 만들었다. 이들 부부는 대통령의 허락을 받아 테오도어 루스벨트 대통령의 애칭 '테디'를 사용하여 '테디 베어'라는 이름의 곰 인형을 선물용으로 만들어 팔았다.

온 미국 국민들의 마음을 사로잡은 대통령의 곰 사냥 일화 덕분에 '테

테디 베어

Chris Talbot / CC BY-SA-2.0

전 세계에 있는 테디베어 박물관

디 베어'는 단순한 봉제 인형이 아니라 오랫동안 기억될 만한 의미를 지닌 매력적인 상품이 되었고, 많은 사람들의 사랑을 받으며 미국은 물론 전 세계로까지 불티나게 팔려나갔다. 루스벨트 대통령의 곰 사냥 일화와 함께 세상에 태어난 '테디 베어'는 이제 스토리가 있는 문화 상품이 되었고, 문화적 이미지를 얻은 곰 인형 박물관 '테디 베어 박물관 Teddy Bear Museum'이 미국뿐만 아니라 우리나라 제주도를 비롯하여 전 세계 곳곳에 들어서기에 이르렀다.

테디 베어 박물관은 스토리텔링이 있는 문화적 공간으로 거듭 태어나서 인류의 역사적 사건, 레오나르도 다빈치의 '최후의 만찬', '모나리자'와 같은 고전적인 그림 속의 인물들, 각국의 다양한 결혼 풍습, 나뽈레옹, 링컨 등 세계적인 위인들의 모습을 곰 인형으로 제작 전시하여 방문한 여행객들에게 즐거움을 선물하고 있다. 관람객들의 발길이 마지막으로 닿는 기프트 숍은 테디 베어 이미지를 활용한 다양한 상품들을 판매하여 수익을 올리는 공간이 된다.

미국의 테디 베어처럼 한국에도 세계적인 문화 상품이 될 가능성이 높은 인형이 있다. 바로 우리 민족 고유의 한지로 만든 닥종이 인형이

닥종이 인형

그것이다. 닥종이는 천연 물감이 주는 참으로 곱고 순수한 자연스런 색감과 질기면서도 부드러운 질감을 지녀 해외에서 소개하는 한국 의상 패션의 소재로도 쓰이고 있다. 닥종이 인형은 친숙하고 정감어린 한국적인 인물들의 생동감 있는 모습과 한국 고유의 민속 의상과 생활 풍습을 다양하고 재미있게 표현할 뿐만 아니라 한국의 전래적인 이야기들을 스토리텔링하고 있어서 세계인들을 매혹시키는 문화 상품으로도 더 나아가서 세계적인 예술 작품으로도 손색이 없다. 앞으로 테디 베어 박

물관처럼 세계 곳곳에 닥종이 인형 박물관이 들어서서 한국의 국가 이미지를 새롭게 하고 세계인들에게 한국의 문화를 더욱 널리 전파할 날을 기대해 본다.

산타클로스

산타클로스의 붉은 옷과 흰 수염이 전 세계인들이 즐기는 크리스마스 축제 문화의 상징적인 이미지가 된 것은 우리가 생각하는 것만큼 그렇게 오랜 옛날의 이야기가 아니다. '붉은 옷에 흰 턱수염, 커다란 선물 보따리를 둘러멘 산타클로스의 이미지는 1931년 코카콜라가 광고에 사용하기 위해 개발하였다. 산타클로스 관련 전설이 다양했던 시절, 코카콜라 광고를 담당했던 미국의 화가 헤든 선드블롬은 코카콜라의 빨간 로고와 흰 거품을 상징화하기 위해 빨간 옷을 입고 흰 수염을 가진 산타 할아버지를 창조해낸 것이다.' 미국 코카콜라 회사가 운영하는 '코카콜라 박물관'은 코카콜라의 역사를 보여주고, 코카콜라 광고에서 유래한 산타클로스 의상에 얽힌 스토리도 소개하고 있다. 산타클로스 스토리는 전 세계 어린이들의 마음을 즐겁고 행복하게 해 주면서 앞으로도 지속적으로 놀라운 힘을 발휘할 것이다.

> 산타클로스 스토리텔링이 만들어내는 문화의 힘과 경제적 효과는 얼마일까? (…) 산타 아빠를 자처하면서 한국의 한 가정에서 평균 5만원을 아이들 선

물비로 지출한다고 가정할 때 천만 가정이면 연간 5천억 원이고, 10년이면 5조원의 시장이 만들어진다는 계산이 나온다. 이것이 바로 문화와 이야기의 경제효과라고 생각하면 문화와 이야기 파워에 주목하지 않을 수 없다. (컬처파워, p.89.)

스토리텔링은 쓸모없게 되어 버려진 공간, 사람들의 기억에서 잊혀진 공간, 사람들이 더 이상 매력을 느끼지 못하는 공간에 새로운 매력을 부여하여 모두가 찾아가고 싶어 하는 문화적 공간으로 바꾸어 놓을 수 있다. 영국의 산업도시 리버풀은 산업이 쇠퇴하면서 사람들이 떠나가서 텅 빈 유령의 도시가 되어가고 있었다. 버림받은 리버풀을 다시 살려낸 것은 이 도시가 낳은 세계적인 보컬 그룹인 비틀즈의 신화였다. 도시 곳곳에 비틀즈의 발자취가 살아 남아있는 추억의 장소들이 복원되었고, 비틀즈 멤버들의 스토리가 되살아났다. 리버풀은 비틀즈 신화를 스토리텔링하여 비틀즈를 사랑하는 전 세계인들의 발걸음을 다시 리버풀로 향하게 만들었다. 이렇게 해서 리버풀은 유럽의 문화도시로 다시 태어났다.

미국의 라스베이거스는 황량한 사막 위에 건설되어 카지노 호텔들이 들어서 있는 도시이다. 우리나라 정선에도 버려진 탄광촌에 카지노가 들어서 있다. 라스베이거스 호텔들은 제각기 서로 다른 다양한 테마를 선정하고, 테마에 맞는 스토리와 이미지를 호텔 건물의 설계와 실내외 디자인, 정원조성 그리고 쇼 등을 통해 연출한다. 알라딘 호텔은 아라비안나이트를, 트레저 아일랜드 호텔은 보물섬을, 룩소르 호텔은 이집트 피라미드를, 베네치안 호텔은 중세 베니스를, 시저스 펠리스는 로마시대를 각각 테마로 정해 고객들의 마음을 끌고 있다.

우리나라의 정선 카지노도 스토리텔링을 특화 전략으로 활용하여, 돈 잃고 패가망신하는 퇴폐적인 도박장이라는 부정적인 이미지에서 하루 빨리 벗어나서, 새로운 라스베이거스로 다시 태어나야 할 것이다. 스토리텔링은 정선 카지노를 다양한 스토리를 주제로 삼아 즐길 수 있는 재미있는 놀이와 볼거리가 있는 새로운 문화공간으로 거듭나게 할 수 있을 것이다.

청계천 등불축제

서울 한복판을 흐르는 청계천이 그 위를 덮고 있던 철근, 시멘트, 아스팔트를 걷어내고 복원되었다. 호기심에 가득 찬 사람들이 새롭게 복원된 청계천을 보러 몰려들었다. 한번 와본 사람들의 발걸음이 다시 청계천으로 향하게 만들려면 스토리텔링을 활용하여야 한다. 복원된 청계천의 다리들마다 거기에 얽힌 스토리들이 간직되어 있다. 이 스토리들을 활용하여 청계천이 스토리가 있는 진정한 문화 공간으로 거듭나고 거기에 스토리를 담은 다양한 이벤트들을 열면 청계천은 훌륭한 테마 파크와 같은 공간이 될 수 있을 것이다.

스토리텔링은 교육의 효과를 높이는 일에도 큰 힘을 발휘한다. 오늘날 교육의 내용을 좀 더 재미있게 효과적으로 전달하려는 새로운 교육 방식을 가리켜 에듀테인먼트(Edutainment)라고 하는데 여기서도 스토리텔링은 아주 중요한 역할을 한다. 에듀테인먼트란 에듀케이션(Education)과 엔터테인먼트 (Entertainment)를 합성한 신조어로서 지식을 학습자들에게 일방적으로 주입하는 기존의 교육 방식에서 벗어나서 교육에 엔터테인먼트, 즉 놀이적 요소들을 도입하여 교육의 효과를 높이는 방법이다.

에듀테인먼트란 앞으로 교육이 나가야할 방법론적인 방향을 가리키는 것으로서 교육의 현장에서 학습자들이 능동적으로 즐거운 놀이를 하듯이 재미있게 지식을 배울 수 있도록 하는 것을 목표로 삼는다. 어떻게 교육과 놀이의 요소가 함께 어우러지게 할 것인가. 놀이가 주는 즐거움과 재미는 이성적이기보다는 감성적인 성격이 강하다. 에듀테인먼트는 학습자들에게 감성적으로 접근하여 교육의 효과를 높이는 방식이다.

생활에 꼭 필요한 지식과 정보도 이성적인 방식으로 전달하려고 하면 실패하기 쉽다. 그 필요성을 절감하도록 학습자에게 감성적으로 전달하여 스스로 깨닫고 배우고 싶게 만들어야 한다. 감성적으로 전달하기 위한 가장 좋은 방법이 스토리텔링을 활용하는 것이다. 세계 역사나 문화를 만화 주인공의 이야기 형식으로 소개한 만화 '먼나라 이웃나라'의 경우가 그 좋은 예이다. 재미있는 이야기를 놀이 삼아 즐기면서 각자 자기에게 필요한 것을 배우게 하는 것이 에듀테인먼트 스토리텔링이다.

주인공이 무인도에서 겪는 일들을 스토리텔링하면서 과학적 지식을 우리에게 알려주는 '로빈슨 크루소 따라잡기'는 훌륭한 교육콘텐츠이다. 책 제목만 보더라도 이 책이 무인도의 자연 속에서 살아남기 위해 주인공 노빈손이 학교와 생활 속에서 배워 알고 있는 생활과학 상식과 원리들을 활용하는 모습을 그려볼 수 있다. '빈손이 아니다'라는 의미를 지닌 노빈손은 이름 그대로 무인도에서 살아남기에 충분한 과학적 지식과 원리로 무장하고 있다. 무인도에 고립된 주인공이 무인도에서 탈출하기까지 재미있고 유익한 게임을 하듯이 무인도 생활에서 부딪히게 되는 갖가지 문제에 대한 해결책을 과학적 원리에 근거하여 찾아가는 과정이 생생한 이야기로 전개된다.

'신기한 스쿨버스'도 '로빈슨 크루소 따라잡기'와 함께 주목받고 있는 에듀테인먼트 스토리텔링의 성공적인 예이다. 이 책은 작가 조애너 콜이 쓴 스토리와 브루스 디건의 그림으로 어린이들이 즐거운 탐험놀이를 즐기면서 과학적 지식을 쉽고도 재미있게 배울 수 있도록 만든 책이다. 곱슬머리 프리즐 선생님과 반 어린이들 그리고 신기한 스쿨버스가 어린이들을 재미있는 과학 이야기 속으로 이끄는 훌륭한 스토리텔러의 역할을 맡는다. 어린이들은 이 책을 통해 신비롭고 놀라운 과학의 세계에 빠져들어 '신기한 스쿨버스'를 타고 흥미롭고 즐거운 모험의 세계로 떠난다. 다양한 분야의 과학 지식을 가상의 모험 이야기를 통해 전달하는 스토리텔링 방식을 취하고 있는 이 책은 과학의 세계를 재미있는 스토리텔링으로 풀어 어린이들이 쉽게 이해할 수 있도록 도와주고, 어린이들의 상상력과 모험심을 길러주는 역할까지도 한다.

스토리텔링의 힘은 정치와 경제를 비롯하여 실로 다양한 분야에서 위력을 발휘한다. 미국의 버락 오바마 대통령도 스토리텔링의 힘을 잘 활용하여 대선에 성공한 훌륭한 스토리텔러이다. 위대한 정치가와 기업가일수록 스토리텔러로서의 능력을 잘 갖추고 있다. 스토리텔링을 통해 기업 구성원들과 원활하게 의사소통을 할 수 있는 능력을 지닌 기업가는 구성원들의 마음을 쉽게 움직여 구성원 각자가 맡은 일을 스스로 책임지고 자발적으로 해나가도록 동기를 부여해 줄 수 있다. 현대그룹을 창립하고 성장시킨 정주영 회장은 '스토리텔링에 의한 리더십'을 가장 잘 실천한 훌륭한 스토리텔러였다. 북녘 땅에서 소를 몰고 남쪽으로 내려와서 소를 밑천으로 사업을 시작하여 대기업을 이루기까지 그가 겪어온 인생 역경에 관한 신화적인 스토리는 기업과 사회 구성원들에게 동기를 부여하고 꿈과 희망 그리고 용기를 북돋아주었다. 기업가가 구성원들에게 마음으로 다가가서 자기가 바라는 바람직한 방향으로 일을 추진해 나가도록 구성원들의 마음을 변화시킬 수 있는 가장 좋은 방법이 스토리텔링 방식이다.

특히 정주영 회장이 한국의 경제적인 여건이 아직 좋지 않아 외국 차관을 얻기가 매우 어려웠던 시절에 영국으로 날아가 현재 현대중공업이 된 울산조선소를 세우는데 필요한 투자금을 유치할 수 있었던 것도 스토리텔러로서의 탁월한 능력 덕분이었다. 영국으로 건너간 정 회장은 해양대국이었던 영국인들도 존경하는 이순신 장군과 거북선의 모습이 담겨 있는 오백 원짜리 지폐 한 장을 투자자에게 보여주었다. 정 회장은 '이것이 세계 최초의 철갑 함선인 거북선이다. 우리는 이미 500년도 훨씬 전에 이런 철갑선을 만들 수 있는 기술을 갖고 있는 나라이다'라고 자랑스럽게 말했다. 정 회장은 한국의 문화유산과 역사적 인물에 관한 스토리텔링으로 마침내 영국 은행에서 차관을 얻어 조선소를 세우고 현대 그룹의 기틀을 마련했던 것이다.

> 기업스토리는 창조와 도전을 다루는 텍스트라야 한다. (…) 정주영과 그 아들들이 만들어낸 스토리는 그 자체로 창의와 시련, 도전의 가문 승리다. 혈혈단신 지도 한 장 들고 영국에 가서 조선소 사업 자금을 따낸 스토리는 20세기판 신화다. (컬처파워, p.203.)

스토리텔링은 기업 마케팅 분야에서도 큰 성과를 보이고 있어서, 오늘날 상품에 스토리를 담아 파는 스토리텔링 마케팅이 중요한 이슈로 떠오르고 있다. 인간은 본능적으로 스토리를 좋아하고 즐기는 존재이므로 마케팅의 대상인 소비자들에게 다가가는데 스토리만큼 큰 힘을 발휘하는 것도 아마 없을 것이다. 그래서 오늘날 광고의 홍수 시대에 살고 있는 우리에게 스토리텔링 기법을 활용한 광고 마케팅의 효과는 놀라울 만큼 커지고 있다. 스토리텔링은 효과적인 커뮤니케이션의 도구, 즉 일상생활 속에서 사람과 사람 사이의 소통의 도구이다. 스토리텔링 마케팅은 기업과 소비자의 마음을 이어주기 때문에 기업에 대한 소비자들의 친근감과 신뢰감을 높여준다.

소비자의 이성이 아닌 감성과 심리에 호소하여 소비자들의 마음을 움직여 제품을 구매하고 싶게 만드는 감성 마케팅이 효과적인 마케팅 방법으로 대두되고 있다. 스토리텔링이야말로 감성 마케팅을 실현하기에 더없이 좋은 방법이다. 이성적이고 논리적인 내용의 카피보다는 따뜻하고 감성적인 스토리를 담아 스토리텔링하는 것이 광고의 효과를 높인다. 광고시장에서 스토리텔링을 활용한 감성적인 광고가 계속해서 늘어나고 있는 것도 바로 이런 이유 때문이다. 기업의 마케팅 활동에서 많은 부분을 차지하고 있는 광고에서 스토리텔링의 중요성이 강조되면서, 흥미 있는 스토리를 다룰 줄 아는 스토리텔러의 역할도 날로 커지고 있다.

농심라면의 광고는 의좋은 형과 아우가 서로 볏단을 양보하기 위해 밤사이에 서로 볏단을 몰래 들어다 놓아주는 형제애를 담은 전래 동화 '의좋은 형제'를 패러디했다. 농심라면은 라면 한 그릇을 앞에 놓고 서로 먼저 먹으라고 양보하며 '형님 먼저 아우 먼저'라고 말하는 흐뭇하고 친근감을 주는 카피를 내세워 광고함으로써 라면 시장의 판도를 크게 바꾸어 놓았다. 기업 창립 과정이나 기업 성장 과정을 다룬 감동적인 스토리가 영화나 드라마로 제작되는 경우도 있다. 텔레비전 드라마로 제작 방영되어 높은 시청률을 보였던 '국희'는 크라운 제과의 창업주가 겪은 인생 역전을 드라마화한 것으로 알려져 있다. 이 드라마에 힘입어 크라운 제과는 '국희'라는 이름의 과자까지 출시하여 높은 판매고를 올리기도 했다. 이것이 드라마의 힘, 곧 스토리텔링의 힘인 것이다.

제6장

스토리 자원과 OSMU

스토리 자원은 모든 문화콘텐츠의 밑바탕이 되는 원천소스이다. 좋은 스토리를 바탕으로 개발한 매력 있는 문화콘텐츠가 사람들의 마음을 사로잡을 수 있다. 문화콘텐츠의 성공은 좋은 스토리가 있을 때 가능한 일이다. 이 스토리 자원을 다양한 콘텐츠에 활용하는 OSMU 전략이 필요하다. 문화콘텐츠 산업의 중요한 전략인 OSMU(One Source Multi Use) 전략을 가능하게 하는 것이 스토리텔링이다. 좋은 스토리가 있을 때 비로소 우수한 문화콘텐츠 상품을 개발하고 성공적인 마케팅 활동도 펼칠 수 있다. 경제적 파급효과를 더욱 높이기 위해 제2차, 제3차 문화콘텐츠 상품을 개발하는 등 원천소스가 되는 스토리를 다양한 장르의 문화콘텐츠 상품으로 지속적으로 개발하고 산업화하여 경제적 부가가치를 극대화시키는 것이 OSMU 전략의 핵심이다.

소설로 출간된 해리포터 스토리와 반지의 제왕 스토리가 세계인들의 마음속에 큰 반향을 일으키고 출판사상 엄청난 성공을 거두자, 이들 스토리를 바탕으로 영화가 만들어지고, 영화의 성공에 힘입어 애니메이션, 게임, 캐릭터 상품, 관광 상품과 같은 다양한 문화콘텐츠 상품들이 연이어 개발되고 판매되어 막대한 경제적 부가 가치를 가져다주었다. 이 모든 일이 가능했던 것도 탄탄한 스토리가 있었기 때문이다. 문화콘텐츠의 원천소스가 되는 하나의 스토리를 바탕으로 영화, 연극, 드라마, 뮤지컬, 애니메이션 등 각 콘텐츠에 맞도록 스토리를 새롭게 각색하여 다양한 콘텐츠들을 만드는 것이 필요하다. 문화콘텐츠 OSMU 전략의 성공적인 사례인 '해리포터'와 '반지의 제왕'은 신화를 바탕으로 만들어진 스토리들이다.

> 신화가 재구성되어야 소설, 서사시, 음악, 영화, 그림, 연극, 뮤지컬, 발레, 게임이 만들어진다. (…) 해리포터는 근거도 없이 떠돌아다니는 주변의 마법사들로 세계 이야기 시장을 석권했다. (…) 유럽은 그리스 로마 신화를 수십 수백 번 반복하면서 엄청난 돈을 끌어 모은다. (컬처파워, pp.213,214.)

신화는 인간이 지어낸 수많은 스토리의 원형이며, 스토리를 바탕으로 하는 다양한 문화콘텐츠 창작의 중요한 원천소스가 되어왔다. 인간의 원형적인 모습을 간직하고 있는 신화 속 인물들은 인간이 지니고 있는 근본적인 욕망과 보편적인 감정이 어떻게 삶 속에 표출되는지 보여준다. 신화 스토리텔링은 우리 인간의 내면에 숨어 있는 '진정한 나를 찾는 여행'의 시작이다.

신화가 오랜 세월 동안 인류의 변함없는 사랑을 받으며 전해져 내려온 것은 인간 누구나 공감할 수 있는 보편적이고 원형적인 인간의 모습을 보여주는 이야기들이 신화 속에 간직되어 있기 때문이다. 신화는 인물 백과사전과도 같다. 신화에는 우리가 현실에서 만날 수 있는 온갖 유형의 인물들에 관한 다양한 이야기들이 나온다. 신화는 인간 자신을 비춰보는 영원한 거울이며 인간 이해의 열쇠가 된다. 신화는 인류의 탄생과 더불어 시작된 가장 오래된 스토리로서 인류가 존재하는 한 영원히 전해지며 다양한 스토리로 다시 태어나 사람들에게 감동과 즐거움을 줄 것이다.

> 서구에서는 그리스 신화, 기독교 성인과 순례자, 성배의 전설, 아서왕과 원탁의 기사, 십자군과 마녀, 바이킹과 외적, 산타클로스 이야기들이 바로 그런 심층 이야기들이다. 우리에게는 주몽, 홍길동, 화랑 등의 인물부터 곰과 호랑이의 토템신화, 춘향과 심청, 이순신 장군과 해상왕 장보고, 선녀와 도깨비 이야기 등이 역사를 뛰어넘어 구전설화로서 어릴 때부터 기억 속에 깊이 각인된 이야기들이다. 그 기억 속에 있는 서사, 상징 등에서 테마를 끌어오면 공감의 효과가 커진다. (컬처파워, pp.209,210.)

'스타워즈' 역시 신화 스토리텔링을 바탕으로 해서 만들어진 영화들이다. 오늘날 영화 스토리텔링은 디지털 기술과 만나면서 영상으로 표현할 수 있는 세계의 폭이 거의 무한대로 확대되었다. 디지털 기술을 활용한 영화는 특히 판타지의 세계를 표현하는데 가장 적합하다. 디지털 영화 스토리텔링은 우리를 무한대의 환상적인 공간으로 초대하여 판타지의 세계를 즐길 수 있게 한다. 판타지 영화의 소재들을 가장 많이 찾을 수 있는 것이 바로 신화이다. 신화는 인간이 지닌 상상력의 보고이다. 신화와 디지털 기술이 만나 새로운 영화 스토리텔링을 낳는다.

신화와 전설 그리고 고전 이야기들을 바탕으로 문화콘텐츠를 제작할 때는 현대인들과 소통할 수 있는 스토리텔링 방식을 취하여 스토리를 현대에 맞게 각색하는 것이 더욱 효과적이다. 신화 스토리들은 여러 시대에 걸쳐 새롭게 각색되어 소설, 드라마, 영화 등과 같은 다양한 장르에서 새로운 콘텐츠로 거듭났다. 몇 가지 대표적인 사례들을 살펴본다.

그리스 신화 속 피그말리온은 키프로스 왕이며 최고의 솜씨를 지닌 뛰어난 조각가였다. 그는 현실세계에서 찾지 못한 완벽한 아름다움을 지닌 이상적인 여성상을 상아로 조각했다. 그가 조각한 상아 여인상은 얼마나 정교하게 만들었는지 정말 살아있는 여인처럼 느껴질 정도로 완벽한 아름다움을 지닌 작품이 되었다. 그것은 사람의 솜씨가 아니라 신이 빚어 만들어 생명을 불어넣은 것처럼 생동감이 넘치는 조각상이었다. 자기가 만든 여인 조각상에 반한 피그말리온은 그만 사랑에 빠져 잠자리에서도 이 여인 조각상을 끌어안고 잠이 들곤 했다.

키프로스 섬에서 아프로디테 여신을 기리는 축제가 열리던 날, 피그말리온도 축제에 참가했다. 그는 여신의 제단 앞에서 '제 상아 여인상과 같은 여인을 제게 아내로 내려 주소서'라고 간절히 기도했다. 피그말리온은 자신의 상아 여인을 한시라도 빨리 보고 싶어 축제가 끝나자마자 서둘러 집으로 돌아왔다. 집 안으로 달려 들어간 그는 한나절 동안 보지 못했던 상아 여인을 미친 듯이 뜨겁게 포옹하며 그녀의 입술에 입을 맞추었다. 이 때 그의 가슴과 입술에 그녀의 온기와 부드러운 살결이 느껴졌다. 그것은 정말로 살아 있는 여인의 육체였다. 피그말리온은 자신의 소원을 들어 주신 아프로디테 여신에게 감사의 기도를 드렸다. 아프로디테 여신은 이 두 남녀의 결혼을 축복해 주었다.

My Fair Lady의 오드리 햅번

아일랜드의 작가 죠지 버나드 쇼는 피그말리온 신화를 바탕으로 희곡 '피그말리온'을 썼다. 오드리 헵번 주연의 뮤지컬 영화 '마이 페어 레이디'(My Fair Lady)는 버나드 쇼의 희곡을 각색한 작품이다. 영국의 언어학자 헨리 히긴스 교수는 어느 날 저녁 오페라 극장 앞에서 꽃을 팔고 있는 가난한 처녀 일라이저를 우연히 만난다. 히긴스 교수는 촌스러운 옷차림에 억센 사투리를 쓰고 천박해 보이기까지 하는 이 처녀를 상류사회 사교계의 여왕으로 만들어 놓겠다며 친구 피커링 대령과 내기를 한다. 히긴스 교수는 일라이저를 집으로 데려와서 언어와 예절 교육을 혹독하게 시킨다. 마치 조각가 피그말리온의 손길에 거친 돌덩어리가 아름다운 여인 조각상으로 다듬어지고 마침내 생명을 얻었듯이, 야생마 같았던 일라이저는 예전의 모습을 완전히 버리고 상류 사회의 언어와 기품을 지닌 우아한 여성으로 새롭게 태어나서 마침내 영국 상류사회 사교계에 화려하게 데뷔한다.

영화 '귀여운 여인 Pretty Woman'도 피그말리온 신화를 바탕으로 만들어진 작품이다. 무자비한 기업 사냥꾼 에드워드 루이스가 거리의 창녀 비비안을 우연히 만나 호텔로 데려온다. 에드워드는 대가 지불을 조건으로 사업상의 사교 모임에 일주일 동안만 자기와 함께 참석하여 파트너 역할을 해달라고 비비안에게 제의한다. 거리의 여인에게 상류 사회 여인의 의상을 입히고 고급 레스토랑에서 식사예절을 익히게 하는 등 그녀를 상류사회 사교계 여인으로 변신시키는 일은 결코 쉽지 않았다. 많은 우여곡절을 겪은 끝에 비비안은 마침내 상류사회 사교모임에 성공적으로 데뷔하여 자신감을 얻는다. 에드워드는 화려하게 변신한 비비안의 모습을 보며 사랑의 감정을 느낀다.

남편의 전처가 낳은 의붓아들을 사랑한 파이드라 신화도 프랑스 고전주의 시대의 비극작가 라신느에 의해 희곡 작품으로 만들어져 연극무대에 올려지고, 배경을 현대로 바꾸어 영화로도 제작되어 흥행에 성공한 좋은 사례이다. 아마조네스 왕국을 방문한 아테네의 왕 테세우스는 여왕 안티오페를 데리고 아테네로 돌아와 결혼하고, 이 두 사람 사이에 아들 히폴리토스가 태어난다. 그런데 안티오페를 납치당했다고 생각하고 아테네로 쳐들어온 아마조네스와의 전쟁 중에 뜻하지 않게 안티오페가 죽고 만다.

그 후 테세우스는 다시 새 아내로 파이드라를 맞이하게 된다. 청년이 된 히폴리토스는 사냥의 여신 아르테미스만을 숭배하고, 미와 사랑의 여신 아프로디테에 대한 숭배는 소홀히 했다. 분노한 아프로디테 여신은 파이드라가 히폴리토스에게 연정을 품게 만든다. 파이드라는 히폴리토스에게 사랑을 고백하고 그의 품속으로 파고들어 안기려고 했다. 그렇지만 히폴리토스가 자신의 사랑을 단호히 거부하자, 파이드라는 극도의 수치심과 두려움에서 남편에게 테세우스가 자기를 겁탈하려고 했다고 거짓말을 한다.

테세우스는 이 거짓 고백에 그만 이성을 잃고 분노하며 포세이돈 신에게 자기 아들을 죽여 달라고 청한다. 포세이돈은 바다 괴물을 보내 히폴리토스가 바닷가에서 몰던 전차의 말들을 놀라게 했다. 히폴리토스는 말들이 놀라 번쩍 뛰는 바람에 전차에서 떨어지고, 발이 말고삐에 걸린 채 말들이 날뛰는 대로 험한 바위 위로 끌려 다니다가 끝내 죽고 말았다. 뒤늦게 자신의 잘못을 후회한 파이드라도 죄책감에 스스로 목을 매어 자살했다.

프랑스 비극 작가 라신느는 이 이야기를 자신의 작품에 옮겨 이성으로도 억제할 수 없이 불같이 타오르는 사랑의 정념을 주체하지 못하고 남편의 전처의 아들에게 사랑을 고백했다가 끝내 모두 파국을 맞이하는 비극 '페드르'를 썼다. 그리고 이 비극적인 사랑 이야기는 배경을 현대로 옮겨와 우리나라에서는 '죽어도 좋아'라는 제목으로 상영된 영화 '페드라'의 소재가 되었다.

쥘르 다생 감독이 만든 영화 '페드라'의 무대는 신화 속 이야기와 같은 그리스이지만 시대는 현대로 바뀌고 그리스 해운업계의 사람들이 등장인물로 나온다. 그리스 선박왕의 딸이며 아름다운 미모를 지닌 여주인공 페드라는 아버지의 뜻대로 그리스 해운업계의 새로운 강자인 타노스와 애정도 없는 정략결혼을 하게 된다. 페드라는 오로지 사업에만 전념하는 남편과의 무료한 결혼 생활에 지쳐 전처가 낳은 아들 알렉시스를 그만 사랑하게 된다. 신화와 달리 영화에서는 알렉시스가 매혹적인 페드라의 유혹에 쉽게 무너진다.

그러나 얼마 후 알렉시스가 갑작스럽게 냉정한 태도로 돌변하고, 남편 타노스가 알렉시스를 다른 그리스 선박왕의 딸과 정략결혼 시키려는 계획을 알게 된 페드라는 그만 이성을 잃고 남편에게 알렉시스와의 불륜 사실을 밝히고 만다. 이 말에 격분한 타노스는 아들을 사정없이 때리고 집에서 내쫓는다. 알렉시스는 페드라의 복수에 절망하며 차를 몰고 나와 너무나 유명한 영화주제곡을 절규하듯이 부르면서 지중해 해안가 절벽 위로 나 있는 도로를 위태롭게 질주하다가 결국 '페드라!'라는 외마디 소리를 지르면서 차를 탄 채 벼랑 아래로 떨어져 죽는다. 페드라 역시 알렉시스의 죽음 앞에 후회와 절망감에 약을 먹고 자살하고 만다.

신화 속에는 죽음도 두려워하지 않는 남녀 간의 죽음보다 강한 사랑의 이야기가 많이 나오는데 그 중에서 가장 유명한 이야기가 오르페우스와 에우리디케 신화이다. 오르페우스는 아폴론 신과 무사이 여신들 중의 제일인자 칼리오페 사이에서 태어난 아들로 음악의 천재이며 시인이었다. 오르페우스의 리라 연주와 노래 소리는 너무나 아름답고 매혹적이어서 인간은 물론 사나운 짐승까지도 감동의 눈물을 흘리게 하고, 심지어 바위와 나무도 춤을 추게 할 정도였다.

오르페우스는 숲의 요정 에우리디케와 결혼했는데, 어느 날 친구 요정들과 풀밭에서 꽃을 따며 산책하던 에우리디케가 뱀에게 물려 죽고 말았다. 아내를 잃은 오르페우스는 깊은 절망감에 빠져 눈물로 나날을 보냈다. 그는 아내가 너무 그립고 또 보고 싶어 견딜 수가 없었다. 마침내 그는 아내를 데려올 수 없다면 자신도 다시 지상으로 돌아오지 않고 지하세계에 영원히 남아 아내 곁을 떠나지 않겠다고 결심하고 아내를 찾으러 지하세계로 내려간다.

지옥을 넘나드는 오르페우스의 슬프면서도 아름다운 사랑의 이야기는 우리에게 사랑이란 죽음보다 강한 것이라는 믿음을 갖게 한다. 프랑스의 작곡가 오펜바흐는 이 신화를 바탕으로 오페레타 '저승에 간 오르페우스'(일명 '천국과 지옥')을 만들었다. 이 오페레타의 서곡은 빠리 몽마르트르 언덕 아래 있는 '물랭 루즈'의 유명한 '캉캉춤'의 배경 음악으로 쓰이고 있다. 또한 프랑스 영화감독 마르셀 까뮈는 이 신화를 바탕으로 무대를 브라질 리오 카니발 축제로 옮겨 촬영한 영화 '흑인 오르페'에서 흑인 청년 오르페와 흑인 처녀 외리디스의 아름다운 사랑과 죽음을 그렸다.

흑인 오르페

제 2 부

세계 문화도시 브랜드

The World Cultural City Brand

제1장

문화도시 브랜드 경쟁 시대

컬처노믹스 시대는 전 세계 국가들이 문화를 자원으로 경제적 부가가치를 창출하기 위해 치열하게 경쟁하는 문화 전쟁의 시대이기도 하다. 20세기가 각 국가의 기업들이 생산한 제품들의 브랜드 가치를 내세운 무역 전쟁의 시대였다면, 21세기는 각 국가가 보유하고 있는 문화의 브랜드 가치를 높여 국가의 경제를 살려야 하는 문화 전쟁의 시대이다. 여기서 더 나아가서 이제는 국가들 사이의 경쟁 시대를 지나 도시와 도시 사이의 피할 수 없는 무한 경쟁 시대에 돌입했다. 한국이 미국, 영국, 프랑스, 중국, 일본과 경쟁하는 것이 아니라 서울이 뉴욕, 런던, 빠리, 베이징, 도쿄와 경쟁해야 하는 시대가 되었고, 이 도시 경쟁의 핵심에 문화가 있다. 다시 말해 문화가 도시의 경쟁력을 높이고 도시의 경제를 살리는 문화도시 브랜드 경쟁의 시대가 시작된 것이다.

세계 도시 경쟁의 시대에 유럽연합은 유럽 내 각 국가의 도시들이 다양하고 풍부한 문화를 지닌 문화도시로서의 경쟁력을 갖추어, 전 세계의 관광객들을 유치하고 경제적 부가가치를 창출할 수 있도록 하기 위해 1985년부터 아테네를 시작으로 매년 유럽문화도시를 선정해 오고 있다. 2005년부터는 더욱 강력한 문화도시 브랜드 이미지를 가질 수 있도록 하기 위해 명칭을 유럽문화도시에서 유럽문화수도로 바꾸었다. 지금까지 매년 선정된 도시들은 다음과 같다. 2019년까지 미리 선정되어 있는 것을 볼 수 있다.

유럽문화도시

1985년 그리스 아테네

1986년 이탈리아 피렌체

1987년 네덜란드 암스테르담

1988년 독일 베를린

1989년 프랑스 빠리

1990년 영국 스코틀랜드 글래스고우

1991년 아일랜드 더블린

1992년 스페인 마드리드

1993년 벨기에 안트베르펜

1994년 포르투갈 리스본

1995년 룩셈부르크 룩셈부르크

1996년 덴마크 코펜하겐

1997년 그리스 테살로니키

1998년 스웨덴 스톡홀름

1999년 독일 바이마르

2000년 아이슬란드 레이캬비크, 노르웨이 베르겐, 이탈리아 볼로냐, 벨기

덴마크 코펜하겐

포르투갈 리스본

이탈리아 피렌체

아일랜드 더블린

스웨덴 스톡홀름

네덜란드 암스테르담

스페인 마드리드

에 브뤼셀, 스페인 산티아고 데 콤포스텔라, 프랑스 아비뇽, 폴란드 크라쿠프, 체코 프라하, 핀란드 헬싱키

2001년 네덜란드 로테르담, 포르투갈 포르투

2002년 벨기에 부뤼헤, 스페인 살라망카

2003년 오스트리아 그라츠

2004년 프랑스 릴, 이탈리아 제노바

유럽문화수도

2005년 아일랜드 코크

2006년 그리스 파트라스

2007년 룩셈부르크 룩셈부르크, 루마니아 시비우

2008년 영국 잉글랜드 리버플, 노르웨이 스타방에르

2009년 오스트리아 린츠, 리투아니아 빌뉴스

2010년 독일 에센, 터키 이스탄불, 헝가리 페치

2011년 에스토니아 탈린, 핀란드 투르쿠

2012년 포르투갈 기마랑이스, 슬로베니아 마리보르

2013년 프랑스 마르세이유, 슬로바키아 코시체

2014년 라트비아 리가, 스웨덴 우메오

2015년 벨기에 몽스, 체코 플젠

2016년 폴란드 브로츠와프, 스페인 산 세바스티안

2017년 덴마크 오르후스, 키프로스 파포스

2018년 네덜란드 레이우아르던, 몰타 발레타

2019년 이탈리아 베네치아, 불가리아 바르나

경쟁력 있는 문화도시를 만드는 데 있어서 가장 중요한 것은 도시환경을 근본적으로 바꾸어 도시 문화 발전의 기반이 되는 문화 예술적 환경을 구축하는 일이다. 살기 좋은 주거 및 생활환경을 조성하고, 문화를 다함께 즐길 수 있는 공원과 광장을 만들고, 문화를 담는 그릇으로서의 박물관, 공연장, 전시장 같은 문화시설들을 확충하는 것이 필수적이다. 이를 위해서는 버려진 산업시설물이나 비어있는 창고 등 기존 건축물을 리모델링하거나 새로운 건축물을 신축하고 야외 공연장으로 활용할 공원과 광장을 조성하는 등 문화적 공간의 확대가 필요하고, 문화예술 활동과 행사를 지원하는 프로그램을 마련하는 등 문화정책이 뒷받침 되어야 한다.

문화도시 만들기는 단순히 도시 행정 당국의 의지만으로 가능한 일이 아니다. 여기에는 문화예술가들을 비롯하여 실제로 문화정책을 세우고 성공적으로 실행에 옮길 수 있는 각 분야의 전문가들의 능동적인 참여가 필요하고 또한 기업의 재정적인 지원 또한 필수적인 요소이다. 문화 환경을 구축하고 문화 활동과 행사를 지원하기 위해서는 막대한 자금이 필요한데, 정부나 지방자치단체의 재정만으로는 이를 감당하기 어렵다. 그러므로 기업의 자본이 수월하게 유입될 수 있도록 문화산업의 경제적 이익의 적절한 배분을 보장하고 인센티브를 주는 등 정책적으로 문화에 대한 기업투자의 길을 열어놓아야 한다.

기업도 문화예술을 단순히 후원하거나 기부하는 차원이 아니라 문화예술에 투자한다는 경영마인드를 가지고 적극적으로 문화마케팅에 나설 때이다. 기업도 지역의 문화적 환경 구축에 동참하고 지역 경제를 활성화시킬 때, 기업 이미지도 향상되고 기업 이윤도 극대화될 수 있는 것이다. 그리고 무엇보다 도시 구성원들, 특히 시민들의 문화예술에 대한 공감대 형성과 자발적이고 적극적인 참여가 있을 때 비로소 문화를 우선순위에 두는 획기적인 문화정책도 실질적인 효과를 거둘 수 있다.

문화도시는 도시에 거주하고 있는 도시인들의 문화예술 활동이 활발하게 이루어지는 도시여야 한다. 다시 말해 문화도시는 훌륭한 문화예술 정책뿐만 아니라 도시인들의 활발한 문화예술 활동이 있을 때 가능해진다는 뜻이다. 문화예술가들이 자유롭게 창작 활동을 할 수 있는 문화 예술적 환경이 구축되어 있고 시민들이 생활 속에서 문화예술을 마음껏 향유할 수 있는 도시를 만들어야 한다. 문화예술가들이 창작을 하고 작품을 발표할 수 있도록 문화 공간과 재정을 지원하는 프로그램을 운영할 뿐만 아니라, 전문 문화예술인들을 활용한 문화예술 교육 프로그램을 적극적으로 운영하여 시민들 스스로 문화소비자이며 문화생산자가 될 수 있도록 평생교육 차원에서 시민들의 문화예술 창작 활동을 돕고 또한 창작품을 발표할 수 있는 장을 마련해 주는 도시가 되어야 한다. 문화가 삶의 중심이 되는 문화의 시대에 잘 조성되어 있는 문화적 환경 속에서 문화예술가들과 시민들의 문화적 욕구가 충족되고 삶의 질이 높아질 때 다양하고 수준 높은 문화예술도 꽃피어나고 문화도시 브랜드도 만들어질 수 있다.

도시의 문화적 환경을 구축하여 도시인들의 삶의 질과 행복지수가 높아진 문화도시는 관광객 유치 효과까지도 올려 전 세계 관광객들이 그 도시의 문화를 즐기러 찾아오게 될 것이다. 문화관광객수의 증가는 문화산업뿐만 아니라 숙박업, 외식업, 기념품 판매업, 운송업 등 서비스산업의 영업 수익 증가와 고용인력 수요 확대로 새로운 일자리를 창출하고 도시의 경제를 활성화하여 경쟁력 있는 도시를 만들어 준다. 이처럼 21세기는 문화의 산업화를 통해 경제적 파급 효과를 일으켜 도시의 경제를 살려나가는 컬처노믹스 시대이다.

자기 도시만의 특색 있는 문화자원을 콘텐츠화하고 관광자원화하여 세계적인 문화관광 도시가 되고, 전 세계의 관광객들을 유치하여 경제적 부가가치를 창출하여야 하는 시대이다. 이를 위해 세계 각국의 도시들은 자기 도시의 매력적인 이미지를 세계인들에게 심어줄 건축물들을 세계적인 건축가들의 설계로 앞 다투어 세우고 있다. 그리고 도시를 상징하는 건축물을 중심으로 문화벨트를 조성하여 문화도시의 이미지를 가꾸고 적극적인 도시마케팅에 나서고 있다. 뿐만 아니라 문화도시는 시민들의 삶의 질과 행복지수를 높여주고, 넘쳐나는 문화관광객들 덕분에 새로운 일자리가 만들어지고, 시민들의 삶을 윤택하게 만든다.

문화는 도시의 침체된 경제를 살릴 수 있는 대안이 되고 있다. 쇠락한 도시라는 부정적인 이미지를 지니게 된 도시들은 경제를 살리기 위해 문화자원을 활용한 문화도시 만들기 프로젝트를 진행하고 창조적인 문화산업 육성에 힘을 쏟고 있다. 중요한 것은 도시의 브랜드 가치를 높여 효과적으로 문화도시를 마케팅하는 일이다. 영국 글래스고, 스페인 빌바오 등이 도시의 문화적 환경을 구축하여 도시를 재생시키고, 독특한 문화적 매력을 지닌 '창조도시'로 브랜드화하여 도시마케팅에 성공한 대표적인 사례들이다.

21세기는 매력적인 문화도시 이미지를 활용한 문화도시 브랜드 마케팅으로 전 세계의 문화관광객들을 불러들여 지역의 경제적 부가가치를 창출하고, 지역경제를 활성화해야 하는 문화도시 경쟁의 시대이다. 이제 우리는 도시의 문화적 환경을 구축하고 경쟁력 있는 문화도시로 다시 태어나서, 문화와 관광이 어우러진 문화관광산업으로 경제를 활성화시킨 세계 각국의 문화 브랜드 도시들의 성공 사례들을 살펴보면서, 우리나라의 도시들이 문화자원을 활용하여 도시의 이미지를 바꾸고, 매력적인 문화도시를 마케팅하여 경제적 부가가치를 창출할 수 있는 여러 가지 방안을 모색해보려고 한다.

제2장

문화예술 브랜드 도시들

빠리, 런던, 뉴욕이 지니고 있는 도시 브랜드 가치가 프랑스, 영국, 미국의 국가 브랜드 가치를 넘어서서 국가의 경제를 살려나가는 기반이 되고 있다. 빠리, 런던, 뉴욕은 전 세계에서 문화예술가들과 문화예술 향유자들이 끊임없이 모여들어 문화적 욕구를 충족시키는 이른바 보헤미안 지수가 높은 창의적인 문화도시들이며 세계 문화 예술의 수도로서의 역할을 하고 있다. 매력적인 문화도시 브랜드 이미지를 갖고 있는 이 도시들은 전 세계에서 몰려오는 관광객들을 대상으로 하는 문화관광산업만으로도 막대한 경제적 수익을 올리면서 세계 도시 경쟁에서 앞서 나가고 있다. 우리나라의 도시들도 풍부한 이야기와 문화를 자원으로 21세기 문화도시 경쟁에서 이 도시들과 어깨를 나란히 할 수 있는 날이 오기를 기대한다.

프랑스 빠리 에펠탑

세계 문화예술의 수도, 프랑스 빠리

빠리는 세계인들이 누구나 일생에 한번쯤 가보고 싶은 꿈을 꾸게 만드는 명실공히 세계 문화예술의 수도로서의 가치를 충분히 지니고 있는 도시이다. 빠리 사람들은 문화예술의 도시 빠리에 사는 것을 자랑스러워하고, 세계인들은 빠리를 동경하며 빠리지앵처럼 빠리를 산책하고 오래도록 머물고 싶어 한다. 프랑스 빠리의 문화와 예술은 빠리 사람들의 자유로운 상상력이 낳은 세계적인 걸작품이다. 빠리 곳곳에는 예술적 정취가 넘쳐난다. 빠리 사람들은 어쩌면 의식주 생활문화를 모두 예술로 승화시킬 줄 아는 사람들이며, 빠리 사람들에게는 인생 자체가 예술 같다. 빠리는 우리에게 예술 같은 인생을 꿈꾸게 한다. 빠리가 세계 문화예술의 수도로 불리게 된 것은 무엇보다도 전 세계에서 수많은 문화예술인들이 모여들어 빠리의 문화예술을 다양하고 풍부하게 꽃 피웠기 때문이다. 이들이 빚어낸 질 높은 문화예술품들을 보고 즐기려고 전 세계에서 매년 2,400만 명 이상의 관광객들이 빠리를 방문한다.

빠리는 다른 나라의 어느 도시보다 문화예술 창작가들과 문화예술

프랑스 빠리 오르세 미술관

향유자들 모두의 문화적 욕구를 충족시켜 줄 수 있는 보헤미안지수 높은 문화도시이다. 또한 빠리의 문화예술의 그릇은 차고 넘쳐 전 세계 문화예술에 지속적으로 영향을 주고 있다. 이제 21세기 시티노믹스 시대에 빠리는 문화와 예술을 통해 경제적 부가가치를 창출하는 대표적인 문화산업의 도시가 되었다. 문화예술의 도시 이미지는 하루아침에 만들어지는 것이 아니다. 빠리 곳곳에 산재해 있는 수많은 박물관, 미술관, 기념관 그리고 오페라 가르니에 등 수많은 건축물들이 빠리의 문화와 예술을 간직하고 있다. 정원, 공원, 광장 그리고 성당 등에서도 수시로 음악회와 전시회가 열리는 문화예술의 도시가 빠리이다. 빠리는 도시 전체가 문화유산들을 전시하는 박물관과도 같다.

몽마르트르 언덕 사크레 쾨르 대성당

빠리의 건축물들과 광장들과 공원들이 빠리의 육신이라면 문화유산 속에 담겨있는 역사와 인물들에 관한 이야기는 빠리의 영혼이다. 빠리의 이야기를 찾아내는 것은 물질적인 빠리가 아닌 빠리의 영혼과 만나는 일이다. 빠리 곳곳에 수없이 많이 세워져 있는 'Histoire de Paris' 기념 표지판을 따라가면 빠리의 역사와 문화 그리고 숨겨진 이야기를 발견하고 빠리의 영혼과 만나는 즐거움을 맛볼 수 있다. 빠리 곳곳의 건물 벽에는 프랑스의 역사적 인물과 문화예술인들이 태어나고 살았던 집이라는 것을 알리는 안내 표지판들이 붙어 있다.

빠리의 대표적인 문화예술의 성지라고 할 수 있는 몽마르트르 언덕은 일찍이 19세기 후반부터 20세기 초까지 문화예술인들의 주요 활동 무대였으며 오늘날까지도 빠리 문화관광의 명소로 자리 잡고 있다. 이후로 문화예술인들이 옮겨가서 활동하고 있는 몽빠르나스 구역도 새로운 문화명소로서 브랜드를 만들어갔다. 순교자의 언덕이라 불리는 몽마르트르 언덕은 종교적 성지이며 동시에 문화예술의 성지이다. 이곳은 프랑스 빠리의 문화와 예술을 사랑하여 전 세계에서 모여든 수많은 문화예술인들의 삶과 예술의 이야기를 간직한 문화적 명소이기 때문이다.

샤갈은 춥고 암울한 러시아를 떠나 빠리에 입성하며 새로운 문화예술의 세계를 접한 놀라운 문화적 충격을 '이것은 눈의 혁명이었다'라는 말로 함축하여 표현하였다. 이러한 문화적 충격은 각자 네덜란드와 스페인과 이탈리아를 떠나와 몽마르트르 언덕에서 예술가로서 새로운 둥지를 튼 빈센트 반 고흐와 파블로 피카소와 모딜리아니를 비롯한 수많은 문화예술인들에게도 마찬가지였다. 이들 문화예술인들은 포도밭과 풍차가 자리 잡고 있던 평범한 시골 마을 언덕을 세계적인 문화예술의 성지로 만들었다.

몽마르트르 언덕의 중간쯤 되는 마로니에 나무들이 우거진 광장에 화가들의 성지 '바또 라부아르'가 자리 잡고 있다. 건물 정면 한쪽 벽면에는 이곳 아뜰리에에서 그림을 그렸던 당시에는 가난을 면하지 못했지만 훗날 유명해진 화가들의 예술적 자취를 사진과 글 등으로 보여주

프랑스 빠리 몽마르트르 떼르트르 광장

는 전시공간이 여전히 순례객들을 맞이하고 있다. 건물 벽에는 이곳이 빠리 문화예술에 관한 역사적 이야기를 간직하고 있는 명소임을 알리는 기념 표지판이 설치되어 있다. 20세에 스페인을 떠나 빠리에 입성한

피카소는 1904년에서 1909년까지 가난했던 시절 바또 라부아르의 아뜰리에에서 작품의 모델이 된 연인 페르낭드 올리비에도 만났고, 입체주의 미술의 선구적인 작품으로 유명해진 걸작품 '아비뇽의 처녀들'도 그렸다. 모딜리아니도 이곳에서 그림 작업을 했다. '미라보 다리'의 시인 아뽈리네르와 그의 연인이었던 여류화가 마리 로랑생도 바또 라부아르에 자주 드나들었고, 마리 로랑생은 이곳에서 그림 작업도 했다.

빠리의 자유로운 영혼을 지닌 보헤미안들의 성지 몽마르트르 언덕의 주요 풍경을 이루고 있었던 것은 포도밭과 풍차 방앗간들이다. 예전에 많았던 포도밭들은 하나둘씩 사라지고, 이제는 단 한 곳 생 뱅상 거리에 있는 포도밭만이 몽마르트르의 상징으로 남겨져 있다. 이 포도밭 아래쪽에는 또한 100년의 세월 동안 몽마르트르를 지키며 유일하게 남아 있는 라이브 샹송가수들의 노래를 들을 수 있는 샹송클럽 '오 라뺑 아질 Au Lapin Agile)'이 있다. 당시 몽마르뜨르에 정착한 피카소, 모딜리아니, 위트릴로 등 가난한 예술가들이 함께 모여 술을 마시며 시를 낭송하고 노래를 듣고 부르던 곳이었으며, 에디뜨 삐아프도 한 때 여기서 노래를 불렀었다. 그래서 이들의 이야기를 간직한 추억의 공간으로 몽마르뜨르를 찾는 여행객들이 빠뜨리지 않고 찾아오는 문화예술 순례의 명소가 되었다.

포도밭과 함께 몽마르트르 언덕의 주요 풍경을 이루며 그림으로 그려지고 시와 샹송으로 노래 불리던 30여개의 풍차들도 아쉽게도 거의 다 사라져버렸지만, 물랭 드 라 갈레뜨만은 그림에 나오는 옛 모습을 아직도 그대로 간직하고 있어 아쉬움을 달래준다. 오르세 미술관에 걸려있는 르누아르의 유명한 그림 '물랭 드 라 갈레뜨'는 당시의 남자들과 여자들이 쌍쌍으로 어울려 사교춤을 추는 무도회장의 모습을 사실적으로 보여준다. 이 그림은 물랭 드 라 갈레뜨를 관광의 명소로 만들었다. 이곳에 자주 드나들었던 뚤루즈 로트렉, 빈센트 반 고흐, 에밀 베르나르, 위트릴로, 르누아르, 피카소를 떠올리며 찾아오는 문화관광객들의 발길이 끊이지 않는 문화적 명소이다.

빨간 풍차가 돌아가는 극장식 레스토랑 '물랭루주(Moulin Rouge)'는 1889년 문을 연 이래로 120년이 넘게 전통을 이어온 문화적 명소로서 빠리의 역사적 기념물로 지정되었다. 샹송의 여왕 에디뜨 삐아프, 그녀가 사랑한 이브 몽땅도 이곳 무대에서 노래를 불렀다. 에디뜨 삐아프의 노래 '장미빛 인생'은 바로 이브 몽땅에 대한 사랑의 노래였다. 특히 물랭루주를 문화예술의 명소로 만든 것은 귀족 출신이면서 어려서 불치병에 걸려 성장이 멈추고 아버지에게 쫓겨나다시피 집을 나와 몽마르트르의 아뜰리에에 몸을 의지하고 고흐와 고갱 등과 예술적 교류를 나눈 뚤루즈 로트렉이 물랭루주의 무희를 그린 포스터이다. 물랭루주와 로트렉의 이야기는 유명한 여배우 니콜 키드먼이 출연한 영화 '물랭루주'로 다시 태어나 이곳이 문화관광의 명소가 되는데 일조했다. 물랭루주의 무대 위에서 무희들이 추는 전 세계적으로 유명한 프렌치캉캉 춤과 함께 이 춤을 출 때 흐르는 배경음악인 오펜바흐의 오페레타 '천국과 지옥'의 서곡도 세계인들에게 물랭루주의 이미지를 떠올리게 하는 상징이 되었다. 풍차가 많았던 몽마르트르 언덕의 풍경을 상기시키는 물랭 드 라 갈레뜨, 물랭루주와 마찬가지로 두 개의 풍차라는 뜻을 지닌 '레 되 물랭' 까페는 장 삐에르 죄네 감독이 2001년 제작한 영화 '아멜리에'를 비롯하여 여러 편의 영화의 배경이 되면서 몽마르트르를 찾아오는

프랑스 빠리 물랭루즈

여행객들이 차를 마시고 사진을 찍어가는 관광명소가 되었다.

몽마르트르 박물관은 1680년 몰리에르 연극단 배우 장 밥띠스뜨 뒤므닐이 구입했다는 기록으로 보아 건축된 후 적어도 330년 이상이 지난 오래된 건물이다. 19세기에 이곳에는 르누아르, 빈센트 반 고흐, 뽈 고갱, 수잔 발라동, 그녀의 아들 위트릴로, 에밀 베르나르 등 유명한 화가들이 그림을 그리던 아뜰리에가 있었다. 박물관 내부와 정원에는 이들 화가들의 그림을 비롯한 삶의 자취가 고스란히 남아 19세기 몽마르트르의 시절로 여행객들을 안내한다. 몽마르트르 묘지 또한 빼놓을 수 없는 관광 명소이다. 이곳에서 여행객들은 작가 스땅달, 에밀 졸라, 독일 시인 하이네, 무용가 바슬라프 니진스키, 작곡가 오펜바흐와 베를리오

프랑스 빠리 몽마르트르, 벽으로 드나드는 사나이 기념조각상

즈, 화가 에드가 드가, 영화감독 프랑스와 트뤼포 등 세계적으로 유명한 문화예술인들을 만날 수 있다. 에밀 졸라와 알렉상드르 뒤마 뻬르의 묘는 나중에 이곳에서 빵데옹으로 옮겨졌다.

몽마르트르의 화가들이 여행객들의 초상화를 그려주고 있는 떼르트르 광장 인근에도 곳곳에 예술가들의 자취가 남아 있는 문화적 명소들이 숨어 있다. '라 메종 로즈'는 뛰어난 미모의 여류 화가 수잔 발라동과 그녀가 낳은 사생아 위트릴로의 이야기가 남겨져 있는 까페 레스또랑이다. 수잔 발라동은 무용가이기도 했으며, 로트렉, 르누아르의 그림 모델이 되기도 했다. 그녀의 화가적 재능을 물려받은 아들 위트릴로는 주로 몽마르뜨르의 풍경을 그렸다. '에스빠스 몽마르트르 살바도르 달리'에는 스페인 출신의 초현실주의 화가 달리의 회화, 데생, 조각품 등이 전시되어 있다. '르 꽁쉴라'는 고흐, 마네, 피카소 등이 단골로 드나들던 까페이다. BGM 즉 배경음악의 선구적 작품인 '짐노페디'를 작곡한 에릭 사띠가 머물던 집도 광장 가까이에 있다.

몽마르트르 언덕 한 자락인 바뱅 거리에 있는 그다지 넓지 않은 마르셀 에메 광장이 여행객들의 발길을 이끄는 관광의 명소가 될 수 있었던 것도 이야기의 힘이다. 마르셀 에메는 이 지역에 살며 〈벽으로 드나드는 사나이〉와 같은 주옥같은 단편 소설들을 남겨 프랑스인들의 사랑을 받는 국민작가가 되었다. 광장 안쪽 벽에는 소설 〈벽으로 드나드는 사나이〉의 주인공 뒤띠웰이 막 벽을 통과하는 모습 아니면 벽속에 갇혀 있는 모습이 조각되어 있다. 이 조각상은 1989년에 조각가 쟝 마레가 설치한 작품이다. 광장을 돌아 나오다 보면 또 다른 쪽 벽면에 이곳이 빠리의 이야기가 깃들어 있는 역사적인 장소라는 것을 알리는 기념 표지판이 붙어 있다. 광장에서 때때로 마르셀 에메 애호가들이 그의 단편 작품 〈벽으로 드나드는 사나이〉를 손에 들고 찾아와 주인공의 조각상 앞에서 차례로 돌아가며 낭독하는 모습도 볼 수 있다.

빠리에서 가장 오래된 성당은 11세기에 건축된 생 제르맹 데 프레 성당이다. 성당이 자리 잡고 있는 생 제르맹 데 프레 지역은 지금도 빠리의 역사와 전통이 생생하게 살아 숨쉬고 있어 여전히 빠리를 대표하는 상징적인 거리이다. 이 전통적인 거리를 100년도 훨씬 넘는 세월 동안 지켜온 빠리의 유명한 까페 세 곳도 생 제르맹 데 프레 성당 앞에 모여 있다. 성당 앞 길 건너편 왼쪽에 까페 레 되 마고, 오른쪽에 까페 드 보나빠르뜨, 까페 레 되 마고에서 왼쪽으로 돌아서면 까페 드 플로르가 있다. 세 곳 모두 명품 까페이지만 그중에서도 특히 까페 레 되 마고가 성당과 거리의 풍경을 가장 잘 감상할 수 있어 옛날부터 문화예술인들과 관광객들의 많은 사랑을 받아온 까페이다. 그래서 이 까페 앞에는 빠리시가 선정한 역사 문화적 명소임을 알리는 기념 표지판이 서있어 더욱 주목을 끈다.

'문학 까페 레 되 마고'로 첫머리를 장식한 레 되 마고 까페의 메뉴판도 이곳이 빠리 문화예술인들의 숨결이 살아 있는 문화적 명소임을 자랑스럽게 소개하고 있다. 레 되 마고 까페는 베를렌느, 랭보, 말라르메와 같은 상징주의 시인들이 드나들면서 얻기 시작한 문학 까페로서의 명성을 130년이라는 긴 세월이 흐른 오늘날까지도 잘 지켜오고 있다. 1933년에 제정된 레 되 마고 문학상은 문학 까페로서의 위상을 더욱 높여주어, 레 되 마고 까페는 문학인들의 사랑방이 되었다. 앙드레 지드, 까뮈, 말로, 모리악, 프레베르, 쟝 지로두, 앙드레 브르똥, 쟈꼬메띠, 바따이유, 페르낭 레제르가 단골이었고 그들 사이에 피카소도 있었다. 헤밍웨이, 제임스 조이스, 오스카 와일드 같이 빠리가 좋아 찾아온 외국 작가들도 까페의 명성을 듣고 자주 찾아왔다. 이들 문화예술인들이 앉았던 까페의 탁자와 의자에는 이들의 사진과 명패가 여전히 자리를 지키고 있어 사람들의 눈길을 끌고 각자 자기가 좋아하는 인물이 앉았던 자리에 한번 앉아 감회에 젖어들게 만든다.

레 되 마고 까페와 인접한 까페 드 플로르도 빠리의 대표적인 문학까페로서 역시 또 다른 문학상 '까페 드 플로르 문학상'을 제정하여 젊은 작가들에게 수여하고 있다. 아르데코 풍의 인테리어가 특징인 까페 드 플로르에는 알베르 까뮈, 쟝 뽈 사르트르와 시몬느 드 보부아르 등 문학인들과 더불어 이브 몽땅, 마르셀 까르네, 브리지뜨 바르도 등 유명한 프랑스 배우들과 입생 로랑, 지방시, 파코 라반, 기 라로시와 같은 패션계 사람들이 단골로 드나들었다. 피카소도 저녁때마다 이 까페에 나타나 늘 같은 자리에 앉고는 했다. 까페의 메뉴판에는 이들에 관한 일화들이 소개되어 있고, 특히 '나에게 까페 드 플로르에 이르는 길은 자유에 이르는 길이었다'는 사르트르의 글도 실려있다.

생 제르맹 데 프레 지역에서 좀 더 떨어진 곳에 자리 잡고 있는 까페 프로꼬쁘 역시 빠리에서 빼놓을 수 없는 명품 까페이다. 이 까페는 1686년에 빠리에서 최초로 문을 연 가장 오래된 까페로서 빠리 까페의 역사를 이야기할 때 제일 먼저 소개되는 까페이다. 빠리의 정신과 문화를 만들어가는 공간으로서의 역할을 하는 빠리 까페 문화의 효시가 되었다. 이후로 빠리에는 곳곳에 수많은 까페들이 생겨나서 빠리 문화예술인들의 교류의 장이 되고, 빠리 문화예술의 산실이 되었다. 17세기 고전주의 시대의 극작가 몰리에르와 라신느, 18세기 계몽주의 시대의 철학가 볼떼르와 루소 그리고 이곳에서 '백과사전'을 집필한 디드로와 달랑베르, 대혁명기의 로베스삐에르와 당똥 그리고 나뽈레옹, 19세기의 베를렌느와 랭보, 조르주 상드와 프레데릭 쇼팽 등 문학인들과 철학가들과 정치인들이 까페 프로꼬쁘에 단골로 드나들었다. 특히 볼떼르는 프러시아의 프레데릭 왕으로부터 선물 받은 테이블을 아예 까페에 갖다 놓고 늘 그 자리에 앉아 글을 썼다. 까페 내부에 걸려있는 이들 문화예술인들의 초상화는 이곳을 찾은 여행객들에게 빠리의 문화예술에 대해 많은 이야기를 들려주는 듯하다.

빠리 오페라 극장은 샤를르 가르니에가 1862년부터 1875까지 건축하였고, 건축가의 이름을 따서 오페라 가르니에 또는 가르니에 궁전(Palais Garnier)이라고도 불린다. 정면에 있는 바흐, 모차르트, 베토벤 등 세계적인 작곡가들의 조각상을 비롯하여 지붕 위와 내부에도 다양한 조각품들과 그림들 그리고 1964년 마르크 샤갈의 천정화 '꿈의 꽃다발'과 무

프랑스 빠리 오뻬라 극장

게가 6톤이나 되는 샹들리에로 유명한 신바로크 양식의 화려한 건축물이다. 이 아름다운 빠리 오페라 극장이 빠리 문화관광의 명소가 되는데 일조를 한 것이 프랑스 작가 가스통 르루가 이 극장을 배경으로 창작해낸 이야기이다.

프랑스 추리작가 가스통 르루(Gaston Leroux, 1868~1927)는 1910년 빠리 오페라 극장을 배경으로 한 유명한 소설 '오페라의 유령(Le Fantome de L'Opéra)'을 발표했다. 이 소설은 영국의 작곡가 앤드류 로이드 웨버(Andrew Lloyd Webber)와 제작자 카메론 매킨토시에 의해 오페레타 형식의 뮤지컬 'The Phantom of The Opera'로 만들어져 1986년 10월 9일 런던 허 머제스티스 극장(Her Majesty's Theatre)에서 초연되었다. 지금까지 세계 27개국, 145 개 도시에서 1억 3천 명이 넘는 관람객이 관람을 하여 56억 달러 이상의 공연 수익을 올렸다. 2004년에는 앤드류 로이드 웨버

가 직접 제작에 참여한 가운데, '의뢰인', '타임 투 킬" 등으로 유명한 조엘 슈마허 감독에 의해 영화로도 만들어지는 등 가스통 르루의 소설 '오페라의 유령'은 뮤지컬, 영화, 연극, 드라마로 제작되어 원천소스인 스토리를 바탕으로 하여 다양한 콘텐츠를 개발하는 문화콘텐츠 OSMU의 성공적인 사례가 되었다.

노트르담 대성당

빠리에서 에펠탑, 개선문과 함께 세계 관광객들이 가장 많이 찾는 명소가 노트르담 대성당이다. 빠리의 한 복판 시떼 섬에 서 있는 노트르담 대성당이 문화도시 빠리의 상징적인 랜드마크가 될 수 있었던 것은 우리에게는 '노트르담의 꼽추'로 더 잘 알려진 빅또르 위고의 소설 '노트르담 드 빠리' 덕분이었다. 성당 정면에 새겨져 있는 성인 조각상들 중에는 자신의 잘린 목을 두 손으로 받쳐 들고 있는 성인의 모습이 눈에 띈다. 성인의 이름은 생 드니이다. 생 드니 성인은 빠리 최초의 주교로 272년에 로마군에게 붙잡혀 몽마르트르 언덕에서 참수를 당한 순교자이다. 몽마르트르가 순교자의 언덕이라고 불리게 된 것도 이때부터이다. 생 드니 성인의 순교에 관하여 기적과도 같은 이야기가 전해져 내려온다. 성인은 참수를 당한 후에 일어나서 자신의 잘린 목을 샘물에 깨끗이 닦고 두 손으로 받쳐 들고 몽마르트르 언덕을 넘어 빠리 북쪽으로 걸어가다가 어느 지점에 이르러 멈추어 섰다. 그곳의 명칭은 오늘날 성인의 이름을 붙여 생 드니 지역이 되었다. 노트르담 성당은 또한 다비드의 그림에서 볼 수 있는 나뽈레옹 대관식이 거행되었던 역사의 현장으로서 숱한 역사적 이야기를 간직하고 있는 곳이다. 성당 내부 오른편에 있는 잔 다르크 조각상은 프랑스를 위기에서 구하다 영국군에게 잡혀 화형당한 성녀의 이야기를 간직하고 있다.

빠리 마레 지역에는 루이 13세 때 완공되어 처음에는 왕실광장이라고 불렸고 1800년부터 보주 광장이라고 불리고 있는 사각형의 광장이 있다. 광장을 사방으로 둘러싼 아파트에는 위고를 비롯하여 세비네 부인, 떼오필 고띠에, 알퐁스 도데와 같은 작가들이 살면서 작품을 썼던 집들이 있다. 보주 광장 앞 6번지에 빅또르 위고가 살던 집이 박물관으로 보존되어 여행객들에게 빅또르 위고의 삶과 문학세계에 관한 이야기를 들려준다. 위고는 이 집에서 자신의 위대한 작품 '노트르담 드 빠리'와 '레 미제라블'을 완성했다. '레 미제라블'은 빠리의 지하 하수도를 관광의 명소로 만들었다. 우리에게 '장발장'으로도 알려진 이 소설의 주인공 장발장이 시위 중에 부상을 입은 공화주의파 청년 마리우스를 구하기 위해 어깨에 둘러메고 경찰의 눈을 피해 들어간 곳이 바로 빠리의 하수도이다. 빠리 하수도에는 위고의 '레 미제라블'의 작품과 관련된 전시

프랑스 빠리 센느강 예술의 다리

관이 있어 관광객들을 소설 속의 세계로 안내한다. 감동적인 스토리의 힘으로 빠리인들의 마음을 움직여서 노트르담 성당의 복원과 빠리의 거대한 하수도 건설을 실현시킨 빅또르 위고의 위대한 소설 두 작품 '노트르담 드 빠리'와 '레 미제라블'은 영화로는 물론이거니와 뮤지컬 작품으로 제작되어 지금 이 순간에도 런던의 웨스트엔드와 뉴욕의 브로드웨이에서 아니 전 세계 뮤지컬 극장에서 사람들의 가슴을 울리고 있다.

센느강 위에는 서로 다른 독특한 형태와 이야기를 품고 문화관광객들의 사랑을 받는 37개의 다리가 놓여 있다. 뽕네프 다리는 영화 '뽕네프의 연인들'의 배경이 되어 이 영화를 보고 감동한 많은 이들의 사랑을 받으면서, 관광객들이 영화 속의 남녀 주인공들의 이야기를 떠올리며 찾아오는 문화관광의 명소가 되었다. 미라보 다리는 초현실주의 시인

기욤므 아뽈리네르와 여류화가 마리 로랑생의 사랑의 이야기를 간직하고 있는 다리이다. 다리에는 아뽈리네르의 시 '미라보 다리'의 한 구절이 새겨져 있어 그의 시를 생각하며 찾아온 여행객들의 마음속에 깊은 울림을 준다. 시인은 이 다리 난간에 기대어 선 채 다리 저편으로 이사를 간 마리 로랑생이 다리를 건너오기를 하염없이 기다렸다. 빠리로 여행을 가서 미라보다리를 찾아가 마리 로랑생을 기다리는 아뽈리네르의 마음이 되어 그의 시 '미라보 다리'를 암송해보면 미라보 다리가 물질적 건축물만이 아니라 사랑하는 연인들의 마음과 영혼이 담겨 있는 사랑의 성소라는 것을 깨닫게 될 것이다.

빠리의 뽕삐두 센터는 미국 뉴욕이 거의 독차지하고 있는 현대 대중문화예술의 중심을 빠리로 옮겨오려는 시도로 지어진 건축물이다. 샤뜰레 레알 지역에 1977년에 완공된 조르주 뽕삐두 센터는 빠리에서 가장 오래된 지역에 세워진 아방가르드한 건축물이다. 건물 외벽을 유리로 지어 내부의 철근 구조물과 노란색 전기배선과 빨간색 엘리베이터와 에스컬레이터, 파란색 통풍관과 상하수도관이 감추어지지 않고 외부로 그대로 드러나서 마치 공장과도 같은 특이한 모습을 하고 있다. 그래서 처음에는 많은 사람들로부터 비난을 받았지만, 지금은 현대 문화와 예술을 생산해내는 공장이라는 별명처럼 빠리의 문화예술 산업의 상징적인 건축물, 문화도시 빠리의 랜드마크 중의 하나가 되었다.

빠리에 종합 문화예술 센터를 건립하겠다는 평소의 꿈을 실현시킨 뽕삐두 대통령의 문화적 업적을 기리기 위해 이름 붙여진 뽕삐두 센터는 회화, 조각, 판화, 건축, 공예, 디자인, 영상, 음악, 문학을 아우르는 현대 문화예술의 전당이라고 할 수 있다. 프랑스가 문화예술의 강국이 될 수 있었던 것은 이처럼 프랑스와 1세로부터 루이 14세에 이르기까지의 역대 국왕들과 조르주 뽕삐두, 지스까르 데스땡 등 역대 대통령들이 경쟁적으로 문화적 공헌을 최대의 업적으로 여기고 문화정책을 최우선 정책으로 펼쳤기에 가능한 일이었다.

뽕삐두 센터와 생 메리 성당 사이에는 화려한 색상의 움직이는 조각 작품들이 물을 뿜어내는 스트라빈스키 분수대가 있다. 이 분수대는 러시아 출신의 작곡가 스트라빈스키를 추모하여 장 땡글리와 니키 드 생-팔이 그의 작품 '봄의 제전' 중에서 '불새의 춤'을 시각적으로 형상화하여 제작한 작품이다. 12세기부터 순례객들은 뽕삐두 센터 앞을 지나가는 생 마르땡 거리에서 출발하여 스페인 산티아고까지 순례길에 올랐다. 생 마르땡 거리를 따라 남쪽으로 조금 내려가면 생 자끄 탑이 나오는데, 이곳이 산티아고 가는 길의 빠리 출발점이 된다. 프랑스어 생 자끄와 스페인어 산티아고는 둘 다 성 야곱을 일컫는 말이다. 순례자들은 노트르담 대성당에서 도장을 받은 다음에 생 자끄 거리를 지나 스페인 산티아고로 향했다.

셰익스피어 앤 컴퍼니는 미국 출신의 여성 실비아 비치가 1919년에 빠리 오데옹가 12번지에 개점한 영어 서적 전문 서점이다. 가난한 작가들에게 무료로 책을 빌려주기도 하면서 오데옹 거리는 문학인들의 거리가 되었다. 앙드레 지드, 기욤므 아뽈리네르, 뽈 발레리, 쟝 꼭또, 꼴레뜨를 비롯한 많은 작가들이 단골로 드나들면서 토론회와 낭독회를 열고 서로 문학적 교류를 가졌다. 셰익스피어 앤 컴퍼니는 특히 어니스트 헤밍웨이가 가난한 무명작가 시절 잠시 아르바이트를 했고, 그를 비롯하여 제임스 조이스, 에즈라 파운드, 프랜시스 스콧 피츠제럴드, 헨리 밀러, 조지 오웰과 같은 영미권의 젊은 작가들이 단골로 드나들었던 서점이다. 제임스 조이스의 〈율리시즈〉 초판본이 이곳에서 발행되었다.

얼마 뒤 셰익스피어 앤 컴퍼니는 노트르담 대성당에서 센느 강 건너편에 위치한 지금의 자리로 이전했고, 이곳은 영화 〈비포 선셋〉의 첫 장면 촬영 장소가 되면서 문화관광의 명소가 되었다. 셰익스피어 앤 컴퍼니 서점에서는 해마다 6월이면 책 축제를 열고, 영화 〈비포 선셋〉의 첫 장면처럼 유명 작가 초청 강연회와 사인회 등을 열어 작가와 독자와의 만남의 장을 마련한다. 영화는 미국과 프랑스에 각기 떨어져 살던 두 주인공 제시와 셀린느가 극적으로 다시 만나는 첫 장면으로 시작한다. 두 연인은 9년전에 약속했던 비엔나의 기차역이 아닌 빠리의 셰익스피어 앤 컴퍼니 서점에서 운명적으로 재회한다. 셰익스피어 앤 컴퍼니 2층의 한 코너에는 영화를 보고 찾아온 전 세계 여행객들이 자신들의 사랑이 이루어지기를 꿈꾸며 남겨 놓은 편지들, 사진들, 연락처를 적은 메모지들이 공간 가득히 차지하고 있다.

생 마르땡 운하는 나뽈레옹 1세의 명령으로 1802년에서 1825년까지 건설된 인공 운하이다. 운하를 따라 늘어서 있는 마로니에와 플라타너스 등의 가로수들, 보행자 전용의 구름다리들, 배들이 지나갈 때마다 물 높이를 조절하기 위해 열렸다 닫혔다하는 수문들로 빠리의 색다른 아름다운 풍경을 자랑하며, 빠리를 배경으로 한 많은 영화의 주요 촬영지가 된 생 마르땡 운하는 빠리의 문화적 명소로 자리 잡았다. 이 운하는 외젠느 다비의 소설 〈북호텔〉(Hotel du Nord, 1929년)의 무대가 되었다. 작가 외젠 다비는 북호텔의 주인의 아들이었고, 자기네 호텔과 생마르땡 운하 주변에서 일어난 일들을 소재로 가난한 서민들의 삶을 그린

생 마르땡 운하

소설을 썼다. 1938년 마르셀 까르네 감독이 이 소설을 영화로 제작하여 흥행에 큰 성공을 거두었다. 영화의 성공에 힘입어 지금도 옛 모습 그대로 남아 있고 호텔 내부에는 영화의 장면들을 담은 흑백사진들이 걸려 있는 북호텔은 영화 마니아들의 순례지가 되었다. 장 삐에르 죄네 감독의 영화 〈아멜리에〉에서는 주인공이 운하의 수면 위로 돌멩이를 던져 물수제비를 뜨던 장면이 관객들의 머리에서 잊히지 않는 명장면으로 남아 있다. 이처럼 풍경의 아름다움에 영화 속 이야기가 이곳의 매력을 더하면서 생 마르땡 운하는 빠리의 연인들이 선호하는 매력적인 데이트 장소일 뿐만 아니라, 영화 속 장면을 떠올리며 찾아오는 관광객들이 즐겨 찾아오는 이름난 명소가 되었다.

미국 뉴욕

자유의 여신상

뉴욕은 1970년대에만 해도 범죄가 끊이지 않고 환경이 불결하여 슬럼화 된 도시라는 부정적인 이미지를 지니고 있어서 살고 있던 뉴욕 사람들마저도 떠나고 싶어 하던 도시였다. 뉴욕시는 I ♥ NY 로고로 잘 알려진 'I Love New York' 캠페인 슬로건을 시작으로 문화도시 이미지를 구축하면서 뉴욕의 도시브랜드 전략을 구체적으로 진행했다. 'I Love New York' 캠페인 슬로건은 강력한 문화도시 브랜드 개발의 시작이었다. 뉴욕 시민들, 뉴욕커들의 자부심을 높여주었고, 이후 뉴욕의 관광산업은 꽃을 피우기 시작했고 'I Llove New York' 은 세계에서 가장 성공적인 브랜드 캠페인이 되었다. 9.11 테러 이후에는 새로운 캠페인 'I ♥ NY MORE THAN EVER'을 사용하였다. 이제 뉴욕은 부정적인 이미지를 깨끗이 씻어내고 세계 최고의 현대 문화예술의 도시라는 긍정적인 이미지를 이끌어내는데 성공하여 세계인들이 가보고 싶은 문화예술의 도시로 자리매김했다.

I ♥ NY은 다양한 기념품(티셔츠, 인형, 모자 등)에 연계되어 'I Love New York' 슬로건과 하트 모양의 엠블럼이 박힌 티셔츠는 날개 돋친 듯 팔려나갔으며, 도시 곳곳에서 이른바 도시 브랜딩에 관한 작업들이 원활하게 진행된 결과 뉴욕시는 당초 목표로 세웠던 도시 이미지인 '세계 제1의 도시' '세계의 수도'라는 명성에 부합하여 연간 무려 4천만명이 찾는 명실공히 세계의 관광 중심지가 되었다. (도시브랜드마케팅, p.66.)

미국 뉴욕 메트로폴리탄 박물관

미국의 도시경제학자 리처드 플로리다 교수는 '뉴욕은 살고, 디트로이트는 죽는다'는 전망을 내놓았다. 이는 디트로이트와 같은 공업도시는 성장 동력을 잃고 '유령도시'로 전락할 것이며, '금융뿐 아니라 언론, 디자인, 예술, 연예 등 다양하고 창조적인 산업들을 기반으로 성장'해온 뉴욕과 같은 창조적인 문화도시는 지속적으로 성장할 것이라는 의미이

미국 뉴욕 브로드웨이 뮤지컬 극장 가

다. 뉴욕은 브로드웨이 공연장들과 메트로폴리탄 오페라극장 등의 공연문화, 메트로폴리탄 미술관, 국립현대미술관(The Museum of Modern Art), 구겐하임미술관, 휘트니미술관 등 수많은 미술관들의 전시문화, 뉴욕 센트럴파크 등지에서 열리는 프린지 페스티벌과 같은 거리공연문화 등 풍부한 문화 예술적 환경을 갖추어 오늘날 세계적으로 매력 있는 문화예술의 도시로 인정받고 있다. 그래서 세계 문화예술인들과 관광객들이 너도나도 뉴욕에 몰려들고 있고, 또한 이들이 문화도시 뉴욕의 경쟁력을 더욱 높여주는 역할을 담당하고 있다.

오늘날 세계 문화예술가들과 관광객들은 너도나도 뉴욕에 몰려들고 있으며, 또한 이들이 문화도시 뉴욕의 경쟁력을 더욱 높여주는 역할을 하여, 뉴욕을 세계 최고의 창조적인 문화도시가 되게 했다. 문화적 환경 구축에서 중요한 것이 문화예술가들을 적극적으로 지원하여 문화도시를 만드는데 참여하도록 이끄는 일이다. 뉴욕시는 지속적인 문화예술 활성화 정책으로 문화예술단체를 지원하고 문화예술가를 육성하여 뉴욕을 세계 최대의 문화관광 도시로 만들겠다는 목표를 세우고 있다. 미국 카네기멜론대학교 리처드 플로리다 교수는 '창의성이 넘치는 창조도시'일수록 '보헤미안 지수'가 높다고 말한다. 보헤미안 지수가 높고 창의성이 넘치는 창조적인 문화도시는 지역의 고용 증가를 가져와 지역 경제를 활성화시킬 수 있는 것이다. 문화산업은 이제 도시의 경제성장을 주도하는 핵심 산업이 되었다. 뉴욕은 2005년에 문화산업을 통해 212억 달러의 경제적 효과, 16만개도 넘는 일자리를 창출하였다.(문화도시, pp.79,80)

> 보헤미안 지수는 해당 지역에 작가, 디자이너, 음악가, 배우, 감독, 화가, 조각가, 사진가, 무용수 등의 예술가들이 얼마나 사는지를 나타내는 지표로 창조도시일수록 보헤미안 지수가 높다는 것이 그의 주장이다. 특히 보헤미안 지수는 지역의 고용과 인구증가를 강력하게 예견하는 지표로 활용되는데, 이는 풍부한 예술적 환경을 갖춘 지역이 창조적인 경제성장을 달성하고 있기 때문이다. (돈과 예술의 경제학, pp.89,90)

영국 런던

런던의 이층버스

영국은 풍부한 스토리를 바탕으로 상상력과 창의력을 발휘하여 다양한 문화콘텐츠를 생산하는 이른바 창조산업으로 국가의 경제를 살리는 데 주력하고 있고, 그 중심에 세계적인 문화예술의 도시 런던이 있다. 런던은 템스 강가에 버려져 있던 화력발전소 건물을 리모델링하여 개관한 테이트 모던 갤러리로 그동안 현대미술의 메카로 자리를 굳건히 해오고 있던 뉴욕과 어깨를 나란히 할 수 있는 도시가 되었고 도시의 경제도 살아났다. 런던의 테이트 모던 갤러리는 구겐하임 미술관 같은 미술관을 다수 가지고 있는 뉴욕이 주도하는 현대미술 시장을 런던으로 옮겨오려는 야심찬 프로젝트의 소산이며 결정체이다.

> 런던의 일자리 14%도 문화산업이 만들어냈고, 런던은 '세계문화수도 런던'의 브랜드화 계획을 추진하고 있다. (문화도시, pp.79, 80)

런던 템즈 강변에 있는 테이트 모던 갤러리는 매년 400만 명 이상이

테이트 모던 갤러리

방문하는 관광 명소이다. 이곳은 원래 뱅크사이드 화력발전소였는데 가동이 중단된 채 런던의 흉물로 버려져 있던 발전소의 외형은 도시의 역사적 유산으로 보존하고, 2명의 건축가의 제안에 의해 내부만 리모델링하여 세계적인 현대미술관으로 바꾼 것이다. 화력발전소의 대형 터빈 동력실이 대규모 전시장으로 바뀌었다. 도시의 문화예술적 환경을 구축하면서 기존의 건축물을 문화예술의 공간으로 활용하여 문화도시의 랜드마크로 삼은 대표적인 예이다.

모차르트의 고향, 오스트리아 잘츠부르크

오스트리아에는 세계적인 음악의 도시라는 브랜드를 갖고 있는 도시가 두 곳이나 된다. 볼프강 아마데우스 모차르트(1756-1791)가 태어나고 자라난 잘츠부르크와 모차르트의 주요 활동무대가 된 비엔나이다. 특히 잘츠부르크는 모차르트의 고향이라는 것을 브랜드 마케팅 하여 모차르트를 파는 도시가 되었다. 잘츠부르크가 세계적인 문화관광의 도시가 된 것은 무엇보다도 모차르트의 고향이기 때문이다. 모차르트는 1756년에 잘츠부르크에서 태어나서 25세인 1781년까지 살았다.

모차르트가 태어나고 활동한 잘츠부르크는 모차르트를 자기 도시의 중요한 문화관광 자원으로 삼아 다양한 방식으로 마케팅하고 있다. 모차르트 생가는 기념박물관이 되어 모차르트가 연주하던 피아노와 바이올린, 그리고 모차르트의 자필 악보와 편지 등을 전시하고 있다. 잘츠부르크 시내 곳곳에는 모차르트의 동상들이 세워져 있고, 모차르트 음악은 물론이거니와 모차르트 초콜릿, 모차르트 레스토랑과 까페에 이르기까지 모든 것이 모차르트와 연관되어 있는 도시가 잘츠부르크이다.

알프스 산에서 흘러내려온 물이 잘자흐 강을 이루면서 아름다운 풍경을 보여주는 도시 잘츠부르크는 옛날부터 인근에 소금 광산이 있어서 '소금 성'이라는 뜻을 지닌 잘츠부르크로 불리어지게 되었다. 잘츠부르크의 인구는 약 15만 명이며, 1996년 구시가를 중심으로 도시 대부분이 유네스코 세계문화유산으로 등록되었다. 잘츠부르에서 여행객들이 가장 많이 찾는 유명한 명소는 멀리 산 쪽으로 호엔 잘츠부르크 성이 보이는 미라벨 궁전과 정원이다. 미라벨 궁전과 정원은 1606년 볼프 디트리히 대주교에 의해 건축되었다. 미라벨 궁전에서는 주로 모차르트의

오스트리아 잘츠부르크 미라벨 정원

작품들을 중심으로 하는 음악회가 거의 매일 열린다.

미라벨 궁전과 정원 등 잘츠부르크의 아름다운 풍경을 배경으로 만들어진 영화 '사운드 오브 뮤직'도 잘츠부르크를 문화관광의 도시로 만드는데 한 몫을 했다. 잘츠부르크는 뉴욕 브로드웨이 뮤지컬로 시작하여 1965년 뮤지컬 영화로 제작된 '사운드 오브 뮤직'의 주요 촬영지였다는 것만으로도 매년 전 세계에서 수많은 여행자들이 찾아오는 세계적인 문화관광의 도시가 되었다. 여행자들은 이 영화에서 마리아와 아이들이 도레미송을 부르며 뛰어다니던 장면들을 떠올리면서, 영화를 촬영한 잘츠부르크의 명소들을 찾아다니며 기념사진을 찍어간다.

잘츠부르크에서 남쪽으로 약 7km 떨어진 곳에 있는 헬브룬 궁전의 정원도 영화 '사운드 오브 뮤직'의 주요 촬영지이다. 유리정자가 있는 정원은 트랍 대령의 큰딸 리즐이 우편배달을 하는 랄프와 노래 부르며 춤추고, 트랍 대령이 마리아에게 프러포즈를 하였던 장소이다. 영화의 배경이 된 미라벨 정원, 호엔잘츠부르크 성, 모차르트 다리, 헬브룬 궁전 등은 잘츠부르크의 사운드 오브 뮤직 관광투어의 대표적인 명소가 되었다. 관광객들을 대상으로 매일 밤 사운드 오브 뮤직 쇼가 벌어지는 극장식 레스토랑도 있다.

미라벨 정원에서 잘자흐 강변 쪽으로 면한 슈바르츠 가에는 1914년 모차르트 음악원으로 창설된 모차르테움, 마리오네트 인형극장, 1776년 잘츠부르크 대주교에 의해 설립된 주립극장이 있다. 모차르테움에는 국제 모차르트협회 본부, 모차르트가 직접 쓴 악보를 보관한 도서관, 모차르테움 대 연주홀 등이 있다. 마리오네트 극장에서는 잘츠부르크 인형극단이 모차르트의 오페라 '마술피리'와 '돈 조반니' 등을 인형극으로

오스트리아 잘츠부르크 모차르트 생가

공연한다. 주립극장에서는 주로 오페레타 등 규모가 작은 오페라 작품이 공연되고, 뮤지컬과 연극이 공연되기도 한다.

미라벨 정원 쪽에서 마카르트 광장을 건너면 8번지에 모차르트 가족이 살았던 집이 있다. 이 집은 1981년 6월 12일 모차르트 기념관이 되어, 1773년부터 1780년까지의 모차르트 가족 석판화, 모차르트의 악보들, 모차르트의 누이 난네를의 일기 등을 전시하고 있다. 모차르트 기념관에서 대각선으로 길 건너 슈바르츠가 9번지에 세계적인 명지휘자 헤르베르트 폰 카라얀(1908~1989)의 생가가 잘자흐 강을 마주 바라보며 서 있다. 카라얀은 빈 국립 가극장, 밀라노 스칼라 가극장, 파리 관현악단, 베를린 필하모니 관현악단 등을 지휘하고 잘츠부르크 음악제의 예술 감독을 맡는 등 20세기 최고의 지휘자로 활약했다. 집 앞 작은 정원에 세워진 카라얀의 조각상이 여행자들의 눈길을 끈다.

카라얀의 생가에서 길을 건너 잘자흐 강을 따라 왼쪽으로 조금 가면 슈타츠 다리가 나온다. 이 다리 가까이에는 영화 '사운드 오브 뮤직'에 나오는 트랍 대령의 집이 있고, 린처 가세에 있는 1499년 세워진 성 제바스티안 성당의 오른쪽 길에는 모차르트의 아버지 레오폴트, 모차르트의 처 콘스탄체 등이 묻혀 있는 모차르트의 가족묘가 있다. 안타깝게도 모차르트는 여기에 잠들지 못했다. 슈타츠 다리를 건너 게트라이데 가세에는 모차르트의 생가가 있다.

현재 모차르트 기념박물관이 된 모차르트 생가의 거실에는 모차르트가 아버지와 주고받은 편지, 모차르트의 초상화와 가족 그림들, 악보 초판본, 모차르트가 어릴 적에 사용한 페르디난도 마이어의 1746년 제작 바이올린과 연주용 바이올린이 전시되어 있다. 모차르트가 태어난 방에는 모차르트가 마지막 10년 간 사용한 안톤 발터의 1780년 제작 피아노, 어릴 때 치던 클라비코드가 있다. 안쪽의 아버지의 방에는 모차르트의 악보 초판본과 전기 등이 전시되어 있다. 생가 2층에서는 모차르트 특별전이 열리고, 3층에는 지금까지 모차르트의 오페라 작품들이 공연된 무대의 축소 모형들이 전시되어 있다.

잘츠부르크를 음악의 도시로 만드는데 중요한 역할을 한 것은 매년 여름 7월 하순에서 8월 말까지 열리는 잘츠부르크 페스티벌이다. 잘츠부르크 페스티벌은 독일 바이에른 주의 바이로이트에서 역시 매년 7~8월에 열리는 리하르트 바그너의 오페라를 공연하는 바이로이트 페스티벌과 더불어 세계 최고의 음악축제로 인정받고 있다. 매년 세계 여러 나라 음악 연주자들이 참가하는 잘츠부르크 페스티벌은 모차르트의 오페라를 비롯하여 모차르트의 곡을 중심으로 하여 열리다가 지금은 모차르트의 곡 이외에 다른 작곡가들의 곡도 연주되는 오페라와 콘서트 그리고 연극 공연 축제로 다양화되었다.

잘츠부르크 페스티벌은 1920년 8월 22일 잘츠부르크 대성당 앞에서 호프만슈탈의 연극 '예더만'의 공연을 개막작으로 하여 개최되기 시작하였다. 1921년에는 관현악단과 실내악단의 연주를 중심으로 음악제가 열렸다. 1922년에는 빈 필하모니 오케스트라가 참여하기 시작하였다. 이 때부터 리하르트 슈트라우스, 클레멘스 크라우스, 브루노 발터, 빌헬름 푸르트뱅글러, 아르투로 토스카니니, 카를 뵘 등 세계적인 명지휘자들이 차례로 지휘한 빈 필하모니 오케스트라가 잘츠부르크 페스티벌을 이끌어갔다. 그리고 1922년 같은 해에 리하르트 슈트라우스의 지휘로 모차르트의 오페라 '돈 조반니'의 공연을 시작으로 잘츠부르크 페스티벌은 모차르트의 오페라 작품들을 중심으로 열리게 되었다.

1948년에는 잘츠부르크 태생의 지휘자 헤르베르트 폰 카라얀이 글루크의 오페라 '오르페우스와 에우리디케'와 모차르트의 오페라 '피가로의 결혼'의 지휘를 맡으면서 잘츠부르크 페스티벌에 참여하기 시작했다. 1956년부터 1960년까지 잘츠부르크 페스티벌의 예술 감독을 맡은 카라얀은 베를린 필하모니 오케스트라를 비롯하여 세계적인 교향악단들을 초청하는 등 잘츠부르크 페스티벌을 세계 최고의 음악제로 발전시키는 데 이바지했다.

1956년에 카라얀의 의뢰를 받고 오스트리아의 건축가 클레멘스 홀츠마이스터가 건축하기 시작한 대축제극장이 1960년에 마침내 완공되어 잘츠부르크 페스티벌의 주 공연장이 되었다. 대축제극장의 문을 연 개

오스트리아 잘츠부르크 카라얀 생가

막작품은 카라얀이 지휘한 리하르트 슈트라우스의 '장미의 기사'였다. 카라얀은 1967년에는 베를린 필하모니 오케스트라를 이끌고 잘츠부르크 부활절 음악제를 만들었다. 카라얀은 1989년 베르디의 오페라 '가면무도회'를 준비하던 중 세상을 떠났다. 삶의 마지막 순간까지 잘츠부르크 페스티벌과 함께 했던 카라얀을 기억하기 위해 대축제극장 앞 광장은 헤르베르트 폰 카라얀 광장이라고 이름 붙여졌다.

잘츠부르크 페스티벌의 주 공연장은 1960년에 클레멘스 홀츠마이스터가 완공한 대축제극장이다. 이외에도 역시 클레멘스 홀츠마이스터가 1925년에 완성한 소축제극장을 2006년 모차르트 탄생 250주년을 기념하여 재건축한 모차르트 하우스, 영화 '사운드 오브 뮤직'에서 합창 경연장으로 촬영되기도 한 암벽을 파서 만든 펠젠라이트슐레 공연장, 잘츠부르크 주립 극장, 잘츠부르크 대성당 및 성당 앞 광장, 잘츠부르크 대학 강당, 성 페터 성당, 대주교의 궁전 레지덴츠 등이 잘츠부르크 페스티벌의 공연장으로 활용된다. 모두 200회가 넘는 공연이 열리는 잘츠부르크 페스티벌 기간 동안에만, 인구 15만 명의 중소도시에 28만 명이나 되는 관람객들이 이 공연들을 보기 위해 잘츠부르크를 찾아온다.

잘츠부르크는 잘츠부르크 페스티벌 이외에도 연중 내내 음악제가 열리는 음악의 도시이다. 1월에는 모차르트 탄생 200주년이었던 1956년부터 모차르트의 생일(1월 27일)을 기념해 열리는 국제 모차르트 주간, 3월 하순에는 2007년부터 시작된 잘츠부르크 비엔날레, 1967년에 지휘자 헤르베르트 폰 카라얀이 시작한 잘츠부르크 부활절 음악제, 1973년에 역시 카라얀이 시작한 부활절 50일 뒤의 성령강림절 음악제, 8월에는 헬브룬 축제, 10월에는 잘츠부르크 문화의 날과 잘츠브르크 가을 재즈 축제, 12월에는 잘츠부르크 대림절 음악제가 열린다.

세계 음악의 수도, 오스트리아 비엔나

오스트리아의 수도 비엔나는 문화와 예술이 넘쳐나는 도시이다. 모차르트, 베토벤, 슈베르트, 요한 슈트라우스 1세, 브람스, 구스타프 말러, 요한 슈트라우스 2세, 안톤 브루크너, 크리스토프 빌리발트 글루크, 요셉 하이든, 아르놀트 쇤베르크 같은 음악가들, 남녀가 포옹하고 격정적으로 입맞춤하는 에로틱한 그림 '키스'를 그린 구스타프 클림트와 에곤

쉴레 같은 화가들, 시인 극작가 휴고 폰 호프만슈탈에 이르기까지 비엔나에서 태어나거나 활동한 수많은 예술가들이 비엔나를 세계적인 문화예술의 도시로 만들었다. 그래서 비엔나 시민들은 일상의 삶에서 문화와 예술을 즐길 수 있어서 행복하고, 전 세계인들도 비엔나의 문화와 예술에 매혹당해 비엔나로 여행을 떠나온다.

비엔나의 구시가와 역사지구는 2001년 유네스코 세계문화유산으로 지정되었다. 13세기 후반부터 약 300년에 걸쳐 건축된 137m의 높은 첨탑이 있는 고딕 양식의 성 슈테판 대성당은 비엔나 국립 오페라 하우스와 함께 문화예술의 도시 비엔나를 상징하는 랜드 마크 역할을 하고 있다. 1869년 5월에 완성된 비엔나 국립 오페라 하우스는 빠리의 오페라 극장, 밀라노의 라 스칼라 극장과 함께 유럽 3대 오페라 극장이다. 구스타프 말러, 푸르트뱅글러, 브루노 발터, 헤르베르트 폰 카라얀 등 세계적인 명지휘자들이 이 극장에서 오케스트라를 지휘했다. 국립 비엔나 오페라 하우스 현관에는 카를 뵘, 구노, 구스타프 말러, 리하르트 슈트라우스, 크라우스 등 국립 가극장 악단의 역대 음악감독들의 흉상이 있다.

호프부르크의 구 왕궁 앞에 있는 신 왕궁에는 하이든, 베토벤, 슈베르트, 브람스, 말러가 연주했던 악기들을 전시하는 악기 전시장이 있다. 신 왕궁 앞의 왕궁 정원에는 모차르트의 기념상이 있다. 호프부르크의 신 왕궁에서 도로 건너편에 마리아 테레지아 광장을 중심으로 왼쪽과 오른쪽에 각각 미술사박물관과 자연사박물관이 있다. 1871년부터 1891년까지 건축한 미술사 박물관은 프랑스 빠리의 루브르 박물관과 마찬가지로 오스트리아 합스부르크 왕가에서 수집한 미술 작품들로 시작되어, 인류의 미술의 역사를 체계적으로 보여주는 소장품들을 갖추고 있

오스트리아 비엔나 성 슈테판 대성당

다. 자연사 박물관 역시 합스부르크 왕가가 수집한 자연사 관련 소장품들을 전시하기 위해 지은 박물관이다. 이 두 박물관 가운데 마리아 테레지아 광장에 있는 마리아 테레지아 여제 동상의 좌대에는 하이든과 모차르트의 조각 작품이 있다. 광장에는 괴테 상과 실러의 상도 있다.

오스트리아 비엔나는 무엇보다도 세계 음악의 수도이다. 전 세계의 다른 어느 도시도 그 도시에서 태어나거나 활동한 음악가들이 비엔나만큼 많은 도시는 없다. 모차르트(1756~1791)는 1756년 잘츠부르크에서 태어났지만 자신의 고향보다도 비엔나를 더 사랑한 까닭에 1791년까지 비엔나에서 살면서 활동하다가 세상을 떠났다. 베토벤(1770~1827)도 1792년부터 비엔나에서 35년 동안 수많은 명곡들을 작곡하며 35년 동안 활동하다가 1827년 세상을 떠났다. 슈베르트(1797~1828)도 1797년 비엔나에서 태어나 활동하며 '아름다운 물방앗간의 아가씨', '겨울 나그네' 등 연가곡집을 비롯하여 650여 편의 곡을 작곡하여 전 세계인들의 가슴을 적셔 주고, 31세의 이른 나이에 세상을 떠났다. 왈츠의 황제 요한 슈트라우스 2세(1825~1899)도 자신이 태어난 비엔나를 왈츠의 도시로 브랜딩 하는데 결정적인 역할을 하였다.

세계적인 음악의 도시 비엔나에는 비엔나 국립 오페라 하우스를 비롯하여 역사가 깊은 공연장들과 오케스트라들도 많이 있다. 호프부르크 왕궁 가까이에 부르크 극장이 건축되어 1748년 3월 14일 마리아 테레지아 여제 탄생 축하 날에 개관 공연을 했다. 크리스토프 빌리발트 글루크(1714~1787)의 3막 오페라 '오르페우스와 에우리디케'도 이 부르크 극장에서 1762년에 초연되었다. 르네상스 양식의 비엔나 국립 오페라 하우스는 1861년부터 1869년까지 건축되어 1869년 5월 개막 공연으로 모

베토벤 조각상

차르트의 오페라 '돈 조반니'를 공연했다. 국민 오페라 하우스 폴크스오퍼에서는 주로 비엔나 오페레타들을 상연한다.

음악협회 음악당은 비엔나 필하모니 오케스트라의 정기 연주회장이다. 대형 파이프오르간이 있는 1,985석의 대형 홀과 실내악과 독주회가 열리는 567석의 브람스 홀이 있다. 브람스 홀에는 브람스 상이 있다. 음악협회 음악당에서 비스듬히 동쪽에는 대 콘체르트 하우스 홀, 모차르트 홀, 슈베르트 홀을 갖춘 비엔나 아카데미의 콘체르트 하우스가 있다. 국립 오페라 하우스에서 남서쪽으로 가면 링케 비엔나차일레 거리

오스트리아 비엔나 시립공원 요한 슈트라우스 2세 기념상

6번지에 비엔나 음악제의 중요한 연주회장으로 교향곡, 오페라, 오페레타, 현대 뮤지컬 등이 다양하게 연주되는 안데어 비엔나 극장이 있다. 이 극장에서 모차르트의 '마술 피리'와 베토벤의 '피델리오'가 초연되었다. 이곳에는 '마술 피리'의 의상을 입은 모차르트와 가수의 기념 명판도 있다. 국립 비엔나 필하모니 오케스트라, 국립 오페라 하우스 오케스트라, 시립 비엔나 오케스트라, 막시밀리언 1세가 호프부르크 왕궁의 성당 소년합창단으로 시작한 비엔나 소년합창단 등이 음악의 도시 비엔나의 상징적인 오케스트라와 합창단이다.

세계 음악의 수도 비엔나에는 어느 곳에 가더라도 비엔나에서 태어나거나 전 세계에서 찾아와 활동한 세계적인 음악가들의 발자취가 남아있어 여행자들의 마음을 음악가들의 세계로 안내한다. 콘체르트 하우스 북쪽에 1862년 조성된 비엔나 시립 공원이 있다. 공원에는 조각가 에드문트 헬머의 작품인 바이올린을 연주하는 요한 슈트라우스 2세의 황금색 기념 조각상이 서 있다. 깊은 사색에 잠긴 듯 아래를 내려다보고 앉아 있는 베토벤의 기념 조각상도 이곳에 있다. 프란츠 슈베르트, 베토벤의 전기를 쓴 바이올리니스트 쉰들러, 작곡가 안톤 브루크너(1824~1896), 체코 출신의 작곡가 체린카(1679~1745), 화가 프리드리히 아메를링과 한스 마카르트, 프란츠 레하르 등의 동상도 있다.

1874년 11월에 새롭게 조성된 비엔나 중앙묘지도 음악가 묘지를 따로 마련하여 음악을 사랑하는 여행자들의 발길을 이끈다. 음악가 묘지의 원형 광장 중앙에는 청동 여인상이 레퀴엠의 악보와 하프를 안고 앉아 있는 모차르트 기념비가 있다. 그 뒤편의 왼쪽과 오른쪽에는 각각 삼각형 모양의 하얀 대리석 가운데에 금박을 입힌 하프가 조각되어 있는 베토벤의 묘와 하얀 대리석에 어린 천사가 올려다보는 가운데 음악을 관장하는 뮤즈의 여신이 슈베르트에게 월계관을 씌워주는 장면이 조각되어 있는 슈베르트의 묘가 있다. 이 두 묘는 베링에 있는 슈베르트 공원에서 1888년 이곳으로 이장되었다. 베토벤의 묘 왼쪽으로 오페레타 '시인과 농부'와 '경기병 서곡'을 작곡한 프란츠 폰 주페의 묘, 좀 더 가서 쇤베르크의 묘, 하프에 월계수 화환이 걸쳐져 있는 요제프 라너의 묘, 삼각형의 검은색 대리석으로 된 왈츠의 아버지 요한 슈트라우스 1세의 묘, 글루크의 묘 등이 있다.

슈베르트의 묘 오른쪽으로 요한 슈트라우스 2세의 부조 아래에 하프를 연주하는 여인과 바이올린을 연주하는 아이 그리고 왈츠를 추는 아이들이 조각되어 있는 왈츠의 황제 요한 슈트라우스 2세의 묘와 비스듬히 뒤로 돌아선 채 고개를 숙이고 하프를 들어 올리고 있는 나체 여인의 조각과 악상에 잠겨있는 브람스의 조각상이 있는 요하네스 브람스의 묘가 나란히 있다. 브람스는 독일 함부르크에서 태어나 바덴바덴에서 요한 슈트라우스 2세와 만나고, 그의 권유로 1862년부터 비엔나로 옮겨와서 그와 우정을 나누며 1897년 4월 세상을 떠나기까지 35년간 비엔나를 주 무대로 활동하였다.

비엔나 중앙묘지에 기념비만 있는 모차르트의 묘는 조금 더 비엔나 시내 가까이에 있는 성 마르크스 묘지의 중앙에 있다. 모차르트의 묘는 오른손으로 머리를 짚고 모차르트의 죽음을 비통해하는 어린 천사상만 지키고 서 있을 뿐 너무나 초라하다. 1791년 12월 세상을 떠난 모차르트는 성 슈테판 성당에서 장례미사 후, 바람 불고 진눈깨비 내리는 궂은 날씨에 가족도 없이 두 사람의 인부들에 의해 안장되었기 때문에, 묻혀 있는 정확한 위치도 알려지지 않았다. 지금의 모차르트의 묘는 그냥 추정되는 위치에 있을 뿐 실제의 묘가 아닌 것이다. 모차르트의 실제 묘였다면, 슈베르트 공원에서 이장된 베토벤의 묘와 슈베르트의 묘처럼, 비엔나 중앙묘지로 이장되었을 것이다. 비엔나 중앙묘지에 모차르트의 묘가 아닌 기념비가 서 있는 것도 이런 까닭에서이다.

비엔나 시내 곳곳에서 비엔나 음악가들에 관한 스토리를 간직하고 있는 건물들과 장소들을 어디에서나 만날 수 있다. 여행자들은 음악가들의 기념박물관, 기념 명판, 조각상 등을 찾아다니며 음악의 세계에 빠져든다. 아우가르텐 정원에 있는 옛 트라우트젠 궁전 건물에는 비엔나 음악을 대표하는 모차르트, 베토벤, 슈베르트가 이곳에서 연주를 했다는 기념 명판이 있다. 돔 가세 5번지에 모차르트가 1784년 9월부터 1787년 4월까지 가장 행복했던 시절을 보냈던 집은 모차르트 탄생 250주년을 기념해 새롭게 단장하여 모차르트 하우스, 오페라 '피가로의 결혼'을 이곳에서 작곡하였다고 해서 일명 피가로 하우스가 되었다. 이 집은 모차르트를 존경한 베토벤이 아주 먼 길을 달려와 모차르트를 만났고, 하이든도 모차르트를 만나러 몇 번 방문한 집이다.

티퍼 그라벤 18번지에 모차르트가 1773년 7월 비엔나에 세 번째 왔을 때 묵었던 집이라는 기념 명판, 슈테판 광장 입구 징거 가 7번지 콜로레도 백작의 저택에 1781년 3월 16일부터 5월 2일까지 모차르트가 살았다는 기념 명판, 밀히가세 1번지에 있는 집 현관에 '모차르트가 1781년 5월부터 9월까지 살았다'는 기념 명판, 베링가 가 26번지에 모차르트가 1788년 여름부터 1790년 가을까지 이곳에서 살면서 모차르트의 3대 교향곡 39번, 40번, 41번 주피터를 작곡했다는 기념 명판이 있다. 라우엔슈타인 가세 8번지에 모차르트가 '피아노 협주곡 K595', '클라리넷 협주곡 K622', '마술 피리 K626' 등을 작곡하며 마지막으로 살다가 1791년 12월 5일 세상을 떠난 집은 모차르트 기념관이 되었고, 모차르트 흉상이 있다. 모차르트 가세의 모차르트 광장에는 '마술 피리'에 나오는 타미노와 파미나 상이 있는 모차르트 분수가 있다.

독일 본에서 태어난 베토벤은 23세 때 비엔나로 옮겨와서 1827년 3월 26일 세상을 떠날 때까지 35년 동안 비엔나를 주 무대로 활동하면서 무려 78번이나 이사를 다녔다. 티퍼 그라벤 8-10번지 베토벤이 1799년에서 1800년까지 이 집에 살았다는 기념 명판, 되블링거 하우프트 가 92번지

1803년에 베토벤이 살면서 교향곡 3번 '영웅'를 작곡한 베토벤 기념관 에로이카 하우스, 질버 가세 4번지 1815년 여름 베토벤이 살면서 첼로 소나타(op.102)를 작곡했다는 기념 명판, 에로이카 가세 2번지에 있는 노랑색 2층 건물에도 베토벤이 1817년 5월부터 약 2개월 간 살았다는 기념 명판, 베토벤이 1821~1822년에 살면서 로시니의 방문을 받았던 란트슈트라서 하우프트 가 60번지, 라임그루벤 가세 22번지 베토벤이 1822년 10월에서 1823년 5월까지 살았다는 기념 명판, 칼렌베르거 가 26번지의 농가에 베토벤이 1824년 여름 몇 개월 간 살았다는 기념 명판이 있다. 베토벤이 교향곡 9번, 피아노 소나타(op.111) 등을 작곡한 이 집은 현재 비엔나 시의 베토벤 기념관이 되었다. 웅가르 가세 5번지는 1823년에 베토벤이 살았던 곳으로, 바로 이 집에서 9번 교향곡을 완성했다.

비엔나 아카데미의 콘체르트 하우스의 길 건너 베토벤 광장에는 베토벤 애호가들의 모금으로 1880년에 제작된 베토벤 기념 조각상이 있다. 묄커 바스타이 8번지 베토벤이 살면서 '피델리오', '레오노레 서곡 3번', '피아노 협주곡 4번 G장조', '교향곡 4번과 5번 및 7번', '바이올린 협주곡', '현악 4중주 op.59, 95' 등을 작곡한 집은 베토벤과 브루크너의 기념관이 되었다. 루스벨트 광장의 포티프 성당 뒤쪽 슈바르츠스파니어 거리 15번지 베토벤이 마지막 살았던 집에는 동판 부조의 베토벤 흉상이 문 오른쪽 위에 있다. 알저 가 17번지의 알저 성당에는 1829년 3월 29일 베토벤의 장례식을 거행했다는 기념 명판과 슈베르트의 동판 부조 기념 명판이 있다. 베토벤의 장례식에는 2만 명의 사람들이 행렬을 이루었다.

비엔나의 제19구에 속하는 하일리겐슈타트는 베토벤에 관한 이야기와 발자취가 많이 남아 있는 곳이다. 심한 귓병을 앓고 있던 베토벤은 의사의 권유로 1802년 여름을 질병 치료에 효과가 있는 샘물이 나온다는 하일리겐슈타트에서 보냈다. 도나우 강물이 흐르고, 포도밭 언덕이 펼쳐져 있는 이 아름다운 전원 풍경 속을 거닐면서 베토벤은 떠오르는 악상을 오선지에 옮겨 제6번 '전원 교향곡'을 작곡하기 시작했다. 하일리겐슈타트 공원의 숲길에는 외투를 걸쳐 입고 외투 주머니에는 오선지를 꽂은 채 뒷짐을 지고 산책하는 베토벤 상이 있다.

베토벤은 하일리겐슈타트에서 귓병이 나아질 기미를 보이지 않자, 귀머거리가 되지나 않을까하는 두려움과 절망에 빠져 동생들에게 유서를 남기기도 했다. 프로부스 가세 6번지에는 루트비히 반 베토벤이 1802년 10월 6일 이 집에서 하일리겐슈타트의 유서를 썼다는 기념 명판이 있다. 베토벤의 기념관이 된 이 집에는 베토벤의 두상, 7번 교향곡 스케치, 유서 사본 등 베토벤 관련 전시품들이 있다. 베토벤이 1808년 6번 교향곡을 완성할 때는 이미 시냇물 소리도, 새 소리도 제대로 들을 수 없을 정도로 청각을 거의 잃게 되었다. 베토벤이 거닐었던 하일리겐슈타트의 산책길에는 '베토벤 길', 베토벤의 흉상이 있는 '베토벤 휴식 터', '베토벤 전망대', 베토벤이 산책을 하다가 앉아서 쉬곤 했던 '베토벤 바위' 등이 있다.

슈베르트는 모차르트가 세상을 떠나고 6년 뒤에, 베토벤의 나이 27세 때 태어났다. 베토벤은 세상을 떠나기 얼마 전에야 이 천재적인 음악가 슈베르트를 알아보고 좀 더 일찍 그를 알지 못한 것을 한탄하였다고 한다. 비 내리는 비엔나의 거리에서 비통한 마음으로 베토벤의 장례식에 참석하여 횃불을 들고 장지까지 따라갔던 슈베르트도 1년 반 뒤에 31년

모차르트 조각상

이라는 짧은 생애를 마감하고 영원히 베토벤의 뒤를 따라갔다. 베토벤의 곁에 묻히기를 원했던 소원대로 지금 슈베르트는 비엔나 중앙묘지에 베토벤의 묘 바로 옆에 잠들어 있다.

누스도르퍼 가 54번지는 1797년 1월 31일 슈베르트가 태어난 생가로 지금은 슈베르트 기념관이 되었다. 케텐브뤼켄가세 6번지 1828년 9월부터 프란츠 슈베르트가 형과 함께 살다가 그해 11월 11일 오후 3시 숨을 거둔 2층 방도 지금 슈베르트의 기념실이 되었다. 카니시우스가에 있는 슈베르트 하우스에도 슈베르트가 남긴 유품들이 소장되어 있다. 리히텐슈타인 가 14번지에는 슈베르트가 세상을 떠난 지 100주년 되는 1928년 슈베르트협회가 제작하여 설치한 기념 조각품 '슈베르트 우물'이 있다. 소이렌가세 3번지는 슈베르트가 가곡 '마왕'을 작곡한 집이라 하여 '마왕의 집'이라고 불린다. '마왕' 이외에도 교향곡 2번, 3번, 4번, 5번이 이 집에서 작곡되었다. 뫼들링에서 서쪽 힌터뷜 마을 가트너 가 34번지 벽에는 슈베르트의 얼굴과 가곡 '보리수'의 악보가 그려져 있고, '가곡왕 슈베르트의 기념관'이 있다. 기념관의 뒷마당에는 보리수가 있고 의자에 앉아 작곡을 하고 있는 슈베르트 상과 슈베르트가 이곳에서 '보리수'를 썼다는 기념 명판이 있다.

세계 음악의 수도 비엔나는 모차르트, 베토벤, 슈베르트 이외에도 많은 음악가들의 발자취를 간직하고 있어서, 일단 비엔나에 발을 들여 놓은 여행자들이 한 곳 한 곳 둘러보지 않고서는 쉽게 비엔나를 떠나지 못하도록 발길을 붙잡는다. 요하네스 브람스(1833~1897)의 발자취는 러셀 공원에 브람스의 기념상, 란트슈트라서 하우프트 가 96번지에 브람스가 1893년부터 사망할 때까지 이 집에서 작품을 썼다는 청동의 부조 기념 명판, 카를스가세 4번지에 브람스가 마지막으로 살다 세상을 떠난 집이라는 기념 명판, 하이든가세 19번지에 하이든 하우스 2층에 브람스의 기념실 등으로 남아 있다.

프란츠 요제프 하이든(1732~1809)의 발자취는 노이어 마르크트 2번지에 하이든이 1795년에서 1797년까지 살았다는 기념 명판, 타보르 가의 수도원에 하이든이 1755년에서 1758년까지 합창단장으로 일했다는 기념 명판, 하이든가세 19번지에 하이든이 오라토리오 '천지창조'와 '사계' 등을 작곡하면서 1809년 5월 31일 세상을 떠날 때까지 살았던 하이든 하우스, 하이든 하우스 가까이 손에 악보를 들고 있는 하이든 기념비 등으로 남아 있다.

안톤 요제프 브루크너(1824~1896)의 발자취는 비엔나 대학교에 이곳에서 학생들을 가르쳤다는 것을 기념하는 브루크너의 동상, 쇼텐링 5번지에 브루크너가 1877년에서 1895년까지 살았던 집이라는 기념 명판, 브루크너가 프란츠 요제프 황제의 배려로 병마와 싸우면서 9번 교향곡을 완성하고 1896년 10월 11일 세상을 떠났다는 벨베데레 궁전 관리관의 기념 명판 등으로 남아 있다. 리하르트 바그너(1813~1883)의 발자취는 바이부르크가세 3번지에 1863년 바그너가 왔었다는 기념 명판, 케른트너 링 16번지에 바그너가 1875, 1876년 머물렀다는 기념 명판 등으로 남아 있다.

이외에도 오페른 링 23번지에 오페레타 '시인과 농부'(1846), '경기병 서곡' 등을 작곡한 주페가 사망한 집이라는 기념 명판, 프라터 가 54번지에 요한 슈트라우스 2세가 1867년에 살면서 '아름답고 푸른 도나우 강'을 작곡한 기념관, 쇼텐슈티프트트란 수도원에는 피아노의 거장 프란츠 리스트가 머물렀다는 기념 명판, 콜마르크트 거리 9번지에 쇼팽이 1830년 11월부터 1831년 7월까지 살았다는 부조 기념 명판, 바이부르크가세 3번지에 '솔베이그의 노래'를 포함한 '페르귄트' 모음곡을 작곡한 노르웨이 작곡가 그리그(1843~1907)가 1896년에 이 호텔에 묵었다는 기념 명판, 오베레 도나우 가 5번지에 작곡가 아르놀트 쇤베르크(1874~1951)의 생가, 그로세 시프가세 21번지에 프리츠 크라이슬러(1875~1962)의 생가, 플로스가세 7번지에 요한 슈트라우스 1세가 1803년 3월 14일 이곳에서 태어났다는 기념 명판, 렌베크 5번지에 비엔나 필의 음악감독 구스타프 말러가 1898년부터 1909년까지 살면서 작곡했다는 기념 명판과 말러의 초상화, 비드너 하우프트 가 32번지에 글루크가 1752년부터 세상을 떠날 때까지 살았던 글루크 기념관, 게르스트호퍼 가 55번지에 헝가리 작곡가 벨라 바르토크(1881~1945)가 1905~1906년 관현악 조곡 1번, 2번을 작곡한 집이라는 1981년 헝가리 정부가 바르토크 탄생 100주년을 기념하여 붙인 기념 명판 등이 여행자들의 방문을 기다리며 비엔나 문화관광 자원으로서의 역할을 톡톡히 하고 있다.

비엔나를 배경으로 촬영한 영화도 세계적인 문화관광의 도시인 비엔나의 도시마케팅에 한 몫을 하고 있다. 영화 '제3의 사나이'는 비엔나의 요제프 광장을 시작으로 비엔나 중앙묘지의 가로수 길까지 비엔나 시내 곳곳을 화면에 담았다. 마찬가지로 비엔나에서 주로 촬영된 영화 '비포 선라이즈'도 전 세계 여행객들의 발길을 비엔나로 이끌고 있다. 빠리 소르본느 대학 여대생 셀린느와 미국 청년 제임스가 기차에서 우연히 만나 비엔나 시가지 이곳저곳을 돌아다니며 데이트하는 장면을 담은 영화는 특히 젊은 연인들에게 함께 비엔나로 여행을 가고 싶다는 마음을 품게 만들기에 충분했다.

스페인 바르셀로나

스페인 까딸루냐 지방의 문화와 경제의 중심지이며 인구 약 160만 명으로 유럽의 다른 도시들과 비교할 때 제법 큰 대도시라고 할 수 있는 바르셀로나는 안토니오 가우디(1852~1926)의 도시라는 브랜드를 갖고 있다. 가우디의 도시답게 바르셀로나에는 유네스코 세계문화유산으로 지정된 가우디의 건축 작품들이 곳곳에 있다. 가우디 박물관이 있는 구엘공원과 산을 주제로 건축한 까사밀라(Casa Mila)가 1984년에, 가우디

스페인 바르셀로나 가우디 까사 밀라

가 자신의 후원자인 구엘을 위해 건축한 구엘 저택이 1985년에, 바다를 주제로 하여 도자기 타일과 유리 모자이크로 아름답게 건축된 까사 바뜨요가 2005년에, 그리고 1882년부터 건축하기 시작하여 아직도 완성되지 않았지만 미완성 건축물로는 세계에서 유일하게 사그라다 파밀리아(성가족) 성당이 2006년에 각각 유네스코 세계문화유산으로 지정되었다. 가우디의 건축 작품들이 없었다면 지금 바르셀로나를 방문하는 세계 관광객 수는 절반으로 줄었을지도 모를 만큼 가우디가 바르셀로나를 먹여 살리고 있다고 말할 수 있을 정도이다. 바르셀로나에는 이밖에도 건축가 도미니끄 몬타네르가 지은 까딸루냐 음악당 등 유네스코 지정 세계문화유산들이 많이 있다.

스페인 바르셀로나 가우디 성가족성당

제3장

축제 브랜드 도시들

세계인들이 문화 유랑자가 되어 세계 각 도시의 독특한 문화를 즐기러 여행하는 21세기 컬처노믹스 시대에 축제는 문화산업의 '블루오션'으로 떠오르고 있다. 축제는 본래 신에게 감사하는 종교적 제의에서 시작되었지만, 오늘날의 축제는 대부분 문화 예술 공연과 민속놀이 등을 즐기는 문화예술 축제로 바뀌었다. 축제는 현대인들이 일상의 각박한 삶에서 벗어나서 서로 마음을 나누며 소통할 수 있는 하나의 장을 마련해 준다. 사람들은 축제 기간 동안 고단한 삶을 잠시 잊고, 인간의 상상력이 만들어 놓은 가상의 세계에서 마치 꿈을 꾸듯 즐길 수 있다.

축제 참가자들이 일상적 삶의 시간과 공간에서 벗어나서 현실과는 다른 상상의 세계에 깊이 빠져들어 축제를 마음껏 즐길 수 있도록 하려면 무엇보다도 축제 공간의 효과적인 연출을 위한 축제 스토리텔링이 필요하다. 특히 지역의 문화축제는 지역에 전래되어 내려오는 스토리들을 담아 기획한다면 역사적인 전통과 현장감이 살아 있는 성공적인 축제가 될 가능성이 더 커진다.

프랑스 니스 카니발, 이탈리아 베네치아 카니발, 브라질 리우 카니발을 이른바 세계 3대 카니발 축제라 부른다. 카니발 축제의 기원은 고대 그리스의 술의 신 디오니소스 축제로 알려져 있다. 디오니소스는 그리스 신화에서 유일하게 죽었다가 부활한 신으로, 포도넝쿨이 겨울에 시들어 죽었다가 봄이면 새파랗게 다시 살아나는 것과 같은 자연의 순환을 자신의 죽음과 부활을 통해 상징적으로 보여주어 인간에게 죽음과 부활에 대한 믿음을 심어준 신이었다. 카니발 축제가 겨울이 가고 봄이 오는 길목에서 열리는 것도 바로 죽음 뒤에 찾아오는 부활의 기쁨을 서로 함께 나눈다는 의미를 지닌다. 오늘날의 카니발은 그리스도교를 받아들이기 이전부터 있었던 고대인들의 새해맞이 풍속과 그리스도교의 사순절 직전에 열리는 사육제가 결합하여 생겨난 축제라고 말할 수 있다.

프랑스 니스

니스는 프랑스 남부 프로방스 지방의 지중해 푸른 물결이 넘실거리는 '꼬뜨 다쥐르 Côte d'Azur(쪽빛의 해안)'의 중심도시이다. 비와 안개가 잦아 늘 태양 빛을 그리워하는 영국인들이 즐겨 찾아오는 니스는 해안가 도로가 '영국인들의 산책로 Promenade des Anglais'라고 불릴 정도로 세계적으로 유명한 지중해 연안의 휴양 관광 도시이다. 이 도시의 최대 축제인 니스 카니발은 꼬뜨 다쥐르 지역의 축제 중에서 가장 규모가 크고

전 세계에 가장 잘 알려진 축제이다. 해마다 2월 중순 보름이 넘는 기간 동안 열리는 니스 카니발은 긴 겨울이 지나고 따사롭고 눈부신 햇살 속에 다시 찾아오는 봄의 여신을 맞이하는 전통적인 축제이다. 카니발 기간 동안 인구 35 만 명의 니스에 100만 명도 넘는 관광객들이 찾아온다.

니스 카니발은 기원이 중세 시대로까지 거슬러 올라가 13세기부터 시작되었다. 1294년에 앙주 공작이며 프로방스 백작이었던 샤를르 2세가 니스 카니발에 참석했다는 기록이 남아 있다. 1830년 니스를 방문한 사르데냐 왕국의 왕과 왕비를 위해 화려한 의상을 입은 귀족들이 사륜마차들을 타고 왕과 왕비에게 경의를 표하며 행렬을 지어 지나간 환영 행사가 계기가 되어, 니스 카니발은 본격적으로는 1860년부터 자유로운 거리 축제로 바뀌게 되었다. 1873년부터는 시에서 정식으로 니스 카니발 위원회를 조직하여 축제를 기획하고 진행하기 시작했다. 이 전통은 지금까지도 이어져 니스 카니발 위원회는 매년 각기 다른 주제를 정하고 새로운 인물을 '올해의 왕'으로 뽑아 가장 행렬을 벌인다. 1876년부터는 형형색색 아름다운 꽃으로 화려하게 장식한 꽃마차 퍼레이드를 벌이기 시작하면서 니스 카니발은 꽃의 축제로 발전했다.

니스 카니발은 매년 새로운 테마를 축제의 상징적인 왕으로 선정하여 개최하는 테마가 있는 축제 즉 스토리텔링이 있는 축제이다. 예를 들어 2000년에는 '오딧세이 왕'을 테마로 정하여 축제를 열었다. 오디세우스는 트로이 목마 전략으로 10년간의 트로이 전쟁을 종식시킨 그리스군의 명장이며 이타케 왕국의 왕이었다. 전쟁이 끝나고도 바다의 신 포세이돈의 노여움을 사서 온갖 우여곡절을 겪은 후 10년이 더 지나서야 고향으로 돌아갈 수 있었다. 매년 새로운 테마로 정해진 거대한 왕의 형

니스 카니발의 퍼레이드

상이 꽃마차에 실려 장 메드생 거리에서 출발하여 마세나 광장에 도착하면 축제가 시작된다. 갖가지 형상의 조형물들을 실은 꽃마차 퍼레이드, 악단과 무용단 등 세계 여러 나라에서 온 공연 팀들의 퍼포먼스, 거리예술가들의 가장행렬이 '영국인들의 산책로'를 비롯하여 니스 중심가인 장 메드생 가에서 니스 구시가지 마세나 광장까지 길게 이어진다. 밤에는 낮 동안 거리 퍼레이드에 참가했던 퍼포먼스 팀들과 조형물들이 화려한 조명을 받으며 마세나 광장을 돌다가 중앙에 설치된 무대에 차례로 등장하는 '빛의 행렬'이 이어진다. 마지막으로 그해의 테마로 선정된 왕의 조형물이 등장한다.

니스 카니발은 이제 프랑스의 전 지역에서 뿐만 아니라 세계 여러 나라에서 온 기마대, 군악대, 거리극단, 뮤지컬극단 등도 참여하는 세계적인 축제가 되었다. 세계 민속 의상을 입은 무용수들도 전통 민속춤을 추면서 퍼레이드의 뒤를 잇는다. 봄의 여신의 모습으로 분장한 아름다운 미녀들이 꽃마차를 타고 가며 카니발을 즐기러 찾아온 관광객들에게 무려 10톤에 달하는 엄청나게 많은 꽃다발과 꽃송이를 던져주면서 축제는 절정에 이른다. 니스 카니발에서 봄의 여신의 모습을 한 미녀들이 꽃을 나누어주는 것은 새로운 봄을 맞이하는 기쁨을 서로 나누는 의식인 것이다. 말하자면 꽃다발은 봄의 여신이 새로운 봄의 시작을 알리며 내려 보내 주는 선물과도 같은 것이다. 이 때 갖가지 색깔의 색종이들도 동시에 뿌려지는데, 이것은 원래 카니발에서 각종 씨앗을 뿌리던 전통이 변형된 것이다.

이탈리아 베네치아

이탈리아의 아름다운 물의 도시 베네치아는 역사적이고 종교적인 전통 축제들 뿐만 아니라 베네치아 영화제, 비엔날레, 국제 음악제 등 다양한 축제가 일년 내내 열려 전 세계에서 수많은 관광객들이 찾아오는 세계적으로 유명한 관광지이다. 셰익스피어의 '베네치아의 상인'의 무대가 되었던 베네치아는 교역 중심의 상업도시에서 이탈리아의 대표적인 문화예술의 도시가 되었다. 베네치아를 찾아오는 관광객의 수는 연간 2,000만 명에 달하고, 이중 100만 명 정도가 2월에 열흘 남짓 열리는 베네치아 카니발 기간 동안 베네치아를 찾아온다.

베네치아 카니발에서 가장 핵심이 되는 중요한 축제는 무엇보다도 갖가지 모양과 색깔을 지닌 가면들과 의상들을 뽐내는 경연 대회와 가면무도회이다. 가면의 유래와 더불어 가면의 종류와 모양 그리고 용도도 무척 다양하여 가면은 베네치아에서 유리 공예품과 함께 관광객들이 가장 많이 구입해 가는 인기 최고의 관광 상품이 되었다. 카니발 기간 동

이탈리아 베네치아 가면축제 가면들

안에는 또한 베네치아의 거리마다 골목마다 음악회, 미술 전시회, 뮤지컬, 연극 등 다양한 문화예술 행사들이 열린다.

베네치아 카니발은 참가자들이 다양한 모양과 색깔의 가면을 쓰고 축제에 참가하여 '베네치아 가면축제'라고 불리기도 한다. 중세의 귀족 사회로 돌아온 듯한 환상적인 공간으로 바뀐 산마르코 광장에서 가면무도회가 펼쳐지면 베네치아 카니발은 절정에 이른다. 베네치아 카니발은 가면을 쓰고 참가하는 축제이기 때문에 신분의 차이로 인한 불평등과 불만을 해소하여 천년 동안 공동체 사회를 유지하는데 이바지했다.

축제에 참가한 베네치아 사람들은 신분의 차이에서 빚어진 모든 차별로부터 벗어나 누구나 가면무도회에 참가하여 모두 함께 어울릴 수 있었다. 카니발 기간 동안 가면은 축제를 즐기는데 도움이 되는 유용한 도구였다. 가면은 지배층과 피지배층과 같은 사회적 계급이나 신분의 차이 그리고 남자와 여자 간의 성별의 구분을 없애준다. 가면을 쓰고 변장을 하면 누가 누구인지 알아볼 수가 없었기 때문에, 사람들은 아무

이탈리아 베네치아 산 마르코 성당과 광장

거리낌 없이 자유롭게 억눌렸던 욕구를 마음껏 발산하며 일상의 삶에서 쌓인 갈등과 불만을 해소할 수 있었던 것이다.

베네치아는 많은 스토리를 간직한 도시이다. 베네치아 사람들의 마음을 하나로 만들어 준 베네치아 카니발의 기원은 948년에 결혼식장에서 해적들에게 납치당했던 7인의 신부가 무사히 구출되어 돌아온 것을 기념하는 '마리 축제'였다. 기록상으로 첫 축제가 열린 것은 1039년부터이다. 오늘날도 선발된 7명의 아가씨들이 베네치아에서 가장 오래된 성당인 산피에트로 디 카스텔로 성당에서 출발하여 산마르코 광장에 이르기까지 거리 퍼레이드를 펼치는 '마리 축제'로 베네치아 카니발이 시작되는 것도 바로 이 때문이다.

베네치아 카니발은 주로 산마르코 광장을 중심으로 해서 진행된다. 산마르코 광장은 베네치아의 수호성인 산마르코의 유골을 제단 아래 모셔 놓은 산마르코 성당 앞에 있다. 이 유골은 828년에 두 명의 베네치아 상인에 의해 이집트 알렉산드리아의 수도원에서 모셔져 온 것이다. 수호성인을 모셔 놓은 성당이 있는 산마르코 광장은 자연스럽게 베네치아의 모든 정치와 종교 행사 그리고 문화 활동의 중심이 되었다.

베네치아 카니발의 절정은 마치 중세의 귀족 사회로 돌아온 듯한 환상적인 공간으로 바뀐 산마르코 광장에서 펼쳐지는 가면 축제이다. 가면은 베네치아에서 유리 공예품과 함께 관광객들이 가장 많이 구입해 가는 인기 최고의 관광 상품이 되고 있다. 베네치아는 이처럼 중세 시대부터 전해져 내려오는 전설적인 이야기를 바탕으로 한 스토리텔링이 함께 하는 축제를 통해 문화 관광 산업을 키워나가고 있는 것이다.

베네치아 카니발은 천년이 넘는 오랜 세월 동안 축제의 원형을 잃지 않고 전통을 지켜오고 있다. 중세 시대부터 전해져 내려오는 전설적인 이야기를 바탕으로 한 스토리텔링이 함께 하는 축제를 통해 베네치아는 문화 관광 산업을 키워나가고 있다. 1997년부터 시작된 우리나라의 안동 국제탈춤 페스티벌과 하회 별신굿 탈놀이 등도 양반을 풍자하는 등 전통적인 이야기를 담은 탈놀이를 보여 주는데 머물지 말고 문화적 전통에 숨겨져 있는 스토리뿐만 아니라 서양의 카니발처럼 새로운 스토리를 발굴하고 스토리텔링하여 관광객들이 다양한 이야기 속으로 빠져 들어 직접 탈을 쓰고 탈문화를 체험하고 즐길 수 있도록 기획되고 운영되어야 할 것이다. 안동 국제탈춤 페스티벌에서 세계에서 모여든

관광객들이 갖가지 모양의 탈을 사서 쓰고 함께 탈춤을 추는 광경을 상상해 보라.

브라질 리우 데 자네이루

브라질의 리우 카니발은 전 세계에서 수많은 관광객들이 몰려오는 브라질 최대의 축제로서 브라질 제일의 항구 도시 리우 데 자네이루에서 열린다. 축제 기간 동안 관광객들은 카니발의 분위기에 젖어 엄청난 비용을 쓰고 간다. 브라질이 이 축제를 통해 벌어들이는 관광 수익은 몇 천억 원에 달한다고 한다. 이러한 까닭에 브라질 정부도 리우 카니발을 국가적인 축제로 지정하여 적극적으로 지원하고 있다.

사순절이 시작되기 직전에 약 나흘간 열리는 리우 카니발은 밤낮을 가리지 않고 흥겨운 삼바 음악과 춤이 어우러지는 열정적인 축제이다. 흥겨운 삼바 음악과 춤이 어우러지는 열정적인 카니발 축제에서 브라질 사람들이 삼바 춤을 즐겨 추었기 때문에 이 축제를 삼바축제라고 부르기도 한다. 리우 카니발은 단순히 보고 즐기는 축제가 아니라 다함께 참가하여 음악의 리듬에 온몸을 맡기고 춤에 도취되어 아무런 형식도 거리낌도 없이 자기 나름대로의 독특한 몸짓으로 춤을 추면서 즐기는 축제이다. 브라질 리우 카니발이 세계적인 축제가 될 수 있었던 것도 이러한 매력이 외국인 관광객들을 불러들였기 때문일 것이다. 그리스 파트라스에서 열리는 디오니소스 신 숭배 의식에서 출발한 파트라스 카니발도 해마다 새로운 주제로 퍼레이드를 열어 30만 명 이상의 관광객들을 불러들이고 있다.

프랑스 망똥

망똥은 프랑스 남부 지중해 연안에 니스에서 동쪽 해안으로 28km 떨어져 있고 이탈리아와 가장 인접해 있는 도시이며, 아름다운 풍경과 온화한 기후조건으로 북부 유럽인들이 즐겨 찾아오는 인기 있는 휴양 관광지이다. 바스띠옹 성에는 망똥에 정착하여 글을 쓰고 그림을 그리고 도자기를 만든 시인이며 화가이며 도예가였던 장 꼭또와 입체주의 화가 파블로 피카소의 자취도 남아 있다. 망똥 시청사에 벽화를 그리기도 했던 장 꼭또의 미술관이 현재 망똥에 있다.

망똥 시는 1896년부터 겨울철에 관광객들을 유치하려고 호텔 주인들의 제안으로 니스와 유사한 카니발 퍼레이드를 열기 시작했다. 1929년 리비에라 호텔 주인이 호텔 정원에서 꽃과 레몬과 오렌지나무 전시회를 개최하여 큰 성공을 거두었다. 전시회는 매년 계속되었으며 정원에서 거리로 나와 아름다운 미녀들이 꽃과 레몬과 오렌지 나무를 수레에 싣고 거리 퍼레이드를 벌이는 행사로까지 발전했다.

지역 특산물인 레몬은 망똥을 상징하는 이미지로 자리 잡게 되었다. 망똥에는 '이브가 낙원에서 레몬을 하나 훔쳐 망똥에 심었다는 전설'이 전해져 내려온다. 망똥을 세계적인 관광지로 만드는 데 큰 역할을 한 또 하나가 레몬축제이다. 망똥 레몬 축제에서는 레몬과 오렌지로 엮어내는 환상의 세계가 펼쳐진다. 레몬 축제 기간 동안 인구 3만 명의 도시에 30만 명이 넘는 관광객들이 찾아온다.

레몬 축제가 입장료만으로도 3백만 유로(한화 약 45억원) 이상의 수익을 올리는 등 매년 흑자를 내고, 호텔, 레스토랑, 기념품 상가 등 관광산업도 높은 수익을 올리면서 망똥 시의 경제는 활성화되었다. 비싼 입장료에도 불구하고 많은 관광객들을 불러들이는 망똥 레몬 축제의 중요한 성공 요인은 스토리텔링의 활용에 있다. 라퐁뗀느 우화 등 동화 속 이야기를 주제로 한 거대한 조형물 전시회가 비오베 정원에서 열리고 거리 퍼레이드로 이어지며 망똥은 동화 속의 세계가 된다.

축제 위원회에서 축제의 주제를 정하면 레몬과 오렌지 재배농가, 정원사, 디자이너, 금속 작업가가 팀을 이루어 작업에 들어간다. 축제 주제에 맞추어 구조물들의 모형이 디자인되고 대형 철제 구조물들이 만들어지면 130톤에 달하는 엄청난 양의 레몬과 오렌지와 꽃으로 이 구조물들을 장식하여 거대한 전시 조형물들을 완성한다. 동화 속 주인공들의 모습을 비롯하여 동화 속 배경이 되는 궁전과 성과 풍차와 대성당 등의 모습을 갖춘 이 대형 조형물들은 레몬과 오렌지나무들이 가득 심어져 있는 비오베 정원에서 전시되어 관광객들의 마음을 동화 속의 나라로 이끌어 들인다. 또한 동화 속 주인공들의 모습을 한 거대한 인형들이 정원 조형물들과 마찬가지 방식으로 레몬과 오렌지 장식으로 재미있게 만들어진다. 대형 인형들이 설치된 꽃수레는 '태양의 산책로 Promenade du Soleil'라 불리는 해안 도로를 따라 거리 퍼레이드를 펼치게 된다.

재미있는 동화 속 주인공들의 모습과 이야기 배경을 아름다운 예술작품으로 형상화하여 레몬을 사용한 거대한 조형물에 담았다. 동화를 주제로 제작 설치된 이 조형물들은 축제에 참가한 어린이들뿐만 아니라 어른들을 동화속의 세계로 이끌어 들여 축제의 추억을 가슴속 깊이 오래도록 간직하게 한다. 동화의 나라가 된 망똥에서 참가자들은 동화 속 주인공이 되어 행복을 만끽한다.

망똥 레몬 축제는 어린이들뿐만 아니라 어른들도 다 잘 알고 있는 흥미롭고 재미있는 만화나 동화를 소재로 하여 매년 새로운 주제를 정하여 진행된다. 그리고 동화속의 세계를 지역 특산물인 레몬과 오렌지로 장식한 조형물로 만들어 이야기를 주제로 한 볼거리를 관광객들에게 제공한다. 망똥을 찾아온 관광객들은 레몬 축제에서 동화 속 주인공들의 모습을 만나고, 어린이 어른 할 것 없이 모두 동심의 세계에 빠져들어 즐거운 시간을 보내며 망똥의 추억을 안고 돌아간다. 지금까지 주제로 선정된 이야기는 다음과 같다.

〈라퐁뗀느 우화(les Fables de la Fontaine)-'토끼와 거북이', '개미와 베짱이', '여우와 두루미' 등〉 / 〈17세기 프랑스의 동화 작가 샤를르 뻬로(Charles Perrault 1628~1703)의 동화(les Contes de Perrault) - '신데렐라', '잠자는 숲 속의 미녀(공주)', '장화 신은 고양이', '빨간 두건' 등〉 / 〈피노키오(Pinocchio)〉 / 〈이상한 나라의 엘리스〉 / 〈레몬 나라의 디즈니랜드(Disneyland au pay du Citron)〉 / 〈비바 에스파냐〉 / 〈만화에서 시작하여 영화와 테마파크로 만들어진 '아스테릭스 Asterix'〉 / 〈세계의 카니발〉

망똥 레몬 축제의 절정은 '태양의 산책로'를 따라 펼쳐지는 '황금빛 과일들의 행렬Corsos des fruits d'or'이라고 불리는 거리 퍼레이드이다. 레몬과 오렌지 장식으로 동화 속 주인공들의 모습을 재현한 대형 인형들이 길게 행렬을 지어간다. 동화 속 주인공들의 모습으로 분장한 아름다운 미녀들이 꽃마차를 타고 가며 관광객들에게 꽃을 던져준다. 그 밖의 퍼레이드 참가자들도 각기 이야기에 나오는 주인공들의 모습으로 분장하고 거리 행진을 벌인다.

독특한 민속의상을 입은 무용단들도 악단의 음악 연주에 맞추어 춤을 추며 거리 퍼레이드에 참여한다. 브라질에서 온 삼바 댄서들의 화려하고 현란한 춤도 볼 수 있다. 화요일 밤에는 '야간 행렬 Corsos nocturnes'이라고 이름이 붙여진 야간 퍼레이드가 역시 '태양의 산책로'를 따라 진행되고 이어서 화려한 불꽃놀이가 펼쳐진다. 해변의 불꽃놀이가 시작되면 사람들은 동화 속의 세계에 들어 와 있는 환상에 빠져든다. (망똥 레몬 축제 관련 사이트 자료 참조)

프랑스 망똥 레몬 축제와 마찬가지로 우리나라에도 지역의 특산물을 가지고 진행되는 수많은 축제들이 있다. 우리 지역 축제는 너무 천편일률적으로 구성되고 진행된다. 보성 녹차축제, 횡성 한우축제, 괴산 고추축제, 거창 사과축제, 마산 전어축제, 함안 수박축제, 금산 인삼축제 등 지역 특산물을 내세운 우리의 지역 축제들이 망똥 레몬 축제와 같은 정도로 세계적인 축제가 되기 위해서는 앞으로 더 많은 연구와 노력이 필요할 것이다. 지금 우리가 가장 먼저 해야 할 일은 모든 문화 축제의 바탕이 되는 이야기를 발굴하는 일이다. 우리도 스토리텔링을 활용한 성공적인 축제 전략을 망똥 레몬 축제에서 배워야 할 것이다.

프랑스 아비뇽

아비뇽은 프랑스 남부 프로방스 지방에 있는 작은 도시이지만, 역사적 유적과 전통을 간직하고 있는 이름난 관광 유적지이기도 하다. 아비뇽은 교황을 견제한 프랑스 왕에 의해 1309년부터 1377년까지 7명의 교황이 로마에 입성하지 못한 채 아비뇽에 거주하는 '교황의 아비뇽 유수'

의 스토리를 간직하고 있는 옛 교황청(Palais des Papes)을 비롯하여 많은 역사적인 문화유산들로 가득 찬 곳이다.

'아비뇽 다리 위에서'라는 샹송으로 유명하고, 베네제 신부가 신의 계시를 받고 헌금을 모아 평생토록 어렵게 건설하였다는 이야기가 전해져 내려오는 생 베네제 다리는 론강이 홍수로 범람했을 때 반쯤 유실된 옛 모습을 그대로 간직하고 있다. 아비뇽 교황청 일대가 1995년 유네스코 세계문화유산에 등록되었다. 이어서 2000년에는 풍부한 문화유산을 가진 아비뇽 시가 유럽 문화도시로 선정되었다.

아비뇽에서는 매년 7~8월에 걸쳐 거의 한 달 동안 세계적인 축제로 발돋움한 아비뇽 연극 페스티벌이 열린다. 아비뇽 국제 연극 페스티벌은 공식 선정부문과 자유참가부문으로 나뉜다. 공식 선정부문은 주최측의 심사를 거쳐 선정된 공연작품이 참가하고, 자유참가부문은 주최측의 심사와 상관없이 누구나 자유롭게 참가할 수 있다. 다만 시청에서 공연 허가를 받고 공연 시간과 장소를 지정받아야 한다.

자유참가부문 공연으로 거리 공원 등 아비뇽 시내 전체가 공연장이 되고 아비뇽 페스티벌을 풍부하게 만든다. 아비뇽 시내 전체가 축제의 물결로 넘친다. 아비뇽 페스티벌은 빠리 중심의 문화 쏠림 현상을 지방으로 확산시키는 계기를 마련해 주었다. 축제 기간은 바캉스 시즌과 맞물려 있기 때문에 유럽 국가들뿐만 아니라 세계 각국에서 수많은 여행객들이 모여든다. 프랑스 프로방스 지방의 고풍스러운 중세도시 역사 깊은 도시 아비뇽 축제기간 동안 인구 약 10만의 도시에 약 50만 명에 달하는 관광객들이 모여든다.

축제가 열리면 아비뇽은 그야말로 '스토리텔링의 왕국'이 된다. 축제 기간 동안 아비뇽 도시 전체가 전 세계에서 초청된 극단들의 연극 공연 무대로 바뀐다. 중세 시대 한때 카톨릭교 교황이 살았던 옛 교황청 안마당은 아비뇽 페스티벌의 주 공연장이 되어 축제 기간 동안 야외무대로 변한다. 거리에서도 광장에서도 다양한 공연들이 펼쳐진다.

지금의 축제는 연극뿐만 아니라 뮤지컬 공연에서부터 무용, 현대음악, 시, 그림, 영화 등에 이르기까지 다양한 문화예술 분야로 프로그램이 확대되었다. 유네스코 세계문화유산이며 아비뇽의 상징적인 랜드마크 역할을 하는 옛 교황청을 축제의 공간으로 활용하고 있는 아비뇽처럼 우리나라의 수원도 세계문화유산으로 지정된 수원 화성을 축제의 공간으로 활용하는 수원화성 축제를 세계적인 축제로 만들기를 기대한다.

스페인 팜플로나

스페인 북부 바스크 지방의 나바라 주의 수도 팜플로나에서는 매년 7월에 산 페르민 축제가 열린다. 이 축제의 기원은 16세기 이전의 나바라 왕국의 시대로까지 거슬러 올라간다. 산 페르민 축제는 팜플로나 시의 수호성인 산 페르민을 기리는 축제로 1591년부터 열리기 시작했다. 산 페르민은 3세기에 프랑스에서 복음을 전파하다가 순교한 팜플로나 출신의 주교였다. 지금의 산 페르민 축제는 도시의 수호성인 산 페르민의 탄생일을 기념하는 종교적 축제와 15세기경에 열리기 시작한 스페인 투우와 연계된 소 축제가 결합한 것이다. 투우에 쓸 소를 목장에서 도시의 투우장까지 몰고 가는 소몰이 행사가 소 축제로 발전하게 되었다. 참가자들은 소목장에서 투우 경기장까지의 소몰이 행사에서 소들과 함께 달린다.

산 페르민 축제의 매력에 빠져 축제에 여러 번 참가했던 미국 작가 어니스트 헤밍웨이는 축제에서 강렬한 인상을 받고 '태양은 다시 떠오른다'와 '오후의 죽음'을 썼다. 이 두 작품에서 헤밍웨이는 자신의 체험을 바탕으로 산 페르민 축제의 광경과 경기에 임하는 투우사의 모습을 실감 있게 묘사했다. 이 소설들을 읽은 세계의 많은 독자들이 산 페르민 축제에 참가하기 위해 찾아오면서 이 축제는 세계인들의 사랑을 받기 시작했다. 또한 이들은 팜플로나 시에 남아 있는 헤밍웨이의 자취를 따라 그가 즐겨 들렀던 카페, 레스토랑, 호텔 그리고 헤밍웨이 거리, 헤밍웨이 동상, 헤밍웨이 기념 공원 등을 찾아 다녔다.

인구 20만 명도 되지 않는 팜플로나 시에 축제 기간 동안 50만 명 이상의 관광객들이 몰려온다. 참가자들은 하얀색 상하의를 입고 목에는 빨간색 스카프, 허리에는 빨간색 허리띠를 두르고 참가한다. 이들은 행사 시작 전에 먼저 "저희의 수호성인이신 산 페르민님께 바라오니, 저희를 축복하여 소몰이에서 인도하여주소서"라고 합창하며 팜플로나 시의 산 페르민 수호성인께 성공적인 소몰이를 기원하며 시작한다. 산 페르민 축제는 지역의 전통을 살려 지역 고유의 색깔을 지닌 축제이며, 종교적인 축제로 시작해서 고전적이고 민속적인 음악, 무용 등의 공연은 물론이고 재즈, 살사 등 젊은이들이 좋아하는 대중적인 공연 프로그램을 진행하는 문화 예술 축제로 발전하였다.

축제는 산 로렌조 성당에서는 산 페르민 수호성인을 추모하는 미사를 올리고 산타 마리아 대성당에서도 음악미사를 올리며 전야제 행사를 진행한다. 전야제 다음 날 시민들이 흰 옷을 입고 거리에 나와 산 페르민 수호성인의 동상을 모신 행렬을 맞이한다. 행렬은 전통 의상을 입은 지역 대표들과 악단 그리고 커다란 머리 인형을 쓴 거인들로 이루어진다. 악단의 연주에 맞추어 춤을 추며 지나가는 거인 인형들은 16세기 말부터 등장하기 시작하여 오랜 전통을 지니고 있다. 지금 보는 거인 인형들은 140~150년 전에 만들어진 것들이 많다고 한다. 저마다 독특한 캐릭터를 표현한 커다란 인형 머리를 쓴 거인들이 춤을 추며 축제의 분위기를 고조시킨다.

축제 마지막 날 오후가 되면 커다란 머리 인형을 쓴 거인들이 축제 참가자들에게 작별 인사를 한다. 이 거인 캐릭터들은 축제 기간 내내 사람들의 눈과 마음을 즐겁게 해주었기에 작별의 아쉬움은 축제가 끝나가는 아쉬움만큼이나 크다. 거인 인형 캐릭터들은 말하자면 사람들을 현실이 아닌 환상적인 축제의 세계로 인도하는 역할을 한 것이다.(산 페르민 축제 관련 사이트 자료 참조) 스페인 작은 마을 부놀에서도 12만 kg이나 되는 엄청난 양의 토마토를 쏟아 붓고 서로 던지면서 즐기는 토마토 축제가 열린다. 이 축제는 처음에는 부놀 사람들만이 즐기다가 전 세계에 축제가 알려지면서 오늘날과 같은 세계적인 축제가 되었다.

축제의 도시 팜플로나를 찾아오게 만드는 또 하나의 문화관광 자원은 음악가 사라사데이다. 팜플로나는 세계적인 작곡가이며 바이올리니스트였던 파블로 데 사라사테(1844년 3월10일~1908년 9월20일)의 고향이다. 1844년 팜플로나에서 태어난 사라사테는 이미 10세 때 신동으로 불렸다. 어린 사라사테의 연주에 감동한 스페인의 여왕 이사벨라 2세는 그에게 스트라디바리우스 명품 바이올린을 선물로 주었다. 사라사테는 파가니니(1782~1840) 이래로 바이올린 곡의 작곡과 연주의 거장이 되었다. 12세 때인 1856년에는 프랑스 빠리 음악원에 입학하고 졸업 후에

1860년 파리무대 데뷔를 시작으로 프랑스 전국, 스페인, 포르투갈 그리고 17세 때인 1861년에 런던 첫 공연, 26세 때인 1870년에 미국, 남아메리카 국가들, 노르웨이, 모스크바, 아프리카, 아시아 등 전 세계를 무대로 연주 여행을 다녔다.

사라사테는 32세 때 음악의 도시 빈에 데뷔하여 화려한 연주로 빈 청중들을 매혹시켰고, 독일과 오스트리아의 청중들에게도 놀라운 연주를 선보여 폭발적인 반응을 불러 일으켰다. 찬란한 기교를 지닌 이 천재적인 바이올리니스트의 연주에 깊은 감동을 받은 당대의 작곡가들이 많은 바이올린 곡을 작곡하여 사라사테에게 헌정했다. 프랑스 작곡가 랄로는 '바이올린 협주곡 1번'과 '스페인 교향곡'을, 역시 프랑스 작곡가 생상스도 '서주와 론도 카프리치오소'와 '바이올린 협주곡 3번 b단조'를, 독일 작곡가 브루흐는 '바이올린 협주곡 제2번'과 '스코틀랜드 환상곡'을, 비네야프스키는 '바이올린 협주곡 2번'을, 매켄지는 '피브로호 모음곡'을 헌정했다.

사라사테 자신도 '찌고이네르바이젠', '카르멘 환상곡', '스페인 무곡', '서주와 타란텔라', '나바라' 등 명곡들을 작곡하여 직접 연주도 했다. 사라사테가 남긴 많은 바이올린 작품들 중에서 가장 잘 알려지고 널리 연주되는 '찌고이네르바이젠'은 사라사테가 1878년에 스페인 집시들 사이에 전해지는 각종 무곡을 소재로 하여 작곡한 바이올린 독주곡이다. '집시의 선율'이라는 뜻을 지닌 이 곡은 자유분방한 집시들의 정열과 애수를 담은 명곡이다. 당시에는 사라사테가 아니고서는 연주할 수 있는 바이올리니스트가 없었을 정도로 연주법상 현란한 기교를 필요로 하는 곡이다. '카르멘 환상곡'은 1883년에 사라사테가 조르쥬 비제의 오페라 '카르멘'에 나오는 곡들을 바이올린 독주곡으로 편곡한 작품이다.

영국 스코틀랜드 에든버러

세계적인 축제의 도시 에든버러는 세계문화유산인 에든버러 성을 배경으로 다양한 에든버러 축제를 열고 있다. 중세풍의 분위기가 넘쳐나는 인구 46만 명의 도시에 연간 1,300만 명에 달하는 관광객이 찾아와 1억 8,400만 파운드의 수익을 올리고 있다. 축제가 에든버러 사람들을 먹여 살린다고 말 할 수 있을 정도이다. 세계적인 축제의 도시라는 브랜드 이미지를 얻은 에든버러처럼 세계의 도시들은 다른 도시와 차별화된 특색 있는 문화예술 축제를 만들어 도시의 브랜드 가치를 높이는데 활용하려고 노력한다. 에든버러는 제2차 세계대전 이후 국제 스토리텔링 페스티벌, 꼭두각시 애니메이션, 국제 필름 페스티벌, 멜라 페스티벌(Mela Festival), 밀리터리 타투, 북 페스티벌 등 연중 열리는 축제를 통해 도시 경제를 살렸다.

에든버러 축제는 원래 제2차 세계대전 직후에 전쟁으로 시민들이 입은 깊은 마음의 상처를 치유하고, 침체된 도시 경제를 살리기 위해 기획된 축제였다. 이렇게 시작된 지역의 축제가 이제는 세계적인 축제로 자리를 잡아 지역의 경제를 이끌어 가는 소중한 산업이 된 것이다. 에든버러는 축제에 도시의 운명을 걸고 있다는 느낌을 줄 정도로 전 세계 550여 개 여행사들과 손을 잡는 등 다양한 마케팅 전략으로 전 세계 관광객들을 유치하기 위해 끊임없이 노력하고 있다. 에든버러는 거의 일 년 내내 20개도 넘는 축제가 열리는 문화관광 도시이다. 에든버러의 수준 높은 예술 공연, 품격 있는 문화예술축제가 세계인들의 마음을 사로잡은 것이다.

영국 스코틀랜드의 관광산업은 매년 30억 파운드의 수익과 10만개의 일자리를 창출한다. 특히 스코틀랜드의 중심도시인 에든버러의 축제는 관광객들에게 스코틀랜드를 알리는데 크게 기여했다. 제조업이 없는 에든버러와 같은 도시에서는 축제가 고용을 창출하는 등 가장 큰 경제적 효과를 일으키며 도시의 가장 중요한 산업이 되었다. 에든버러가 축제 산업으로 많은 경제적 수익을 창출할 수 있게 된 것은 무엇보다도 에든버러가 세계 관광객들의 마음을 사로잡을 만큼 매력적인 축제도시로서의 높은 브랜드 가치를 지니고 있기 때문이다.

해마다 8월 한 달 동안 에든버러 성을 중심으로 인터내셔널 페스티벌, 프린지 페스티벌, 밀리터리 타투 축제, 국제영화제, 재즈와 블루스 축제 등 여러 가지 다양한 축제가 열려 도시 전체가 관광객들로 활력이 넘치는 축제장이 된다. 여름 축제 기간 동안에만 수백만 명의 관광객들이 세계적인 문화예술인들의 연극, 오페라, 영화, 클래식 음악, 재즈, 블루스, 발레 등의 공연을 보기 위해 에든버러로 몰려온다. 이 기간 동안의 축제 수익이 3000억 원이 넘어 에든버러의 한 해 시 예산과 맞먹을 정도로, 에든버러는 한 달 축제 수익으로 일 년을 살 수 있는 경제적 부가가치를 창출하여 도시의 경제를 살려나가고 있다.

에든버러에 축제가 열리면 호텔과 식당이 초만원을 이룰 만큼 에든버러는 전 세계 관광객들에게 매력적인 축제의 도시가 되었다. 한 달 간의 축제 수입으로 1년을 살 수 있는 경제적 부가가치를 창출하는 축제의 홍보 마케팅에 축제 예산의 45%를 투자할 정도로 축제산업은 에든버러 경제의 핵심 동력이 되었다. 축제는 황금알을 낳는 거위이다. 우리나라 도시들도 선택과 집중으로 세계적인 축제를 만드는 전략을 에든버러에서 배워야 할 것이다.

에든버러성을 비롯하여 도시의 오래된 건축물들과 공간을 공연무대로 활용하는 에든버러 축제는 중세의 분위기가 물씬 풍기는 에든버러

에든버러 축제의 밀리터리 타투

성 야외무대에서 열리는 밀리터리 타투(Military Tattoo) 축제에서 절정을 이룬다. 이 축제는 스코틀랜드 전통의상인 킬트를 입고 백파이프를 연주하는 스코틀랜드 군악대의 퍼레이드를 시작으로 세계 각국의 군악대 연주와 전통 민속 무용단의 공연으로 이루어진다.

티켓 한 장 값이 10만원 가까이 하지만 1년 전부터 표를 구입하지 않으면 20만장이 훨씬 넘는 입장권이 일찍부터 완전 매진되어 관람을 할 수조차 없을 정도이다. 군악대 등 공연단의 환상적인 행진, 화려한 조명과 고성을 배경으로 영국과 스코틀랜드의 전쟁사를 다룬 스토리가 있는 첨단 레이저 쇼 등 관람자들에게 깊은 감동을 주는 다양한 볼거리로 에든버러는 관광객들을 불러들인다.

에든버러 국제페스티벌은 매년 8월에 23일간 아비뇽 페스티벌과 비슷하게 엄격한 심사를 거쳐 선정된 공연 작품들을 선보인다. 그리고 로얄 마일거리에서는 국적과 출신 그리고 장르의 제한 없이 모든 것이 자유롭게 허용되는 프린지 페스티벌이 열린다. 거리의 모든 공간이 프린지 페스티벌의 공연장이 된다. 프린지 페스티벌은 원래 인터내셔널 페스티벌에 공식 초청받지 못한 잉글랜드와 스코틀랜드의 8개 연극공연팀들이 에든버러 시내 거리에서 허가도 받지 않고 공연을 벌인 것에서 시작하였다. 이 공연에 예상외로 수많은 관객들이 모여든 까닭에, 이 거리공연은 이후 또 하나의 축제로 인정받아 프린지 페스티벌이 탄생하게 되었다. 오늘날 이 축제는 인터내셔널 페스티벌보다 더 유명해져 전 세계 40여 개 국에서 연극, 퍼포먼스 등 다양한 장르의 1,200여 공연 팀이 참가하고 150만 명의 관광객들이 찾아오는 세계 최대의 종합공연예술 축제로 발전했다.

> 편의상 주최 측에서는 이들 작품을 크게 8개 분야로 나누어 분류하고 있다. 즉 어린이를 위한 공연, 코미디와 익살극, 댄스와 신체적 표현, 음악, 뮤지컬과 오페라, 전시와 이벤트, 연극, 비주얼 아트 등이다. (…) 프린지 축제의 관객 수는 2003년도에 처음으로 100만 명을 돌파했다. 2005년도 프린지 축제의 경우 135만장의 티켓이 판매되었으며 티켓 판매 대금만 1천만 파운드(173억원) 이상이었다. 에든버러의 여름축제가 지역에 미치는 경제적 효과는 1억 3천 5백만 파운드(2,340억 원)에 달하며, 이중 프린지 축제의 경제적 효과는 7천 5백만 파운드(1300억 원)에 달한다. 프린지가 에든버러를 먹여 살린다는 이야기가 공공연히 나돌 정도다. (세계축제경영, pp.118, 120, 121)

에든버러 축제는 세계 공연예술의 견본시장 역할도 하고 있다. 연극, 뮤지컬, 오페라, 무용, 음악, 전시, 이벤트 등 다양한 장르의 세계 모든 공연물들이 에든버러 축제를 흥행 성공의 시험무대로 여긴다. 에든버러 축제에서의 공연 성공은 세계무대로 진출할 수 있는 도약의 발판이 되었다. 우리나라에서도 1999년에 참가하여 성공을 거둔 난타에 이어 우리 전통 무술 태권도를 소재로 무술과 코미디를 결합하여 제작한 비언어극 뮤지컬 '점프' 공연도 에든버러 프린지 페스티벌에서 공연 보름 만에 투자 금액의 3배가 넘는 수익을 올렸다. '점프'는 전통을 소재로 한 공연으로 세계무대에 설 수 있는 세계적인 공연으로 평가받았다. '점프'보다 앞서서 프린지 페스티벌을 통해 성공적으로 세계무대에 데뷔하여 뉴욕 등 전 세계로 진출하는 기회를 얻은 '난타' 공연이 '점프'가 세계무대에 진출하는 데 큰 자극제가 되었다. 그밖에 '보이첵', '피크닉' 같은 작품들도 프린지 페스티벌에서 공연했다.

이탈리아 시에나

이탈리아 중부지방에 있는 인구 6만의 작은 상업도시 시에나에서는 매년 8월이면 조상 대대로 전해져 내려오는 전통적인 팔리오 축제가 열려 도시 전체가 활력이 넘친다. 옛날부터 지역민들의 결속을 다지기 위해 시작된 700년도 넘는 전통을 지닌 팔리오 축제는 오늘날 세계의 다른 어느 곳에서도 볼 수 없는 독특한 콘텐츠로 세계인들을 유혹하는 축제로 성장했다. 팔리오 축제의 절정은 안장 없는 말을 탄 기수들이 벌이는 말타기 경주이다. 성당에서 경주에 출전하는 말들과 기수들을 위한 축복식을 시작으로 캄포광장에서 용 콘트라다, 거북이 콘트라다 등 경주에 참여한 각 마을 공동체 콘트라다의 열띤 응원전으로 축제의 열기는 고조된다.

축제를 진정으로 즐기는 지역민들의 열정이 세계인들을 감동시켜 전 세계 관광객들이 즐기러 찾아온다. 한 번 찾아온 관광객들이 축제의 뜨거운 열기를 잊지 못해 다음해에도 다시 찾아올 정도로 재방문율이 높은 팔리오 축제는 세계적으로 매력적인 문화관광 상품이 되었다. 광장에 설치된 관람석의 좌석권 한 장이 30만원이 넘지만 전 세계에서 찾아온 관광객들로 언제나 전 좌석이 매진된다. 관광산업을 통해 도시의 경제적 효과를 극대화하려는 시에나의 전략은 대단히 치밀하다. 역사와 전통에 대한 자부심으로 가득 찬 이들은 팔리오 축제의 이미지를 보호한다는 명목으로 해외방송사가 팔리오 본 경주장에 들어가서 촬영하는 것을 금지하고, 대신 1분 30초당 750유로라는 막대한 금액을 지불하고 녹화테이프를 구입해 가게 한다.

팔리오 축제는 시에나는 물론이며 인근 도시의 상점, 숙박업소, 음식점들까지 호황을 누리는 등 지역 경제에 엄청난 파급효과를 일으키고 있다. 성공적인 축제를 위해 필요한 재정 마련에는 기업의 참여가 필요하다. 기업과 축제의 상생관계로 팔리오 축제를 전폭적으로 지원하고 있는 시에나 은행은 작은 도시 시에나에 본점을 둔 은행이지만 팔리오 축제를 지원하는 적극적인 문화마케팅으로 이탈리아에서 네 번째 큰 은행으로 성장할 수 있었다. 시에나 은행은 축제 성공을 기원하며 축제 기간 중에 본점에 있는 미술관을 개방하여 국보급 유물과 중세 팔리오 축제 장면을 그린 그림을 관광객들에게 관람하게 하는 등 성공적인 축제를 위해 모든 지원을 아끼지 않는다. 우리나라의 기업들도 이제 시에나 은행처럼 문화마케팅을 통해 도시경제와 기업이윤의 동반 상승효과를 이끌어내는 경영 마인드를 가져야 할 것이다.

캐나다 퀘벡

캐나다 북동부에 자리 잡고 있는 퀘벡도 축제를 통해 도시 경제가 되살아난 도시들 중의 하나이다. 날씨가 추운 겨울에는 축제를 개최해도 관광객들이 좀처럼 찾아오지 않는다는 상식을 깨고 퀘벡에서는 다른 도시에서는 축제가 별로 열리지 않는 2월 중순에 겨울축제 윈터 카니발을 열고 있다. 1955년부터 시작된 윈터 카니발은 혹한의 겨울에 얼어붙은 지역 경제에 활력을 불어넣기 위해 지역 경제인들이 주축이 되어 기획한 축제이다. 윈터 카니발로 퀘벡의 겨울철 경제 비수기는 성수기로 바뀌었다.

윈터 카니발의 하이라이트는 얼어붙은 세인트 로렌스 강을 카누를 타고 거슬러 올라가며 경주를 벌이는 아이스 카누 대회이다. 전 세계에서 40여 개 팀이 참가하여 겨울 혹한의 날씨를 녹이며 열띤 경주를 벌이는 아이스 카누 대회는 퀘벡 지역의 독특한 생활상이 담겨 있는 대회이다. 예전에 퀘벡 지역의 우편배달부들이 겨울이면 카누를 타고 세인트 로렌스 강의 얼음을 깨면서 섬 지역까지 우편물을 배달하곤 했던 것이 이 경주 대회의 유래가 되었다. 이 대회와 더불어 윈터 카니발의 중요한 볼거리는 중세 프랑스의 분위기가 물씬 풍기는 퀘벡성은 물론이거니와 나이트클럽, 칵테일바, 침실까지 얼음으로 만든 얼음호텔(Hotel de Grace)이다. 퀘벡시는 방문객들의 만족도가 높은 이 겨울축제를 통해 개최 비용의 5배에 달하는 수익을 올리고 있다.

캐나다 오타와

캐나다 수도 오타와에서 겨울 평균 기온이 영하 30도에 달하는 혹한의 2월에 열리는 윈터루드 축제(Winterlude Festival)에도 수많은 관광객들이 찾아온다. 1979년부터 개최된 윈터루드 축제의 하이라이트는 세계에서 가장 긴 스케이트장으로 기네스북에도 오른 바 있는 길이가 총 7.8km인 리도 운하 스케이트장에서 스케이트 타기이다. 이 스케이트장은 원래 군사용으로 사용하기 위해 건설한 운하였는데 이제 더 이상 군사용으로 쓰이지 않고 방치되어 있던 운하를 리모델링하여 세계 최장의 스케이트장으로 개장한 것이다. 야간에는 화려한 불꽃쇼도 열려 축제의 즐거움을 더해준다. 오타와시는 경쟁력 있는 축제를 만들기 위해 조직적이고 체계적으로 축제를 기획하고 운영하는 덕분에 방문객들의 만족도와 재방문율을 높여 막대한 경제적 효과를 거두고 있다.

일본 후쿠오카

일본 큐슈지방의 최대도시 후쿠오카는 오랜 역사를 지닌 유서 깊은 도시로서 많은 문화유적들과 전통적인 축제로 볼거리가 풍성하여 연간 1400만 명이 찾아오는 문화관광도시이다. 특히 해마다 7월 1일부터 15일까지 보름간 열리는 기온 야마가사 축제기간에만 후쿠오카를 방문하는 관광객의 수가 300만 명에 달할 정도로 오랜 전통을 지닌 특별한 축제를 활용하여 높은 경제적 효과를 거두어 도시의 경제를 활성화하고 있다. 중세시대부터 시작된 야마가사 축제는 가마를 메고 시내를 돌아다니며 경주를 벌이는 일본의 대표적인 전통축제이다. 옛날 13세기 때 구시다 신사의 승려가 전염병으로 숨진 사람의 장례를 치러주기 위해 가마에 태우고 후쿠오카 시내를 한 바퀴 돌고나니 전염병이 사라졌다고 한다. 이에 후쿠오카 주민들이 가마를 만들어 신사에 바쳤고, 해마다 전염병을 물리치기를 기원하며 가마를 메고 시내를 돌아다닌 것에서 축제가 유래하였다고 한다.

독일 바이에른

독일 산림지대에 있는 작은 마을 푸르트에서는 바이에른 지방에서 가장 오래된 민속 축제 가운데 하나인 용퇴치 축제가 매년 8월에 열린다. 수많은 관광객들이 축제를 즐기려고 시골 작은 마을을 찾아온다. 축제에서는 15세기부터 마을에 전해져 내려오는 전설을 소재로 한 연극이 공연된다. 선하고 용감한 기사가 마을 사람들과 아름다운 여성 성주를 괴롭히는 악한 기사와 용을 퇴치하여 마을을 구하고 여성 성주와 결혼한다는 스토리를 지닌 이 연극 공연은 전문적인 연극 극단이 아니라 지역 주민들이 직접 제작 연출하고 출연하는 공연이라는데 더 큰 의미가 있다. 자신이 직접 살아온 삶의 이야기를 당사자만큼 진실하고 감동적으로 표현할 수 있는 배우는 이 세상에 아무도 없을 것이다. 바이에른의 용퇴치 축제는 지역의 전설을 보여주는 연극이 중심이 된 축제이다. 이 지역 사람들은 지역의 전설을 소재로 더욱 다양한 축제 프로그램을 개발해 나가고 있다.(바이에른의 용퇴치 축제 관련 사이트 자료 참조)

문화의 시대 21세기는 인간의 마음을 움직이고 감동을 주는 감성적인 문화산업이 경제성장의 원동력이 되는 시대이다. 그 중에서도 축제산업은 문화산업의 블루 오션, '황금알을 낳는 거위'로서 21세기 새로운 문화코드로 떠오르고 있는 가장 강력한 문화산업이다. 이어령 전문화부장관도 '산업시대의 물건을 팔던 시대가 아닌 마음을 팔고 공감과 기쁨을 함께 나누는 축제문화는 대표적인 문화상품이다. 축제는 경제활동에 자극을 준다. 축제는 상당한 영향력을 발휘한다'고 축제의 문화상품화를 강조하였다. 특히 고유의 전통문화와 수준 높은 예술 공연을 볼 수 있는 문화예술축제는 세계인들의 마음을 사로잡는 대표적인 고품격 문화상품으로 지역경제에 상당한 영향력을 발휘하여 호텔, 레스토랑, 상점 등 서비스산업을 활성화시킬 수 있다. 21세기 문화도시 경쟁의 시대에 우리나라의 도시들도 이제 세계적인 축제를 만들어야 할 때가 되었다. 앞으로 이를 뒷받침할 수 있는 실용적인 연구도 많이 이루어져야 할 것이다.

제4장

스토리 브랜드 도시들

문화도시 브랜드 경쟁에서 무엇보다도 필요한 것이 스토리이다. 스토리가 지역의 특정 장소에 매력적인 의미를 부여하여 관광객들을 불러들일 수 있다. 덴마크 코펜하겐의 안데르센 인어공주상도 스토리텔링이 만들어낸 관광명소이다. 독일 라인강변의 로렐라이 언덕은 로렐라이 전설과 하이네의 시에 곡을 붙인 가곡으로 세계적인 관광명소가 되었다. 이처럼 지역의 신화와 전설, 지역에서 태어나고 활동한 작가가 만든 이야기, 음악가가 작곡한 노래, 영화 촬영지가 모두 그 지역을 세계적인 관광명소로 만들 수 있는 것이다. 스토리는 관광지의 브랜드적 가치를 높일 수 있는 문화관광산업의 가장 효과적인 자원이다. 스토리 자원은 다양한 문화 자원들 중에서도 도시 브랜드 경쟁력을 높이는 가장 강력한 무기가 될 수 있다. 우리는 스토리 자원을 활용하여 도시 브랜드 가치를 향상시키고 세계 관광객들을 불러들여 도시의 경제를 살려나가고 있는 도시들의 성공 사례들을 하나하나 짚어보면서 우리나라 도시들이 나아갈 방향을 모색해 보려고 한다.

영국 스트랫포드 어폰 에이번

영국의 스트랫포드 어폰 에이번(Stratford upon Avon)은 영국이 인도와도 바꾸지 않겠다고 말한 윌리엄 셰익스피어(1564~1616)의 고향이다. 셰익스피어가 태어난 생가와 만년에 살았던 집을 비롯하여, 셰익스피어의 어머니가 처녀시절에 살았던 메리 아덴의 집, 결혼하기 전에 셰익스피어의 아내가 살았던 앤 해서웨이의 코티지, 홀리 트리니티(Holy Trinity)의 셰익스피어 부부의 무덤에 이르기까지 셰익스피어의 스토리를 품고 있는 모든 곳이 여행자들의 관광의 명소가 되고 있다.

셰익스피어의 생가는 그가 살았던 16~17 세기 당시의 모습대로 복원되어, 셰익스피어의 삶과 작품 이야기에 이끌려 찾아온 여행객들을 4백년을 뛰어넘는 과거의 세계로 인도한다. 생가에는 침대, 탁자, 의자, 벽난로, 식탁, 부엌살림 등을 재현해 놓았다. 다락방에서는 연극배우들이 관람객들을 위해 셰익스피어 연극의 한 장면을 연기해 보이고, 넓은 거실에서는 배우들이 관람객들과 호흡을 맞추어 극 중의 한 장면을 연기하기도 한다.

셰익스피어의 고향이라는 사실이 인구 약 2만 5천명 밖에 안 되는 작은 도시 스트랫포드 어폰 에이번에 전 세계에서 매년 3백만 명 이상의 관광객들이 찾아오게 만들고 있다. 주민들 중의 상당수가 종사하고 있는 셰익스피어 관련 문화관광산업이 스트랫포드 어폰 에이번의 경제에 미치는 영향력은 상당한 것이다. 그래서 시에서도 시의 예산을 들여 교통과 숙박 등 관광객들을 위한 편의 시설들을 확충하여 스트랫포드 어폰 에이번을 영국 최대의 문화관광도시로 만들어 나가고 있다.

셰익스피어의 스토리를 파는 도시 스트랫포드 어폰 어이번에 있는 왕립 셰익스피어 극단의 극장에서는 언제나 셰익스피어의 작품이 공연되고 있다. 코트야드 극장, 스완 극장 등에서도 연중 많은 연극이 공연되고 있다. 왕립 셰익스피어 극단은 매년 셰익스피어 연극축제를 개최하고, 셰익스피어 연극 교육, 세미나, 워크숍도 열고 있다. 영국 런던 템스강 남쪽에 17세기 셰익스피어의 작품을 공연했던 극장을 복원한 셰익스피어 글로브 극장 또한 셰익스피어 스토리를 간직한 명소이다.

캐나다 스트랫포드

셰익스피어 스토리를 파는 도시는 영국이 아닌 캐나다에도 있다. 영국에 있는 셰익스피어의 고향과 마을 이름도 같고 또한 같은 이름의 에이번 강이 흐르고 있는 캐나다 온타리오 주에 위치한 인구 3만의 작은 도시 스트랫포드도 셰익스피어 연극 페스티벌을 개최하여 지역경제를 활성화하는데 성공했다. 공원, 광장, 호텔, 레스토랑의 명칭에 이르기까지 어디에서나 쉽게 셰익스피어의 이름을 만날 수 있는 스트랫포드는 온통 셰익스피어 세상이다. 스트랫포드에서는 해마다 4월에서 10월까지 세계 여러 나라에서 찾아온 연극을 사랑하는 사람들이 함께 모여 감동적인 연극의 세계에 빠져 들어간다.

스트랫포드의 상공인들이 중심이 되어 도시경제 발전전략으로 선택한 것이 연극 페스티벌이었다. 스트랫포드는 셰익스피어 연극 페스티벌을 통해 산업이 쇠퇴한 어두운 도시의 이미지를 벗고 문화예술도시로 다시 태어났다. 스트랫포드 연극 페스티벌은 이제 영국 에든버러축제, 프랑스 아비뇽축제와 더불어 세계적인 연극 축제가 되었고, 매년 60만 명의 관광객을 유치하여 1억 5천만 달러의 수입을 벌어들이는 문화관광 상품이 되었다. 도시의 문화적 환경이 구축되면서 지역민들의 삶의 질과 행복지수가 높아지고, 넘쳐나는 관광객들로 새로운 일자리도 창출되었다. 연극 페스티벌이 스트랫포드의 경제를 살린 것이다.

> 전체 인구가 3만 명밖에 안 되는 도시에 호텔, 민박집 등 숙박업 종사자의 숫자만 해도 3천 5백 명이나 될 정도이고, 연극 전용극장도 페스티벌 극장, 에이본 극장, 톰 패터슨 극장, 스튜디오 극장 등 4개나 된다. 오늘날은 고전극뿐만 아니라 현대극과 뮤지컬 등 다양한 장르의 공연으로 관객층을 더욱 넓히고 있으며, 본 축제 외에 프린지 페스티벌도 함께 열고 있다. (공연예술축제를 만드는 사람들, p.150)

이탈리아 베로나

베로나는 이탈리아 북부 베네토 주에 자리 잡은 인구 약 26만 명의 중소도시이지만, 서쪽으로는 밀라노, 동쪽으로는 베네치아, 남쪽으로는 피렌체 등 이탈리아를 방문한 여행객이 많이 찾는 도시들로 쉽게 갈 수 있는 교통의 요지라는 장점을 가지고 있어서, 전 세계에서 몰려온 여행객들로 늘 붐비는 문화관광의 도시가 되었다. 베로나는 도시 전체가 박물관이라고 말할 수 있을 정도로 고대부터 중세를 거쳐 르네상스와 바로크 시대에 이르기까지 다양한 문화유산들이 남아 있는 문화도시이다.

로마 시대의 건축물인 아레나 원형 경기장과 아디제 강의 다리 그리고 산 체노 마조레 성당 등 많은 문화유산들이 남아 있어, 2000년에는 유네스코 세계문화유산으로 등록되었다. 아디제 강가에 로마네스크 양식으로 12세기에 지어진 산 체노 마조레 성당에는 베로나의 수호성인 산 체노의 성물이 보관되어 있으며, 청동 문에는 수호성인 산 체노의 일생이 조각되어 있다. 이밖에도 고고학 박물관이 있는 로마노 극장, 로마네스크 양식의 산타 마리아 안티카 예배당, 13세기에 건축된 산 아나스타시아 성당, 14세기에 지어진 고성 카스텔 베키오 등이 유명하다. 카스텔 베키오는 현재 안토니오 피사넬로, 비첸챠 몬타냐, 파올로 칼리아리 등 베로나 화파의 회화 작품들을 전시하는 시립미술관으로 쓰이고 있다. 베로나 화파는 베로나를 피렌체, 베네치아와 더불어 이탈리아 르네상스 미술의 중심지로 만들었다.

로마 다음으로 문화유산이 많은 베로나에서 특히 유명한 건축물은 로마 시대 아우구스투스 황제가 통치하던 서기 1세기에 세워진 원형 경기장 아레나이다. 오늘날 베로나의 상징적인 랜드 마크가 된 아레나는 원래 3만 명을 수용할 수 있었을 정도로, 로마의 콜로세움과 나폴리 근처 카푸아의 원형 경기장에 이어 세 번째로 큰 규모를 자랑하고, 로마 시대의 원형 경기장 중에서 가장 잘 보존되어 있는 건축물 중에 하나이다. 로마의 콜로세움과 외관이 비슷한 베로나의 아레나는 이 도시의 중심 광장인 브라 광장에 자리 잡고 있다.

베로나는 사람들을 끌어당기는 묘한 매력이 있는 스토리를 활용한 문화도시 브랜드마케팅의 성공 사례 도시들 중의 하나이다. 베로나는 도시 전체가 스토리의 무대와도 같다. 셰익스피어의 '로미오와 줄리엣'의 무대였던 베로나는 두 연인의 죽음을 뛰어넘는 사랑의 스토리로 전 세계 관광객들을 불러들여 인구 26만 명의 도시에 한해 550만 명이 찾아오는 매력적인 문화관광도시가 되었다.

해마다 여름이면 베로나의 야외극장 '테아트로 로마노'에서 셰익스피어 연극 페스티벌이 열려 수많은 관광객들이 연극과 발레 공연을 보며 셰익스피어의 작품 세계 속으로 빠져들어 간다. 위대한 극작가 셰익스피어의 상상력이 만들어낸 가상의 공간을 실제의 공간 속에 재현하여 문화관광산업의 소중한 자원으로 활용하고 있는 베로나의 문화도시 마케팅 전략이 우리에게도 절실히 요구된다.

로미오와 줄리엣의 이야기의 유래에 관하여 지금까지 알려진 바에 의하면, 단테(1265~1321)의 '신곡' 중 연옥편에 서로 싸우는 카풀레티가와 몬테키가의 이야기가 처음으로 등장한다. 단테가 살던 당시에는 세력을 다투는 귀족 가문들 간의 혈투가 베로나 거리 곳곳에서 벌어졌다고 한다. 1535년경 베로나 근교 비첸차 출신의 루이지 다 포르토가 중세 베로나를 배경으로 전해지는 민간설화를 바탕으로 서로를 적대시하며 세력다툼을 벌이는 카풀레티 가문과 몬테키 가문의 자녀들인 로메오 몬테키와 줄리에타 카풀레티를 주인공으로 한 애절한 사랑의 이야기를 썼다.

이어서 이탈리아 작가 마테오 반델로가 1554년에 이 이야기를 새롭게 손질한 작품을 발표했고, 이 작품이 영국으로 전해져서 영국 작가 아서 브루크와 윌리엄 페인터에 의해 다시 손질되어 영역본으로 출판되었다.

1562년에 출판된 아서 브루크의 서사시 '로메우스와 줄리엣의 비극'과 1567년에 출판된 윌리엄 페인터의 '로미오와 줄리엣의 지고지순한 사랑'을 읽은 셰익스피어는 이야기에 극적인 요소를 더하여 1595년 완전히 새로운 희곡 작품으로 재탄생시켰다고 한다. 이탈리아인 지라 모 델 코르테가 16세기 말에 쓴 '베로나의 전설'에 의하면 로미오와 줄리엣의 이야기는 1303년경에 실제 일어난 사건이었다고 한다.

셰익스피어의 '로미오와 줄리엣'의 스토리 속으로 들어가 보자. 베로나의 두 명문 가문, 몬테규가와 캐풀렛가는 오랜 원한으로 서로 원수 집안이 되어 끊임없이 싸움을 일으키고 피를 흘렸다. 두 가문의 하인들까지도 길에서 마주치기만 하면 싸움을 벌이곤 했다. 베로나의 영주가 이 두 가문을 화해시키려고 애를 썼지만 소용이 없었다. 영주는 베로나 거리에서의 싸움을 금지시켰다.

어느 날 캐풀렛가에서 열린 무도회에 몬테규가의 아들 로미오가 친구와 함께 몰래 숨어들어 갔다가 캐풀렛가의 외동딸 줄리엣을 보고 첫눈에 반해 사랑에 빠지고 만다. 줄리엣이 서 있는 발코니까지 나무를 타고 올라간 로미오가 그녀에게 사랑을 고백하자, 줄리엣도 그에게 사랑으로 화답한다. 이렇게 두 원수 집안의 아들과 딸의 불같은 사랑이 시작된다. 부모의 허락을 받는 일이 불가능하다는 것을 너무나 잘 알고 있는 두 연인은 성당으로 로렌스 신부를 찾아가 비밀리에 결혼식까지 올린다. 신부는 이 두 연인의 결혼이 두 가문의 화해로 이어지기를 희망한다.

그날 오후 줄리엣의 사촌 오빠 티볼트의 일행이 거리에서 마주친 로미오의 일행에게 칼을 빼들고 싸움을 걸어왔지만 로미오는 조용히 피하려고 했다. 티볼트가 싸움을 피하는 로미오의 일행을 비웃자, 로미오의 절친한 친구 머큐시오가 무례한 티볼트에게 결투를 신청한다. 그러나 불행하게도 머큐시오는 티볼트의 칼에 찔려 숨을 거두고 만다. 친구의 죽음을 본 로미오는 분노하여 티볼트와 결투를 벌여 티볼트를 죽이고 만다. 이 일로 로미오는 영주로부터 추방 명령을 받게 된다. 로렌스 신부는 로미오에게 나중에 두 사람의 결혼을 공표하고 영주의 허락을 얻어 다시 베로나로 불러들일 때까지 만토바라는 곳에 피해 있으라고 당부한다. 그날 밤 로미오는 줄리엣의 방에 몰래 숨어들어 첫날밤을 지내고 아침이 되어 만토바로 떠난다.

다음날 젊은 백작 패리스의 구혼 신청을 받아들인 캐풀렛이 자기 딸 줄리엣을 불러 패리스와 결혼식을 올리게 될 것이라고 말하자, 줄리엣은 절대 그럴 수 없다고 거부한다. 이에 크게 분노한 캐풀렛은 자기 말을 따르든지, 아니면 목을 매거나 거지처럼 거리로 나가 죽든지 선택하라고 강요한다. 줄리엣은 성당으로 로렌스 신부를 찾아가 간절히 도움을 청한다.

신부는 줄리엣에게 약병을 주면서 결혼식 전날 밤 잠들기 전에 모두 마시라고 한다. 그리고 이 약을 마시면 맥박이 끊어지고 42시간 동안 가사 상태에 빠져 죽은 사람처럼 보이다가, 다시 잠에서 깨어나듯이 자연스럽게 소생하게 된다고 일러 주었다. 신부는 만토바로 편지를 보내 줄리엣이 다시 깨어나는 시간에 맞추어 로미오를 도착하게 하여 두 사람이 함께 만토바로 떠날 수 있도록 도와주겠다고 그녀를 안심시켰다.

그날 밤 줄리엣은 신부가 준 약을 모두 마시고 진짜 죽은 사람처럼 깊은 잠에 빠져들었다. 결혼식 날 아침 침대에 누운 채로 죽어 있는 줄리엣을 발견하고 캐풀렛가가 발칵 뒤집혔다. 마침내 장례식이 치러지고, 줄리엣은 캐풀렛가의 납골당에 안치되었다. 이 일을 목격한 로미오의 하인 발다자는 줄리엣이 진짜 죽은 것이라고 생각하고 황급히 말을 몰아 만토바로 달려갔다. 불행하게도 신부가 보낸 편지의 배달부보다 하인이 먼저 도착하여 로미오에게 줄리엣의 죽음을 알리고 말았다.

납골당으로 정신없이 달려간 로미오는 아직까지 따뜻한 체온이 느껴지는 줄리엣의 입술에 입을 맞추며 슬퍼하다가 모든 희망을 잃고 절망하여 마침내 독약을 마시고 그 자리에서 죽고 만다. 다시 살아난 줄리엣은 로미오가 곁에 죽어 있는 것을 발견하고 절망하여 칼로 자기 가슴을 찌르고 로미오 위에 쓰러져 죽는다. 뒤늦게 들어온 신부도 모든 일이 잘못되었다는 것을 알게 된다. 다음날 서로 원수지간으로 지내던 몬테규가 사람들과 캐풀렛가 사람들이 함께 모여 로미오와 줄리엣의 합동 장례식을 치른다. 베로나의 영주는 두 가문이 원한과 증오로 어떤 천벌을 받았는지 보라며 꾸짖는다. 결국 자식들의 희생을 치른 뒤에야 비로소 몬테규가와 캐플렛가, 두 가문은 마침내 화해를 하게 된다.

베로나의 서로 적대적인 두 명문가의 자녀들 사이에서 일어난 비극적인 사랑을 주제로 하는 셰익스피어의 '로미오와 줄리엣'의 이야기는 많은 음악가들에게도 영감을 주었다. 프란츠 슈베르트(1797~1828)는 셰익스피어의 또 다른 작품 '베로나의 두 신사'에 실려 있는 '실비아에게'라는 시에 아름다운 곡을 붙였다. 오페라 작품으로는 1830년에 벨리니가 작곡한 오페라 '카플레티가와 몬테키가', 프랑수아 구노(1818~1893)가 1867년에 작곡한 오페라 '로미오와 줄리엣' 등이 있다.

어려서부터 문학작품을 많이 읽어서 이야기를 담은 표제음악의 대가

가 된 프랑스의 작곡가 엑또르 베를리오즈도 셰익스피어의 작품에 깊은 감동을 받아 1839년에 연주시간이 140분에 달하는 8악장의 극적 교향곡 '로미오와 줄리엣'을 작곡하여 이탈리아의 작곡가이며 천재적 바이올리니스트인 파가니니에게 헌정하였다. 그 후 1869년에 차이코프스키의 '로미오와 줄리엣 환상적 서곡', 1935년에 역시 러시아 작곡가 프로코피에프의 발레곡 '로미오와 줄리엣'이 작곡되었다. 또한 번스타인의 뮤지컬 '웨스트사이드 스토리'는 뉴욕 맨해튼을 무대로 하는 현대판 로미오와 줄리엣이라고 할 수 있다.

영원한 로미오와 줄리엣의 도시 베로나에서는 로미오와 줄리엣의 이야기를 쉽게 만날 수 있다. 전 세계에서 찾아오는 연인들의 사랑의 순례성지가 된 줄리엣의 집, 로미오의 집, 줄리엣의 무덤 등 이야기에 나오는 장소들이 곳곳에서 여행객들을 기다리고 있다. 이야기의 실제 장소가 아닌 가상의 공간이지만 베로나는 작품 속의 분위기와 비슷한 집들을 줄리엣의 집과 로미오의 집으로 꾸미고, 베로나의 도시성벽 바깥에 있는 산 프란체스코 수도원 지하에는 줄리엣의 무덤도 만들어 베로나를 찾는 여행객들이 빠지지 않고 들르는 세계적인 관광명소가 되게 했다. 위대한 극작가 셰익스피어의 상상력이 만들어낸 가상의 공간을 실제의 공간에 재현해 놓은 베로나를 방문한 관광객들, 특히 연인들은 골목골목에서 묻어나는 두 연인들의 사랑의 흔적을 찾아다니고 로미오와 줄리엣의 비극적인 사랑 이야기에 나오는 감동적인 장면들을 떠올리면서 영원한 사랑을 맹세한다.

> 스토리가 있는 곳은 사람들을 자석처럼 끌어당길 수 있다. (…) 베로나 어디를 가도 로미오와 줄리엣의 이야기를 만날 수 있다. 베로나는 이제 로미오와 줄리엣의 도시이자 연인들의 도시이며 영원한 사랑이 이루어지는 도시가 되었다. (…) 줄리엣의 집을 보기 위해 전 세계에서 1년에 무려 150만 명 이상이 몰려온다고 하니, 줄리엣이 베로나를 먹여 살린다고 해도 과언이 아닐 정도다. (장소의 재탄생, pp.204,205.)

줄리엣의 집으로 들어가는 입구의 벽에는 이곳을 방문한 연인들이 남겨놓은 영원한 사랑에 대한 바람과 사연을 담은 편지와 메모들이 가득 붙어있다. 안쪽 마당 한 편에 서 있는 줄리엣의 청동상의 오른쪽 가슴은, 그곳을 만지면 사랑이 이루어진다는 이야기가 전해지면서, 방문객들의 손길에 반들반들 윤기를 내고 있다. 그리고 청동상 옆 아치형문의 쇠창살에도 이곳을 방문한 연인들이 영원한 사랑을 맹세하며 채워놓은 자물쇠들과 편지들로 가득하다. 로미오가 나무를 타고 올라가 줄리엣에게 사랑을 고백하던 줄리엣의 발코니도 재현되어 있다.

로미오와 줄리엣의 이야기로 가득 찬 베로나를 주요 배경으로 하여 미국 게리 위닉 감독이 2010년에 찍은 영화 '레터스 투 줄리엣(Letters to Juliet)'의 스토리도 전 세계 여행객들의 발길을 베로나로 이끄는데 톡톡히 한 몫을 하고 있다. '뉴요커'지의 기자이며 작가 지망생인 소피는 약혼자 빅터와 함께 유네스코 세계문화유산으로 지정된 도시이며, 셰익스피어의 '로미오와 줄리엣'의 배경이 되어 로미오와 줄리엣에 관련된 관광명소들이 있는 이탈리아 베로나로 여행을 떠난다. 하지만 여행을 떠나온 빅터는 약혼녀 소피의 마음은 헤아리지도 않은 채, 요리 관련 행사들과 자기가 오픈할 레스토랑에서 쓸 와인, 버섯, 치즈 등 식재료들을 찾아다니는 일에만 열정적으로 매달려 소피를 실망시킨다.

소피는 혼자서 베로나 시내를 돌아다니다가 우연히 줄리엣의 집으로 간다. 줄리엣의 집 담장에는 전 세계에서 찾아온 여성들이 줄리엣에게 조언을 구하며 남기고 간 사랑의 고백을 담은 쪽지들과 편지들이 가득 붙어있다. 이 편지들이 바로 영화의 제목처럼 일명 '줄리엣에게 보내는 편지들'이다. 소피가 흥미 있게 이 쪽지들과 편지들을 살펴보고 있을 때, 한 여자가 나타나서 그것들을 바구니 가득 담아가지고 간다. 소피는 호기심을 갖고 그녀를 쫓아가고, 그곳에서 줄리엣에게 보낸 편지에 답장을 써서 보내주는 자원봉사를 하고 있는 일명 '줄리엣의 비서들'을 만난다.

소피는 이에 감동하여 그녀들의 일손을 돕겠다고 나서고, 우연히 담장 돌틈 깊숙이 감추어져 있던 낡은 편지 한 통을 발견한다. 이 편지는 50년 전에 클레어라는 여인이 베로나를 떠나며 남겨 놓은 첫사랑과 헤어진 안타까운 사연을 담은 편지였다. 거기에는 클레어가 로렌조라는 남자를 너무나 사랑해서 부모 몰래 도망치려는 마음을 먹었지만 끝내 그러지 못하고 말았다는 내용이 적혀 있었다. 세월이 너무 많이 흘렀지만, 소피는 혹시나 하는 마음에 정성껏 답장을 써서 보낸다.

소피가 답장을 보낸 지 일주일쯤 지난 어느 날, 한 남자가 찾아와 자기 할머니 클레어에게 답장을 쓴 사람이 누구냐고 따지듯이 묻는다. 소피가 자신이 썼다고 대답하자, 그는 왜 이런 편지를 보냈느냐며 화를 낸다. 그는 클레어 할머니의 손자 찰리였다. 찰리는 할머니께서 이 바보 같은 편지를 읽으시고, 이곳으로 오겠다고 하시는 바람에, 할머니 혼자 보낼 수도 없고 해서, 하는 수 없이 자기가 여기까지 따라올 수밖에 없었다고 소피를 원망한다.

소피는 자신의 답장에 영국에서 이탈리아 베로나까지 직접 찾아오신 클레어 할머니를 만나고 싶어서 찰리 뒤를 쫓아갔고, 편지의 주인공 클레어 할머니를 마침내 만나게 된다. 할머니는 50년 전 자신의 젊고 아름답던 모습을 기억하고 있는 로렌조가 자신의 변한 모습을 보고 혹시나 실망이나 하지 않을까 걱정이 되어 첫사랑을 추억으로 남기는 게 좋을 것이라고 생각하고 있었는데, 소피의 답장에 용기를 얻어 이렇게 올 수 있었다고 고마워했다. 50년 전에 붙들지 못한 첫사랑 로렌조를 꼭 찾고 싶어 하는 클레어 할머니 그리고 손자 찰리와 함께 소피는 할머니의 첫사랑을 찾아 나선다.

할머니가 상처를 입지나 않을까 걱정이 되어 첫사랑 찾는 일이 처음부터 마음에 들지 않았지만, 어쩔 수 없이 베로나까지 따라나선 찰리는 투덜거리면서도 정성을 다해 할머니를 모시고 다닌다. 첫사랑 로렌조를 찾는 일은 그렇게 쉽지 않았다. 수많은 로렌조를 찾아다녔지만, 클레어 기억 속의 로렌조는 찾을 수가 없었다. 마지막에는 로렌조라는 이름이 새겨진 묘비가 있는 묘지에까지 가보고 크게 실망을 한 세 사람은 더 이상 찾는 것을 포기하고 돌아가기로 한다.

클레어 할머니는 돌아가는 길에 마지막으로 포도주나 한잔 하자며 포도농장 쪽으로 차를 돌리라 했다. 어느 포도농장을 지나가던 도중에 클레어 할머니는 낯익은 얼굴의 청년을 보고 급히 차를 세우라고 한다. 그 청년의 이름은 로렌조, 알고 보니 클레어 할머니가 그토록 찾아 헤매던 첫사랑 로렌조의 손자였다. 그곳에서 운명처럼 로렌조의 얼굴 모습을 닮은 로렌조의 손자를 만난 것이다. 잠깐 말을 타고 나갔다는 로렌조가 이내 말을 타고 멋진 모습으로 나타나고 한 번에 클레어 할머니를 알아본다. 50년 전의 첫사랑을 다시 찾은 로렌조와 클레어는 다정한 모습으로 행복한 시간을 보낸다.

두 분의 만남을 함께 기뻐하며 즐거운 시간을 보내던 찰리와 소피도 어느 순간 서로에게 끌리는 마음에 키스를 한다. 두 사람은 할머니의 첫사랑을 찾아다니면서 처음에는 사사건건 티격태격하며 자주 부딪혔지만, 어느 사이엔가 서로 정이 들어버린 것이다. 소피는 찰리와 헤어지는 것을 아쉬워하면서도 작별인사를 하고 약혼자 빅터가 기다리고 있을 호텔로 돌아간다. 소피와 찰리가 서로 사랑하고 있다는 것을 눈치 챈 클레어는 찰리에게 자기처럼 50년이 지난 후에 첫사랑을 찾으려고 고생하지 말고, 사랑이 눈앞에 있을 때 용기를 내어 지금 당장 가서 잡으라고 조언한다. 찰리는 소피를 붙잡으려고 급히 뒤따라갔다가, 약혼자와 함께 발코니에 있는 소피를 발견하고는 걸음을 되돌려 돌아오고 만다.

소피와 빅터는 함께 즐기지도 못한 여행을 끝내고 뉴욕으로 돌아온다. 일상의 삶으로 돌아온 작가 지망생 소피는 그 동안 써놓았던 클레어 할머니 그리고 찰리와 함께 했던 첫사랑 찾기 여행에 관한 이야기의 원고를 편집장에게 보여준다. 편집장은 이 책이 출판되면 모두들 이탈리아 베로나에 가보고 싶어 난리를 칠 것이라며, 당장 이탈리아 항공 주식을 사두는 것이 좋을 것이라며 크게 만족해한다. 얼마 후 소피는 클레어 할머니가 보낸 결혼식 초대장을 받는다.

소피는 이루지 못한 첫사랑을 50년 만에야 다시 찾은 클레어 할머니를 생각하며 자신의 사랑을 돌이켜 본다. 결국 소피는 약혼자 빅터에게 결별을 선언하고, 클레어 할머니의 결혼식에 참석하기 위해 그리고 찰리를 다시 만날 기쁨을 안고서 혼자서 이탈리아 베로나로 떠난다. 결혼식에서 다시 만난 찰리는 소피를 반갑게 맞이한다. 그런데 찰리 옆에는 페트리샤라는 여자가 앉아 있었다. 페트리샤라는 이름은 첫사랑 찾기 여행을 하면서 찰리가 말했던 헤어진 여자 친구의 이름이었다. 약혼자와 결별을 하고 찰리를 다시 만날 기쁨으로 달려온 소피는 찰리의 여자 친구의 등장에 몹시 실망하고 만다.

결혼식에 참석한 모든 하객 앞에서 클레어 할머니는 소피가 자신에게 보냈던 편지 답장을 읽어주었다. '클레어, 누구나 지난 인생에 대한 아쉬움이 있겠지만, 정말 소중한 걸 놓쳐 버린 아쉬움은 평성 가슴에 무거운 돌덩이처럼 남아 있지요. 이제 50년 전에 했던 선택을 기억에서 지워버리고 사랑에 대한 한 가지만 기억하세요. 사랑에 늦었다는 말은 없어요. 그 사랑이 진실이었다면 절대 변하지 않으니까요. 이젠 용기를 내세요. 마음의 소리를 따르세요. 줄리엣의 사랑을 전부 이해하지는 못하지만, 때로 가족을 떠나 먼 바다를 건너야 한다고 해도, 그 뜨거운 사랑이 여전히 느껴진다면, 저라면 용기를 내어 그걸 잡겠어요. 눈물로 엇갈린 운명, 용기로 되돌릴 수 있어요. 당신의 힘이 되어 드릴게요. 줄리엣.'

클레어 할머니의 낭독이 끝나자, 소피는 울면서 결혼식 자리를 떠난다. 찰리도 급히 자리에서 일어나 소피를 쫓아간다. 줄리엣의 집을 닮은 발코니 위에 올라간 소피는 그 아래로 달려와 서 있는 찰리에게 자기는 약혼자와 결별하고 찰리를 만나러 왔는데 찰리 곁에 옛 여자 친구가 있는 것을 보고 크게 실망했다고 말한다. 찰리는 자기 옆에 앉아 있던 여자는 옛 여자 친구 페트리샤가 아니라 같은 이름을 가진 사촌이라고 말한다. 찰리는 줄리엣의 발코니로 올라가는 로미오처럼 나무줄기를 타고 소피가 있는 발코니까지 올라가서 소피에게 사랑을 고백하며 키스를 하다가 나무가 부러지면서 밑으로 떨어진다. 소피는 급히 발코니에서 내려와 마당에 누워있는 찰리 위에 엎어지고, 두 사람은 서로 포옹하며 격렬히 키스한다.

베로나는 스토리 브랜드 도시일 뿐만 아니라 오페라 페스티벌의 도시이기도 하다. 베로나의 아레나는 오늘날 오페라를 비롯하여 다양한 공연이 펼쳐지는 야외 공연장으로 활용되고 있다. 1856년에는 로시니의 오페라, 1859년에는 도니체티의 오페라가 이곳에서 공연되었다. 베로나는 셰익스피어 축제와 동시에 로마시대의 원형극장인 아레나극장에서 이탈리아가 낳은 세계적 오페라 작곡가 베르디와 푸치니의 작품들을 중심으로 세계적인 야외 오페라 축제 '베로나 오페라 페스티벌', 일명 '페스티벌 아레니아노'도 함께 개최하여 세계 관광객 유치 효과를 극대화하고 있다. 베로나 오페라 페스티벌은 오스트리아의 잘츠부르크 음악축제, 스위스의 루체른 음악축제와 더불어 세계적인 음악축제이며, 오페라를 위주로 하는 음악축제로는 독보적인 위치를 차지하고 있다.

이탈리아 각지에서 야외 오페라가 공연되고 있지만 베로나 아레나 극장은 고대 유적지의 분위기와 뛰어난 음향 효과로 오페라 공연장으로서 최적의 조건을 가지고 있다. 로미오와 줄리엣의 영원한 사랑의 이야기가 간직되어 있는 베로나에서 펼쳐지는 한여름 밤의 오페라 페스티벌은 오늘날 이탈리아 최고의 음악 축제로 발전하게 되었다. 베로나 아레나 극장은 특히 매년 6월 중순부터 9월 초순까지 열리는 베로나 오페라 페스티벌의 무대가 되면서 세계적인 문화예술의 명소가 되었다.

1913년 8월 10일 베르디 탄생 100주년을 기념하여 베로나 출신의 오페라 테너 가수 조반니 제나텔로와 공연기획자 오토네 로바토의 주도로 시작된 베로나 오페라 페스티벌은 이제 문화도시 베로나를 대표하는 예술축제로 발전하였다. 당시 밀라노의 라 스칼라 가극장의 지휘자였던 이탈리아 오페라의 거장 툴리오 세라핀의 지휘로 베르디의 최고의 명작 오페라 '아이다'가 공연되었다. 2만 명이 넘는 청중이 아레나 극장을 가득 메운 이날 공연에는 푸치니, 마스카니, 카프카, 고리키 등 당대의 세계적인 음악가와 문학가들이 이 오페라 공연을 관람하였다. 특히 푸치니는 베르디의 오페라를 보고 크게 감동하여 오페라 작곡가의 꿈을 키웠다. 이어지는 8회의 공연 모두 초만원을 이루어 베로나 오페라 페스티벌의 지속적인 개최를 가능하게 하였다.

베니아미노 질리, 델 모나코, 디 스테파노 등 이탈리아를 대표하는 테너들이 매년 베로나 오페라 페스티벌에 출연했다. 무명의 소프라노였던 마리아 칼라스도 이 공연을 통해 세계적인 성악가로 이름을 알리게 되었다. 파바로티도 베로나 오페라 페스티벌의 무대에 섰었다. 2012년에는 '아이다', '카르멘', '돈 조반니', '로미오와 줄리엣', '토스카', '투란도트' 등 6편의 오페라가 공연되었다. 2013년에 100주년을 맞이한 베로나 오페라 페스티벌은 6월 14일부터 9월 8일까지 열렸다. 이에 앞서 6월 1일에는 세계적인 작곡가들의 유명한 오페라 명장면들을 모아서 보여주는 갈라 콘서트가 열렸다. 모차르트의 '피가로의 결혼'을 시작으로, 비제의 '카르멘', 베르디의 '아이다', '라트라비아타', '리골레토' 그리고 푸치니의 '나비부인', '투란도트', '라 보엠'의 유명한 아리아들을 플라시도 도밍고, 안드레아 보첼리 등 세계적인 성악가들이 출연하여 불렀다.

베로나는 로미오와 줄리엣의 이야기와 오페라 페스티벌로 세계적인 문화관광의 도시가 되어 도시의 경제를 윤택하게 하고 있다. 인구가 약 26만 명인 베로나에 매년 550만 명의 관광객들이 찾아온다. 오페라 페스티벌 기간에만 100만 명 이상의 관람객들이 고대 로마시대의 유적지인 아레나 원형극장에서 펼쳐지는, 음향장치 없이도 가수들의 노래 소리가 관중들에게 또렷하고 생생하게 전달되는 이 특별한 야외 오페라 공연을 즐기기 위해 베로나를 방문한다. 오페라 매회 공연마다 평균 만 이천 명의 관람객이 오페라를 감상하기 위해 기꺼이 지갑을 열고 티켓을 사서 아레나 원형극장에 입장하는 것이다.

베로나에서는 오페라 페스티벌 기간 이외에도, 아레나 원형극장에서는 이탈리아 국내외 유명 아티스트들이 출연하는 공연 콘서트가 열린다. 봄과 가을에는 테아트로 필라르모니코에서 오페라, 발레, 교향악 등이 공연되고, 4월 중순에는 시네마 필라르모니코에서 국제 영화 페스티벌, 4월 말에서 5월 초에는 베로나 피에레에서 꽃 전시회 등이 열린다. 테아트로 로마노에서는 베로나 재즈 페스티벌과 셰익스피어 페스티벌 그리고 국제 현대 발레 공연들이 이어진다. 이외에도 광장이나 야외 공연장에서 매일 저녁 콘서트와 연극 공연이 열리는 등 문화예술의 도시 베로나에서는 여행객들이 일 년 내내 문화와 예술을 즐길 수 있다.

노르웨이 베르겐

노르웨이 베르겐

베르겐은 노르웨이의 수도 오슬로에서 서쪽으로 약 500km 정도 떨어져 있는 인구 22만 명의 작은 항구도시이지만, 중세 시대부터 무역으로 번영한 노르웨이의 제2의 도시이며, 노르웨이 피오르드 관광의 중심지로서 늘 여행객들로 붐빈다. 1070년에 처음 조성된 이래로 여러 차례 화재로 소실되었지만, 처음의 설계도면 그대로 전통적인 건축기법으로 복원되어 중세 시대의 목조가옥들의 모습을 그대로 보존하고 있는 베르겐의 구시가 브뤼겐 지구는 1979년 유네스코 세계문화유산으로 지정되었다.

베르겐은 세계적인 음악가 에드바르드 그리그(1843~1907)의 고향으로 그의 음악을 사랑하는 전 세계 여행객들을 불러들이고 있다. 베르겐에서 매년 5~6월에 그리그의 음악을 기리는 베르겐 음악제가 열리면, 전 세계의 음악 애호가들이 베르겐으로 몰려든다. 그리그가 무대에 오르기 전에 긴장감을 없애려고 만지작거렸다는 개구리 모형까지도 관광 기념품이 될 정도로, 그리그는 베르겐의 문화도시 마케팅의 중요한 자원이 되고 있다.

그리그는 노르웨이의 민요에 남아 있는 민족음악의 선율과 리듬을 자신의 음악에 담아 민족적 정신과 색채가 진하게 배어 있는 곡을 많이 작곡했다. 특히 그리그는 자기가 태어난 베르겐의 바다 냄새를 좋아했다. 그의 음악에는 베르겐의 아름다운 자연의 풍광이 녹아 있다. 그리그는 베르겐의 해안가 스트란드가텐 152번지의 지금은 사라지고 없는 집에서 태어났다. 그리그를 낳은 베르겐의 공원에는 그의 동상이 서있다.

1874년에 노르웨이의 국민작가 입센이 31세의 젊은 작곡가 그리그에게 자신의 작품 '페르귄트'를 위한 무대음악을 작곡해 달라고 의뢰하였다. '페르귄트'는 입센이 노르웨이의 전설을 소재로 하여 1867년에 발표한 2부 5막으로 된 환상적 시극 작품이다. 그리그의 음악곡과 함께 무대에 올린 시극 '페르귄트'는 1876년 2월 24일 초연되어 큰 성공을 거두었다. '페르귄트'의 모음곡 중에서 솔베이그의 노래는 전 세계 모든 사람들이 즐겨 부르는 노래가 되었다.

> 그 겨울이 지나
> 또 봄은 가고
> 또 봄은 가고,
>
> 그 여름날이 가면
> 더 세월이 간다,

세월이 간다.

아, 그러나 그대는
내 님일세,
내 님일세.
내 정성을 다하여
늘 고대하노라,
고대하노라.

페르귄트는 부유한 지주의 외아들로 태어났지만, 아버지가 재산을 탕진하고 세상을 떠나는 바람에 어머니 오제와 함께 가난한 삶을 살아간다. 몽상적인 기질을 타고난 페르귄트는 허풍쟁이로 소문이 나서 마을 사람들로부터 따돌림을 당한다. 마을 처녀 잉그리드의 결혼식 파티에 참석한 페르귄트는 이 마을로 새로 이사 온 솔베이그와 춤을 추게 되고, 두 사람은 이내 서로 사랑하는 마음을 갖게 된다. 그런데 결혼식을 올리고 싶지 않았던 신부 잉그리드가 결혼식장에서 달아나는 사건이 벌어진다. 그러자 신랑이 페르귄트에게 자기 신부를 찾아달라고 부탁한다.

달아나던 신부를 찾아낸 페르귄트는 화사하게 단장한 잉그리드의 모습에 그만 매혹당해 그녀를 데리고 산속으로 도망간다. 하지만 잉그리드와 하룻밤을 보낸 뒤 갑자기 그녀가 싫어진 페르귄트는 그녀를 마을로 내쫓아버리고 더 깊은 산속으로 들어가 버린다. 페르귄트의 어머니 오제와 솔베이그가 페르귄트를 찾아 온 산을 헤매고 다닌다. 한편 페르귄트는 산 속 마왕의 딸과 결혼하여 환락의 삶을 즐기지만, 이 일에도 싫증이 나자, 그는 이내 그녀 곁을 떠난다.

페르귄트가 또 다른 세상에 대한 미련을 버리지 못한 채, 숲 속에 오두막을 짓고 생활하던 어느 날 솔베이그가 그를 찾아와 영원히 그와 함께 할 것을 약속한다. 페르귄트는 솔베이그의 헌신적인 사랑을 받으며 행복한 나날을 보낸다. 그러던 중에 페르귄트의 어머니 오제가 세상을 떠난다. 가난 속에서 어머니를 제대로 보살펴 드리지 못한 자신의 잘못을 자책하던 페르귄트는 돈을 벌어서 돌아오겠다며 솔베이그를 홀로 남겨 놓고 다시 정처 없는 방랑과 모험의 길을 떠나 여러 나라를 떠돌아다닌다.

페르귄트는 미국과 아프리카를 오가며 갖가지 장사로 큰돈을 벌지만, 더 큰 욕심을 내다가 그만 상인들의 배신으로 다시 빈털터리가 된다. 그러다 페르귄트는 우연히 많은 재물을 다시 얻게 되지만, 아라비아 추장의 딸이 요염한 모습으로 그를 홀려, 그가 갖고 있던 재물을 모두 챙겨서 달아나버린다. 페르귄트는 다시 캘리포니아에서 금광으로 큰돈을 벌게 되고, 마침내 그리운 고향으로 돌아가는 배에 몸을 싣는다. 하지만 귀국길에 배가 폭풍을 만나 난파되는 바람에 겨우 목숨만 건지고 무일푼으로 고향땅을 밟는다. 고향 오두막집에서는 백발이 다된 솔베이그가 여전히 실로 천을 짜며 그 때까지도 페르귄트를 잊지 않고 그가 돌아오기만을 기다리고 있었다. 오랜 타국 생활에 지치고 병든 페르귄트는 솔베이그의 따뜻한 품에 안겨 조용히 눈을 감는다.

백발이 다 되도록 자기를 고향에 남겨 놓고 떠난 페르귄트를 기다리는 솔베이그의 전설적인 이야기는 서정주 시인의 생가와 기념관이 있는 마을에 전해져 내려오는 옛이야기를 엮어 놓은 시집 '질마재 신화'의 맨 처음에 나오는 '신부'라는 작품 속 이야기를 생각나게 한다. 노르웨이의 전설을 소재로 한 페르귄트 이야기가 베르겐의 문화도시 마케팅의 자원이 되어 전 세계의 여행자들을 베르겐으로 불러들이듯이 질마재 신화가 세계인들을 신화의 고장 고창으로 찾아오게 만들 날을 기대해본다.

> 신부는 초록 저고리 다홍치마로 겨우 귀밑머리만 풀리운 채 신랑하고 첫날밤을 아직 앉아 있었는데, 신랑이 그만 오줌이 급해져서 냉큼 일어나 달려가는 바람에 옷자락이 문돌쩌귀에 걸렸습니다. 그것을 신랑은 생각이 또 급해서 제 신부가 음탕해서 그새를 못 참아서 뒤에서 손으로 잡아당기는 거라고, 그렇게만 알고 뒤도 안 돌아보고 나가 버렸습니다. 문돌쩌귀에 걸린 옷자락이 찢어진 채로 오줌 누곤 못 쓰겠다며 달아나 버렸습니다. 그러고 나서 40년인가 50년이 지나간 뒤에 뜻밖에 딴 볼일이 생겨 이 신부네 집 옆을 지나가다가 그래도 잠시 궁금해서 신부 방문을 열고 들여다보니 신부는 귀밑머리만 풀린 첫날밤 모양 그대로 초록 저고리 다홍치마로 아직도 고스란히 앉아 있었습니다. 안쓰러운 생각이 들어 그 어깨를 가서 어루만지니 그때서야 매운 재가 되어 폭삭 내려앉아 버렸습니다. 초록 재와 다홍 재로 내려앉아 버렸습니다.

스페인 산티아고 데 콤포스텔라

전 세계 각 국가들은 문화적 경쟁력을 강화하기 위해 유네스코 세계문화유산 등록에 경쟁적으로 많은 노력을 기울이고 있다. 스페인은 유네스코 지정 세계문화유산이 가장 많은 국가로서 한 해 8,000만 명의 관광객 유치로 관광수지 흑자 1위의 국가이다. 이제 지역의 세계화 시대이다. 지역의 고유한 문화자원을 개발하고 발굴하여 세계인들의 문화적 욕구를 충족시켜줄 수 있는 문화상품을 만들어 세계 관광객들을 유치하고 일자리를 창출하여 지역 경제를 성장시켜나가야 한다.

산티아고 데 콤포스텔라 성당

스페인의 산티아고 데 콤포스텔라에는 유네스코에서 세계문화유산으로 지정한 곳이 두 군데나 있다. 중세의 모습을 그대로 간직한 구 시가지와 800여 개의 역사적이고 종교적인 문화유적들이 남아있는 산티아고 순례길이 각각 1985년과 1993년에 유네스코 세계문화유산으로 등록되었다. 2000년에는 산티아고 데 콤포스텔라가 '유럽 문화도시'로 선정되었다. 스페인의 산티아고 데 콤포스텔라는 성 야고보의 무덤이 발견된 중세 시대부터 이미 성인의 무덤을 찾아오는 순례자들의 발길이 끊이지 않는 세계적인 순례지가 되었다. 산티아고 데 콤포스텔라 성당은 순례 여행의 마지막 도착지이다.

스페인은 스토리의 힘을 활용하여 종교적인 순례지까지도 문화관광의 자원으로 만들었다. 오늘날도 기독교 신자들만이 아니라 전 세계에서 찾아온 수많은 일반 순례자들이 가슴 속에 저마다의 깊은 사연을 안고 산티아고 순례길을 걸으며 마음의 위안과 평화를 구하고 있다. 매년

600만 명의 관광객들이 산티아고를 찾아온다. 산티아고 데 콤포스텔라는 순례를 성공적으로 마친 순례자들에게 인증서를 주는 등 성인의 스토리를 활용한 문화도시 브랜드 마케팅으로 관광객들을 유치하고 일자리를 창출한 대표적인 문화도시가 되었다. 문화도시 마케팅에는 이처럼 다른 도시와는 차별화된 자기 도시만의 독특한 브랜드가 있어야 하고, 브랜드의 가치를 효과적인 방법으로 높여나가야 한다.

핀란드 로바니에미

핀란드 북극지방 라플란드의 주도 로바니에미는 원래 산타클로스와는 직접적인 연관이 없던 도시였다. 그렇지만 안데르센의 동화 '눈의 여왕'의 무대가 된 산타마을이 있는 곳이라고 소개되면서 지금은 세계인들에게 산타클로스가 살고 있는 산타마을로 잘 알려져 있다. 인구 6만 명밖에 안 되는 작은 도시 로바니에미는 산타클로스 스토리를 팔아 연간 100만 명의 관광객들이 방문하는 세계적인 산타클로스의 도시가 되었다.

로바니에미에는 전 세계에서 찾아오는 어린이들을 반갑게 맞이하고 함께 기념사진을 찍어주는 산타클로스가 있는 집무실, 전 세계 어린이들에게 산타클로스의 편지를 보내주는 우체국 그리고 '회전목마, 인형극장, 멀티미디어극장'을 갖춘 테마파크 형태의 '산타파크' 그리고 얼음으로 지어진 얼음궁전에서 식사하고 잠자고 공연도 보며 북극 겨울 체험을 할 수 있는 '아이스파크 핀란드' 등이 있어 여행자들을 전설적인 세계로 안내한다.

사람들은 '산타클로스가 살고 있어 지구에서 가장 행복한 도시로 여

겨지는 로바니에미가 제2차 세계대전 때 완전히 잿더미가 되어 새로 재건 된 도시'(시티노믹스, p.394)라는 사실은 잘 모른다. 폐허로 변한 도시를 재생시켜 세계적인 관광도시로 만드는데 결정적인 역할을 한 것이 바로 안데르센 동화에 나오는 '얼음장처럼 차가운 마음을 가진 눈의 여왕'과 산타클로스 스토리이다. 이처럼 로바니에미는 '산타클로스 마을'을 테마로 철저하게 도시를 브랜드 마케팅하여 도시의 경제를 활성화하고 일거리를 창출하고 있다.

> 역사적으로 산타클로스는 세 번의 이미지 변형을 거쳤다. 지금처럼 산타클로스가 순록이 끄는 썰매를 타고 다니는 모습으로 등장한 것은 1822년 성탄절 이브에 뉴욕의 신학자 클레멘트 무어가 쓴 〈니콜라스의 방문〉이라는 시가 효시다. 날렵하고 키가 큰 산타클로스 모습에서 통통한 볼에 뚱뚱한 모습으로 변형된 것은 19세기에 활동했던 만화가 토머스 내스트가 20년 동안 성탄절 삽화를 그리면서 완성했다. 그리고 세 번째 이미지 변형에는 세계 브랜드 파워 1위인 코카콜라가 결정적으로 개입했다. 산타클로스가 빨간 옷을 입은 이미지로 굳어진 것은 1931년 미국의 해돈 선드불름이 코카콜라 광고에 그린 그림 때문이다. 붉은 색은 코카콜라 심벌 컬러를, 흰 수염은 코카콜라를 따를 때 생기는 흰 거품을 상징한 것으로 알려졌다 (…) 사슴 루돌프도 원래 산타와는 전혀 상관없이 로버트 메이라는 가난한 동화작가가 등장시킨 상상의 산물이다. (컬처파워, p.88)

문화유산이 빈곤한 도시도 신화와 전설 등 숨겨진 스토리를 발굴하거나 새로운 스토리를 개발하고, 이를 다양한 방식으로 스토리텔링하여 문화도시 브랜드 마케팅에 활용할 수 있다. 전 세계의 많은 지역이 변변한 문화유산 없이도 세계적인 문학작품의 배경 무대라든지 감동적인 영화의 촬영지라는 것 하나만으로도 수많은 관광객을 유치하여 지역경제를 활성화하는 사례들을 볼 수 있다. 우리나라의 예로는 강원도 봉평을 들 수 있다. 이효석의 소설 '메밀꽃 필 무렵'의 배경 무대인 봉평은 작품 속의 허생원과 동이의 이야기를 스토리텔링하는 축제로 장소마케팅을 하여 관광객을 유치하고 지역 경제의 활로를 열고 있다. 정동진과 남이섬은 드라마 '모래시계'와 '겨울연가'의 촬영지가 되면서 관광명소로 떠올랐다.

> 〈겨울연가〉에 열광하는 일본 팬의 입장에서 보면 드라마를 찍었던 한국의 촬영 장소를 방문하는 것이 '꿈'일 수 있다. 〈반지의 제왕〉 마니아라면 당연히 뉴질랜드를 꼭 가보고 싶은 관광지로 꼽을 것이다. (…) 오스트리아 관광수익의 약 40%가 〈사운드 오브 뮤직〉이라는 영화 한 편에서 비롯되었다는 말은 과장이 아니다. 그래서 요즘은 가장 선진화된 관광 형태로 '스토리텔링 관광자원'을 꼽는다. (장소의 재탄생, pp.142,143.)

미국 라스베이거스

스토리텔링은 미국 네바다주의 황량한 남동부 사막 위에 세워진 라스베이거스까지도 문화관광의 도시로 만들었다. 미국 라스베이거스의 카지노 호텔들은 저마다 다른 콘셉트로 호텔을 다양하게 꾸며 다른 호텔들과 차별화하고, 더 나아가서 라스베이거스를 다른 경쟁 지역과 차별화시키고 있다. 호텔들은 각기 선정한 테마에 맞추어 호텔 건물을 설계하고, 실내외 디자인과 장식은 물론 정원조성과 호텔 쇼에 이르기까지 특색 있는 이미지를 연출하여 호텔을 매력적인 장소로 만들었다.

알라딘 호텔은 아라비안나이트를, 트레저 아일랜드 호텔은 보물섬을, 룩소르 호텔은 이집트 피라미드를, 베네치안 호텔은 중세 베니스를, 시저스 펠리스는 로마시대를 각각 테마로 정해 고객들의 마음을 끌고 있다. 라스베이거스가 단순한 카지노 도박의 도시로만 머물렀다면 경제적 위기로 지금쯤 유령도시가 되어 있을 지도 모른다. 라스베이거스는 스토리텔링을 활용하여 관광도시로 거듭난 것이다.

미국의 라스베이거스는 황량한 사막 위에 건설되어 카지노 호텔들이 들어서 있는 도시이다. 우리나라 정선에도 버려진 탄광촌에 카지노가 들어서 있다. 라스베이거스 호텔들은 제각기 다른 다양한 테마를 선정하여 다른 호텔들과 차별화하고 있다. 각 호텔은 테마에 맞는 스토리와 이미지를 호텔 건물의 설계와 실내외 디자인, 정원조성 그리고 쇼 등을 통해 연출한다. 호텔마다 다른 컨셉으로 고객들을 끌어들여 라스베이거스를 다른 경쟁 지역과 차별화하고 있다. 예를 들어 알라딘 호텔은 아라비안나이트를, 트레저 아일랜드 호텔은 보물섬을, 룩소르 호텔은 이집트 피라미드를, 베네치안 호텔은 중세 베니스를, 시저스 펠리스는 로마시대를 각각 테마로 정해 고객들의 마음을 끌고 있다.

우리나라의 정선 카지노도 라스베이거스의 카지노 호텔들처럼 스토리텔링을 특화 전략으로 활용하여, 돈 잃고 패가망신하는 퇴폐적인 도박장이라는 부정적인 이미지를 하루 빨리 씻어내고 사람들이 즐겨 찾을 수 있는 새로운 라스베이거스로 다시 태어나야 할 것이다. 스토리텔링은 정선 카지노를 다양한 스토리를 주제로 삼아 즐길 수 있는 재미있는 놀이와 볼거리가 있는 새로운 문화콘텐츠의 공간으로 새롭게 거듭나게 할 수 있다. 스토리텔링은 부정적인 이미지를 갖고 있는 공간에도 새로운 매력을 부여하여 사람들이 찾아가고 싶은 문화적 공간으로 바꾸어 놓는 힘이 있다.

미국 세일럼

미국의 작은 항구 도시 세일럼은 '오욕의 역사적 사건'을 씻어내고 다른 도시에서는 찾을 수 없는 색다른 테마가 있는 도시로 탈바꿈했다. 1692년 목사의 딸이 발작 증세를 일으키며 쓰러진 일이 발생했는데, 조작으로 의심되는 거짓된 진술들이 이어지면서 이를 마녀들이 벌인 소행으로 몰아가서 마녀 재판을 열어 무고한 19명의 남녀를 교수형에 처하는 사건이 벌어졌다. 훗날 세일럼 시는 마녀 재판이 명백히 잘못된 것임을 인정하고 속죄와 기도의 날을 선포하였다. 도시의 주민들은 서로 화해하고 매년 이 날을 기념하는 행사를 열었다. 세월이 흐르면서 세일럼 시는 마녀박물관을 만드는 등 마녀를 테마로 하여 스토리를 파는 도시로 바뀌면서 관광객들이 모여들었다.

폴란드 바르샤바와 크라쿠프

폴란드 바르샤바의 수호신이 된 칼과 방패를 든 인어상과 바르샤바 도시 이름의 유래에 관한 전설 : 물고기를 잡아 생활하는 부부가 이 지역에 살고 있었는데 남편과 아내의 이름이 각기 바르스와 샤바였다. 한번은 어부의 그물에 인어가 잡힌 일이 있었는데 성품이 어질고 착한 어부는 이 인어를 놓아주었다. 어느 날 사냥을 나섰던 왕의 일행이 그만 길을 잃고 헤매고 있을 때, 바로 그 인어가 왕 앞에 나타나 자기를 살려준 어부의 집으로 가는 길을 가르쳐 주었다. 어부 부부는 그들이 왕의 일행인지도 모른 채, 굶주리고 지친 길손들에게 물고기 요리를 정성껏 대접하였다. 왕은 고마운 마음에 어부 부부가 살고 있던 지역의 땅들을 선물로 내려주었다. 이 땅은 부부의 이름을 따서 바르샤바가 되었고, 인어는 바르샤바의 수호신이 되었다.

폴란드 크라쿠프의 유래 : 크라쿠프의 바벨 성 앞 갈림길에 동굴이 하나 있는데 입구에 용 조각상이 하나 서있다. 마을 사람들은 동굴에 살고 있는 용에게 날마다 송아지와 양 각각 세 마리씩을 먹이로 바쳐야 했다. 용이 배가 고프면 마을로 내려와 처녀들을 잡아먹었기 때문이다. 어느 날 꿈속에 계시를 받은 크라크 스쿠바라는 이름의 마을 청년 하나가 용을 물리쳐 마을 사람들의 근심을 없애주겠다고 용감하게 나섰다. 청년은 송아지와 양을 잡아 그 뱃속에 뜨겁게 불타는 송진과 유황을 집어넣어 용에게 먹이로 내주었다. 이 먹이를 단숨에 삼킨 용은 뱃속이 타들어가 마침내 죽었다. 청년은 마을 사람들에 의해 지도자로 추대되었다. 그 때부터 마을은 청년의 이름을 따서 크라쿠프가 되었다.

1937년 폴란드의 한 조각가가 폴란드인들에게 굴곡진 역사를 딛고 일어설 용기와 희망을 주기 위해 아름다운 여대생 크리스티나를 모델로 하여 조각상을 만들어 세웠다. 1939년 독일 나치군이 폴란드를 침공했을 때 시인이 된 크리스티나는 군중과 하나가 되어 나치에 맞서 싸웠다. 그런데 1944년 8월 1일 군중 앞에 나서 나치에 저항하던 그녀는 세 발의 총탄을 맞고 쓰러져 끝내 숨을 거두고 말았다.

제5장

문화유산 브랜드 도시들

체코의 수도 프라하와 헝가리의 수도 부다페스트의 도시 브랜드 가치가 체코와 헝가리의 국가 브랜드 가치를 넘어서서 전 세계 여행자들을 불러들이고 도시의 경제를 살리고 더 나아가서 국가의 경제를 살리고 있는 시티노믹스 시대이다. 매력적인 문화도시 브랜드 이미지를 갖고 있는 프라하와 부다페스트가 전 세계의 여행객들을 끌어들이고 있는 것이다. 이 두 도시는 도시 전체가 중세의 모습을 그대로 보존하고 있어 유네스코 세계문화유산으로 지정되었다. 세계문화유산의 도시라는 것 이외에 세계 여행자들의 발길을 이 두 도시로 이끄는 가장 중요한 비밀은 도시 곳곳에 간직되어 있는 감동적인 스토리에 있다.

체코 프라하

체코의 수도 프라하는 '백탑의 도시', '북쪽의 로마'라고 불릴 만큼 오랜 역사와 많은 스토리를 간직하고 있는 도시이다. 중세 도시의 모습을 그대로 지니고 있는 프라하에는 로마네스크 양식, 고딕 양식, 르네상스 양식 등 다양한 양식의 아름다운 예술품 같은 건축물들이 남아 있어서 여행객들을 중세 시대의 분위기 속으로 이끌어 들인다. 밀로스 포먼 감독도 이 중세 모습의 도시 프라하를 배경으로 영화 '아마데우스'를 촬영하여, 영화를 본 많은 세계인들을 이 도시로 몰려들게 하는데 한 몫을 했다.

불타바 강 카를교 거리 마리오네트 인형극

프라하를 방문한 여행객들이 빠뜨리지 않고 찾아가는 프라하의 상징적인 랜드 마크는 구시가지 광장에 있는 구시청사의 천문시계 탑과 프라하 성 그리고 불타바 강 위에 놓여있는 카를교이다. 그 중에서도 가장 여행객들의 발길을 끌어당기는 신비롭고 매력적인 장소는 바로 카를교이다. 이것은 석조다리 카를교가 중세시대에 만들어진 아름다운 건축물일 뿐만 아니라, 장소에 깃들어 있는 영혼이라고 할 수 있는 다리에 얽힌 많은 스토리들을 간직하고 있기 때문일 것이다.

카를교는 10세기에 처음에는 목조다리로 건설되었고, 12세기에 다시 석조다리로 개축되었지만, 1342년 대홍수로 다리가 무너지고 말았다. 카를 4세의 명령으로 젊은 독일인 건축가 페트르 파를레르시의 설계로 새로운 석조다리가 착공되었다. 파를레르시는 이후 프라하 성과 성 비투스 성당 건축에도 참여했다. 새로운 카를교 석조다리의 건설은 점성술사들과 천문학자들이 계산해낸 정확한 시간에 맞추어 지금으로부터 657년 전인 1357년 7월 9일 5시 31분에 시작되었다고 한다. 년도와 월일 그리고 시간을 숫자로 나열하면 135797531이 된다. 이처럼 9를 중심으로 왼편과 오른편에서 시작하여 작은 수에서 큰 수로 홀수의 순서대로 차례로 나열된 숫자는 좌우로 완벽한 대칭을 이루는데, 이것은 영원히 무너지지 않는 완벽한 석조다리를 염원하는 주술적인 의미를 담고 있다고 볼 수 있다.

> 완공된 다리 양쪽 끝에는 탑이 세워졌는데 탑 내부에는 '알린다. 경고한다. 나를 건드리면 죽음을 면치 못할 것이다'라는 '인간들에게 보내는 경고가 아니라, 번개와 홍수 같은 자연재해 혹은 눈에 보이지 않지만, 다리를 떠돌면서 다리에 해코지를 가할 수 있는 악마에게 보내는 경고' 문구가 새겨져 있다. 15세기 초에 완공된 다리는 600년도 더 지난 지금까지 홍수와 전쟁으로 부분적으로는 피해를 입었지만 다리 전체가 무너진 적은 없었다고 한다. (프라하 이야기 pp.201,202.)

카를교는 1406년 바츨라프 4세 때 마침내 완공되었다. 구시가 쪽으로 세워진 탑 옆에는 이 카를교를 건축하게 한 카를 4세의 동상이 세워져 있다. 16개의 아치가 다리를 떠받히고 있고, 다리의 양쪽 끝에는 원래 다리를 지나는 사람들에게 통행료를 받기 위해 지어졌으나 지금은 블타바강과 카를교, 프라하 구시가와 프라하 성을 바라볼 수 있는 전망대로 쓰이고 있는 탑들이 세워져 있다. 말라 스트라나 지구 쪽에는 로마네스크 양식의 작은 탑과 고딕 양식의 큰 탑이 있고, 구시가 쪽에는 고딕 양식의 아름다운 탑이 있는데, 이 탑에는 성 비투스, 카를 4세, 바츨라프 4세, 성 아달베르트, 성 프로코피우스 등의 조각상들이 있다.

카를교 거리의 악사들

카를교는 프라하의 블타바 강 위에 세워진 열여덟 개의 다리들 중에서 가장 오래된 길이 약 520미터 그리고 폭 약 10미터의 돌다리이다. 프라하의 구시가지와 말라 스트라나를 잇는 보행자 전용다리 카를교는 다리를 건너는 프라하 시민들과 여행객들의 발길로 늘 붐비고 있다. 다리 위에서는 음악을 들려주는 거리의 악사들, 여행객들에게 초상화를

성 비투스 성당 얀 네포무츠키 성인상

그려주는 화가들, 마리오네뜨 인형극 놀이 등 거리 예술가들이 여행객들의 발길과 마음을 사로잡는다. 카를교에는 1683년부터 1938년까지 255년에 걸쳐서, 그중 대부분은 1706년부터 1714년 사이에 제작된 성 얀 네포무츠키, 성 비투스, 성 루이트가르트 등 30개의 성인상들이 왼편과 오른편에 각각 15개씩 세워져 있어서, 여행객들은 마치 야외 조각품 전시장을 거니는 듯한 느낌을 갖게 된다.

카를교에 깃든 영혼이라고 할 수 있는 스토리들 중에서 홍수로 무너진 카를교 복구공사에 얽혀 있는 이야기가 여행객들의 마음을 애잔하게 만든다. 그것은 바로 복구공사의 책임을 맡았던 석공에 관한 스토리이다. 카를 4세가 재위하던 1342년 여름에 일어난 대홍수로 카를교가 그만 무너지고 말았다. 다리를 복구하려고 애썼지만 복구 시도는 번번

이 실패로 돌아갔다. 어느 날 복구공사의 책임을 맡고 있던 석공이 꿈을 꾸었는데, 어떤 악마가 나타나 다리를 복구할 비책을 알려주는 대신 복구된 다리를 제일 먼저 건너가는 한 생명의 영혼을 자기가 거두어 가겠노라고 제안했다.

석공은 다리를 복구하고 나서 닭 한 마리를 풀어놓아 제일 먼저 건너가게 하면 되겠다는 생각이 들어, 주저하지 않고 이 제의를 받아들였다. 비책은 돌들을 서로 붙이는 접착제 역할을 할 반죽을 만들 때 접착성을 높이기 위해 석회와 모래에 달걀을 함께 넣어 반죽하는 것이었다. 마침내 튼튼한 다리가 완성되었고, 이제 석공은 자신이 생각해낸 꾀대로 닭을 풀어놓아 제일 먼저 다리를 건너게 하기만 하면 될 일이었다. 그러나 석공의 꾀를 미리 간파한 악마는 복구공사를 하는 석공의 친구의 모습으로 변장하고 석공의 집으로 달려갔다.

악마는 석공의 아내에게 남편이 공사를 하다가 사고를 당해 중상을 입고 생명이 위태롭게 되었다고 거짓말을 하였다. 이 말에 속아 넘어간 석공의 아내는 황급히 남편이 일하는 다리 쪽으로 달려가서, 다리 입구를 지키던 보초병들의 만류에도 불구하고 남편을 찾아 다리를 건너고 말았다. 결국 그녀는 복구된 다리를 제일 먼저 건너간 것이다. 석공의 아내는 때마침 임신 중이었다. 악마는 하는 수 없이 며칠을 기다렸다가, 석공의 아내가 아들을 낳자마자, 석공과의 약속대로 그녀의 영혼을 거두어갔다. 이 때 태어난 석공의 아들은 훗날 악사가 되어 매일 카를교 위에서 자기 어머니의 영혼을 위로하는 음악을 연주하였다. 지금도 카를교 위에서 연주하는 거리의 악사들은 석공의 아들의 후예라고 볼 수 있다.

카를교 얀 네포무츠키 성인 기념상

이 카를교 다리를 연인들이 함께 소원을 빌면서 건너면, 일 년 뒤에 다시 프라하에 올 수 있다고 한다. 카를교에 얽힌 또 다른 전설적인 이야기가 수많은 여행자들을 카를교 다리 위로 모여들게 한다. 카를교의 30개의 성인상들 중에서 여행객들이 가장 많이 찾는 명소는 카를교의 오른편 정 가운데 세워져 있는 머리 위로 다섯 개의 별이 빛나며 두 팔로 커다란 십자가 고상을 안고 있는 얀 네포무츠키 성인상이다. 이 성인상은 성인이 순교한 자리에 세워졌는데, 얀 네포무츠키 성인의 순교에 관한 전설적인 이야기가 이 곳에 간직되어 있다.

전설의 주인공 얀 네포무츠키 신부는 바츨라프 4세(1361~1419) 때 프라하 교구의 대주교 총 대리인이었다. 어느 날 왕비가 얀 네포무츠키 신부에게 고해성사를 했다. 의심이 많은 바츨라프 4세는 왕비의 불륜을 의심하던 차에, 왕비가 외도 사실을 고해한 것이라고 생각했다. 왕은 왕비의 고해성사를 들은 얀 네포무츠키 신부를 당장 불러 왕비의 고해성사의 내용을 말하라고 강요하였다. 그런데 성직자는 자기가 들은 고해성사의 내용을 절대 다른 사람에게 말해주어서는 안 된다는 것이 하느님과의 약속이었다. 얀 네포무츠키 신부는 왕의 명령에 굴복하지 않고 끝내 왕비의 고해성사 내용을 밝히지 않았다. 성격이 포악한 바츨라프 4세는 크게 분노하며 병사들을 동원하여 침묵을 지키는 얀 네포무츠키 신부의 혀를 뽑게 하고, 신부의 몸에 무거운 돌을 매달아 카를교 중간 지점에서 불타바 강물 속으로 던져 죽이게 했다. 1393년 3월 20일의 일이었다.

이 사건이 벌어진 이후에, 왕국에 좋지 않은 일들이 연이어 일어났다. 그리고 얀 네포무츠키 신부가 죽임을 당한지 한 달 뒤, 신부가 물에 빠뜨려진 바로 그 자리에 불타바강 위로 다섯 개의 별이 나타나 빛을 발하면서 신부의 몸이 수장당할 때의 모습 그대로 온전히 떠올랐다. 신부의 시신은 성당으로 고이 모셔졌다. 그러자 그 동안 일어났던 좋지 않은 일들이 모두 사라졌다. 얀 네포무츠키 신부에 관한 이와 같은 전설적인 이야기는 널리 퍼져나가 사람들의 마음속에 숭배심을 심어주었고, 얀 네포무츠키 신부는 1729년 마침내 교황청으로부터 성인으로 추대되었다.

카를교의 얀 네포무츠키 성인상의 받침대에는 성인에 관한 이와 같은 이야기를 담은 두 개의 동판이 있다. 이 동판들의 특정 부분을 만지면서 기도를 하면 소원이 이루어진다는 전설이 전해져 내려오고 있어서, 동

카를교 얀 네포무츠키 성인 기념상 부조

판의 한 부분은 수없이 많은 사람들의 손길에 닿아 반짝반짝 윤을 내고 있다. 오른쪽 동판의 위 부분에는 다리에서 강물로 거꾸로 떨어뜨려져 죽임을 당하는 사람의 모습이 부조로 새겨져 있는데, 이는 바로 바츨라프 4세의 명령으로 병사들에 의해 불타바 강으로 던져지는 얀 네포무츠키 신부이다. 동판의 아래 부분에는 아이를 안으려고 하는 여인과 이들을 위협하는 듯한 기사가 보이는데, 이 여인은 바로 얀 네포무츠키 신부에게 고해성사를 한 왕비이다.

어두운 색으로 변한 동판에서 얀 네포무츠키 신부와 왕비의 부분이 기도하는 손길에 닿아 유난히 반짝인다. 특히 얀 네포무츠키 성인을 만지면서 성인의 영혼을 위로하면 소원이 더 잘 이루어진다고 한다. 또한 프라하에서 추방당하면서 아름다운 프라하로 언젠가 다시 돌아오겠노라는 말을 남겼다는 왕비 부분을 만지면 다시 프라하로 돌아올 수 있게 된다는 이야기도 전해져 내려오고 있다. 한편 왼쪽 동판에는 고해성사를 하는 왕비와 얀 네포무츠키 신부의 모습이 보이고, 자신에게 변함없이 충직한 사냥개의 머리를 쓰다듬는 기사 모습의 바츨라프 4세가 보인다. 이 동판에서는 특히 충직함을 상징하는 사냥개 부분이 사람들의 손길로 유독 반짝반짝 빛나고 있다.

카를교 얀 네포무츠키 성인 기념비

얀 네포무츠키 성인상에서 오른편으로 조금 떨어진 다리 난간에 성인이 물속에 떨어뜨려졌다가 떠오른 바로 그 자리에 동판이 하나 더 만들어져 있다. 동판에는 카를교 다리 아래 불타바강 물 위로 떠오른 머리 위에 별 다섯 개가 빛나는 얀 네포무츠키 성인의 모습이 부조로 조각되어 있다. 그리고 그 바로 앞에 청동 십자가가 박혀있다. 성인상 아래 두 개의 동판과 마찬가지로, 이 동판의 성인과 십자가를 만지면서 소원을 빌면 역시 소원이 이루어진다고 하여, 어루만지면서 소원을 비는 사람들의 손길로 반들반들 닳아 반짝인다.

프라하 성에서 가장 높은 건축물인 아름다운 성 비투스 대성당의 중앙제단의 우측으로 소회랑 건너편에 얀 네포무츠키 예배당이 있고 그 바로 앞에 무게가 수 톤에 달하는 은으로 화려하게 장식된 얀 네포무츠키 성인의 묘가 있다. 교황청으로부터 성인으로 추대된 얀 네포무츠키 성인이 잠들어 있는 성 비투스 대성당은 세계적인 성지 순례지가 되었다. 성 비투스 대성당 외부에도 얀 네포무츠키 성인이 다섯 명의 천사들의 인도로 하늘로 올라가는 석상이 있다. 얀 네포무츠키 성인의 잘린 혀도 온전히 박물관에 보존되어 있다고 한다.

카를교의 구시가지 쪽으로 면한 탑에도 스토리가 숨어 있다. 카를교의 건축은 카를 4세에 의해 시작되어, 그의 아들 바츨라프 4세 때 완공되었다. 바츨라프 4세는 한때 지방 귀족 세력들과의 전투에서 패하여 구시가지에 있는 감옥에 수감되었던 적이 있었다. 어느 더운 여름날 왕은 무더위를 핑계로 허가를 받고 목욕을 하러 카를교 가까이에 있는 목욕장으로 갔다. 목욕장 창문 밖으로 나룻배 한 척이 강가에 매어 있는 것을 발견한 왕은 목욕하는 것을 거들어주던 주자나라는 아가씨에게 자기를 탈출시켜 달라고 도움을 청했다. 주자나는 빨래들을 단단히 서로 묶고 연결하여 긴 밧줄을 만들어 왕의 탈출을 도왔다. 주자나는 나룻배에 왕을 태우고 강을 건너 왕의 지지 세력이 있는 곳까지 왕을 모시고 갔다. 왕권을 되찾은 바츨라프 4세는 자기를 구해준 주자나에게 큰 상을 내리고, 카를교에 있는 탑의 아치형 천정에 자신을 상징하는 호반새를 타월이 감싸서 보호하는 문양과 주자나의 모습을 그려 넣어

체코 프라하 천문시계탑

그녀에 대한 고마움을 기렸다고 한다. (프라하 이야기, pp.210, 211.)

프라하 구 시청사의 천문시계 탑도 매시 정각 약 20초간 진행되는 특별한 볼거리와 시계탑 제작에 얽힌 숨겨진 스토리로 프라하를 찾아온 모든 여행객들의 발걸음을 멈춰 세우는 아주 특별한 장소가 되었다. 21세기 컬처노믹스 시대에 프라하의 명물이 된 천문시계 탑은 프라하라는 도시를 상징하는 랜드 마크가 되어 전 세계 관광객들을 프라하로 불러들여 도시의 경제를 살리는 중요한 역할을 하고 있다.

프라하 천문시계 탑은 위에서 아래로 세부분으로 제작되었다. 그 중에서 가운데 부분인 아스트로라비움이 제일 먼저 1410년경에 왕실 시계 제작 기술자 미쿨라쉬와 카를대학 천문학자 얀 쉰델 교수에 의해 제작되었다. 이 아스트로라비움은 프라하 시민들에게 천동설을 바탕으로 하는 태양과 달 등 천체의 움직임을 보여주고 연월일과 시간 그리고 일출, 일몰, 월출, 월몰의 시각을 알려주기 위해 만들어진 것이다.

그리고 80년이라는 오랜 세월이 지난 후인 1490년에 프라하 시의회는 천문 시계탑을 프라하를 상징할 수 있는 세상에서 가장 아름다운 시계탑으로 완성시키기 위해 수학자이며 시계 장인인 하누쉬에게 추가 제작을 의뢰하였다. 하누쉬는 프라하 시민들에게 절기의 변화를 알려주기 위해 아스트로라비움 아래에 사자좌, 게좌, 쌍둥이좌, 황소좌, 양좌, 물고기좌, 물병좌, 염소좌, 궁수좌, 전갈좌, 천칭좌, 처녀좌 등 황도 12궁의 별자리를 제작해 넣고, 각 별자리에 해당하는 절기에 맞추어 농사짓는 농부들의 모습을 12절기로 나누어 보여주고, 성인들의 이름을 새겨 넣어 성인들의 축일을 알려주는 달력 역할을 하는 캘린더리움을 제작하였다.

아스트로라비움과 캘린더리움을 둘러싼 고딕양식의 시계 틀의 장식을 완성한 사람도 하누쉬였다. 그로부터 약 2세기가 지난 17세기에 아스트로라비움과 캘린더리움의 양옆에 조각상들이 추가로 제작되었다. 1865년과 1866년에 12사도의 모습을 보여주는 창문 부분이 마지막으로 만들어져서, 오늘날 여행객들이 볼 수 있는 천문 시계탑의 모습이 완성되었다.

천문시계 탑 제작에 얽힌 숨겨진 스토리와 매시 정각에 펼쳐지는 인형들의 공연이 전 세계 관광객들을 대상으로 하는 프라하의 문화도시 마케팅에서 중요한 역할을 한다. 이제 천문시계 탑에 얽힌 스토리 속으로 들어가 보자. 하누쉬가 이 세상에서 가장 아름다운 천문시계를 완성했다는 소문은 전 유럽으로 빠르게 퍼져 나갔다. 이내 유럽 전역에서 수많은 여행객들이 이 아름다운 천문시계를 직접 보기 위해 구름같이 몰려들었다. 이들은 프라하의 천문시계를 보고 감탄과 부러움을 동시에 느끼며 돌아갔다. 프라하의 천문시계를 직접 와서 보고 한눈에 반한 유럽 여러 도시 사람들은 자기 도시에도 똑같은 천문시계를 만들어 달라고 앞 다투어 하누쉬에게 제작을 의뢰했다.

21세기의 차별화된 문화도시 브랜드 경쟁의 시대를 520여 년 전에 미리 예견했던 것일까, 프라하 시의회는 세상에서 가장 아름다운 천문시계는 오로지 프라하에만 있어야 한다고 생각했다. 그래서 프라하의 가장 큰 자랑거리가 된 천문시계와 똑같은 것을 유럽의 다른 어느 도시도 다시는 갖지 못하도록 계략을 꾸몄다. 프라하 시의회는 비밀리에 괴한들을 보내 불에 빨갛게 달군 쇠막대로 하누쉬의 두 눈을 찌르게 하여 하누쉬를 그만 장님으로 만들어버렸다. 장님이 된 하누쉬는 죽기 전에 한번만 자신이 만든 천문시계를 만져보게 해달라고 프라하 시의회에 간청하였고, 시의회는 마지못해 이를 허용해주었다.

그런데 하누쉬가 시계탑에 올라가 천문시계를 어루만지자마자, 그가 천문시계의 부속품 하나를 몰래 빼내었는지 아니면 부수었는지, 시계의 동작이 갑자기 멈추어버렸다. 얼마 후에 하누쉬가 세상을 떠나자, 그 어떤 뛰어난 솜씨의 시계 장인의 손길도 이 천문시계를 다시는 작동시키지 못했다. 그 이후 400년 가까운 오랜 세월동안 이 천문시계는 결코 움직이지 않았다가, 1860년이 되어서야 다시 움직이기 시작했다고 한다. 프라하 시의회의 예견대로 이 세상에 단 하나밖에 없는 이 천문시계는 프라하의 소중한 문화관광 자산이 되어 오늘도 전 세계에서 수많은 관광객들을 프라하로 불러들이고 있다.

프라하 천문시계 탑에서는 매시 정각이 되면 마치 한편의 드라마 같은 짧은 공연이 펼쳐진다. 프라하에서 볼 수 있는 이 특별한 볼거리가 프라하 구시가지 광장으로 사람들을 모여들게 한다. 아스트로라비움 양 옆의 상단부에는 좌우로 각 두 개씩 모두 네 개의 목각인형 조각상이 있다. 좌측에는 인간의 허영심을 상징하는 거울을 든 귀족 조각상과 인간의 탐욕을 상징하는 황금 주머니를 든 유태인 조각상이 서 있다. 그리고 우측에는 죽음을 상징하는 모래시계를 든 해골 조각상과 인간의 향락을 상징하는 비파를 든 투르크인 조각상이 서 있다.

매시 정각 죽음을 상징하는 해골 조각상이 오른손으로 줄을 잡아당겨 종을 울리면서 왼손에 들고 있는 모래시계를 기울어뜨리면, 나머지 세 조각상들은 머리를 움직이면서 각자 손에 들고 있는 거울, 황금주머니, 비파를 흔든다. 이 네 조각상들의 움직임은 인간의 허영과 탐욕과 향락이 죽음 앞에서는 아무런 의미도 없고 부질없는 것이 되고 만다는 교훈적인 이야기를 보여준다.

이 네 조각상들의 움직임과 함께 아스트로라비움 바로 위, 즉 천문시계 탑의 세 부분 중 제일 위부분의 지붕처마 밑에 있는 두 개의 창문이 열리면서 좌우 창문으로 각각 6명씩 나뉜 12명의 사도들이 빙글빙글 돌아가면서 차례로 모습을 나타냈다가 사라진다. 좌우 창문은 이내 다시 닫히고, 양쪽 창문 위쪽 가운데 있는 황금수탉이 울음소리를 낸다. 황금수탉의 울음소리가 그치고 나면 이번에는 나팔수가 나타나 나팔을 불어 프라하 온 시내에 정각을 알리면서 약 20초간 진행되는 지극히 짧은 공연은 아쉽게도 끝이 난다.

프라하라고 하면 떠오르는 또 하나의 도시 이미지는 이른바 '프라하의 봄'이다. '프라하의 봄'은 전 세계인들의 마음속에 프라하라는 도시를 떠올리게 하는 중요한 이미지로 자리 잡고, 자유를 향한 인간의 간절한 염원과 의지를 우리에게 스토리텔링해 주고 있다. '프라하의 봄'은 1968년 1월 체코슬로바키아의 새로운 총리가 된 두브체크가 언론, 출판, 집회, 여행, 이주 등의 자유화를 선포하면서 시작되었다. 그러나 안타깝게도 같은 해 8월 20일 탱크를 앞세우고 프라하로 진군한 소련군의 발포 명령과 무자비한 진압으로 학생, 작가, 예술가, 지식인 등 프라하 시민들의 비폭력 저항 운동은 좌절되고 만다.

다음해인 1969년 1월 16일, 21세의 프라하 대학생 얀 팔라흐는 소련군의 침략에 침묵하는 대다수의 군중에게 경종을 울리며 바츨라프 광장에서 분신자살을 했다. 그 뒤에도 두 명의 대학생들이 또 다시 분신자살을 했지만 프라하의 자유화는 아직 이루어지지 않았다. 1988년 갑작스럽게 불어 닥친 경제 위기로 소련의 지배력이 약화되자, 1989년 8월 폴란드가 먼저 민주화를 향한 길로 들어섰다.

체코슬로바키아에서도 바츨라프 광장에서 분신자살한 얀 팔라흐의 20주기가 되는 날인 1989년 1월 16일 일어난 대규모 시위를 계기로 민주화 운동의 싹이 다시 트기 시작했다. 그해 11월 17일 연극작가이며 인권운동가인 바츨라프 하벨이 이끄는 시위가 본격적인 민주화 운동의 불을 붙였다. 마침내 12월 10일 현 대통령이 사임하고, 12월 29일 바츨라프 하벨이 새로운 대통령이 되면서 체코슬로바키아는 민주화되었다. 이것을 벨벳 천처럼 부드럽게 이루어진 혁명이라고 해서 '벨벳혁명'이라고 부른다.

프라하에는 프라하 젊은이들의 자유와 민주화에 대한 열망이 아로 새겨져 있는 또 하나의 장소가 있다. 카를교 중간 계단을 내려가면 많은 갤러리들이 들어서 있는 캄파라는 작은 섬이 나온다. 이곳의 캄파 공원 한편에 있는 수도원 담장은 비틀즈의 멤버였던 존 레논을 추모하는 '존 레논의 벽'이 되었다. 벽에는 존 레논의 초상화와 '혼자 꾸는 꿈은 꿈이지만 함께 꾸는 꿈은 현실이 된다'는 글이 적혀있다. 1968년 봄에 일어났던 프라하 시민들의 민주화 물결인 이른바 '프라하의 봄'이 장갑차와 탱크를 앞세운 소련군에 의해 무참히 짓밟혀 좌절되고 말았다. 그 이후로 견디기 힘든 암울한 시대를 살아가고 있던 체코 젊은이들에게 사랑과 평화를 노래한 존 레논은 우상과 같은 존재가 되었다.

그런데 1980년 12월 8일 존 레논이 괴한의 총탄에 맞아 슬프게도 세상을 떠나는 사건이 발생했다. 이 비보를 접한 프라하 대학생들과 젊은 예술가들은 다음날 이곳 수도원 담장 앞에 모여 존 레논을 추모하는 집회를 열었다. 이 추모 집회는 체코 젊은이들의 민주화에 대한 열망과 의지를 다지는 계기가 되었다. 그로부터 9년이 지난 1989년 벨벳혁명으로 공산주의 체제가 무너지고 체코의 민주화가 마침내 이루어졌다. 존 레논을 추모하는 글들이 적혀 있는 '존 레논의 벽'에는 체코 젊은이들이 가장 사랑하는 존 레논이 남긴 명곡 'Imagine'의 가사도 남겨져 있다.

〈Imagine〉
〈상상해 보세요.〉

Imagine there's no Heaven
천국이 없다고 상상해 보세요.

It's easy if you try
해보면 쉬운 일이에요.

No hell below us
우리 밑에는 지옥도 없고
Above us only sky
우리 위에는 오직 하늘뿐이라고
Imagine all the people
상상해보세요 모든 사람이
Living for today
오늘을 위해 산다고

Imagine there's no countries
국가가 없다고 상상해 보세요.
It isn't hard to do
하기 어려운 일이 아니에요.
Nothing to kill or die for
죽여야 할 일도 죽어야 할 일도 없고
And no religion too
종교도 없고
Imagine all the people
상상해보세요 모든 사람이
Living life in peace
평화로운 삶을 살아간다고

You may say that I'm a dreamer
당신은 내가 몽상가라고 말하겠지요.
But I'm not the only one
하지만 나 한 사람만이 아니에요.
I hope someday you'll join us
언젠가 당신도 우리와 함께 하길 바라요.
And the world will be as one
그러면 세상은 하나가 될 거예요.

Imagine no possessions
소유물이 없다고 상상해 보세요.

I wonder if you can
당신이 그럴 수 있을까요.

No need for greed or hunger
탐욕 할 필요도 굶주릴 필요도 없고

A brotherhood of man
인류애가 있지요.

Imagine all the people
상상해보세요 모든 사람이

Sharing all the world
온 세상을 함께 나눈다고

You may say that I'm a dreamer
당신은 내가 몽상가라고 말하겠지요.

But I'm not the only one
하지만 나 한 사람만이 아니에요.

I hope someday you'll join us
언젠가 당신도 우리와 함께 하길 바라요.

And the world will be as one
그러면 세상은 하나가 될 거예요.

중세의 모습을 간직한 아름다운 도시 프라하는 문화예술의 도시라는 브랜드 이미지도 갖고 있다. 프라하는 '프라하의 봄'을 도시 브랜드 이미지로 살리기 위해 매년 봄이 되면 체코의 민족음악가 스메타나(1824~1884)가 세상을 떠난 날짜인 5월 12일부터 4주 간 '프라하의 봄, 음악축제'를 개최한다. 민족혼을 불러일으킨 민족음악가로 핀란드에 교향시 '핀란디아'를 작곡한 얀 시벨리우스가 있고, 한국에 애국가를 주제로 교향악과 합창이 어우러진 관현악곡 '코리아 환타지' 일명 '한국 환상곡'을 작곡한 안익태 선생이 있듯이, 체코에는 특히 제2곡 '몰다우 강(체코어로 불타바 강)'으로 유명한 교향시 '나의 조국'을 작곡한 스메타나가 있다.

스메타나는 15세 때 프라하에서 리스트의 피아노 연주를 듣고 감동을 받아 작곡가의 길로 들어섰고, 리스트의 도움을 받아 프라하에 음악학교를 설립하여 체코 근대 음악의 아버지라고 불렸다. 1881년 체코의 건국신화를 소재로 한 오페라 '리부셰' 공연 때, 스메타나는 청각을 이미 완전히 상실한 뒤여서 자신이 작곡한 곡의 연주를 들을 수 없었다. 프라하에는 스메타나를 기리기 위해 국민들의 모금으로 1883년 건축된 스메타나 극장과 스메타나 기념박물관도 있다. 불타바 강변에 있는 스메타나 기념박물관 앞에는 의자에 앉아 강을 바라보는 스메타나의 동상이 있다.

'프라하의 봄, 음악축제'의 메인 무대는 블타바 강변에 세워진 프라하의 대형공연장이며 복합문화공간인 루돌피눔이다. 루돌피눔 중에서도 가장 규모가 큰 공연 홀은 1896년 드보르자크가 체코 필하모니를 지휘하여 첫 공연을 하고 나서 '드보르자크 홀'이라 불리고 있다. 드보르자크는 스승 스메타나와 함께 프라하가 낳은 체코의 민족 음악가로 불린다. 또한 가을에도 루돌피눔에서는 드보르자크를 기리는 음악축제 '드보르자크의 프라하'가 열린다. 루돌피눔 정면에는 안토닌 드보르자크의 동상이 서있다.

프라하는 천재적인 음악가 볼프강 아마데우스 모차르트의 이야기를 품고 있는 도시이기도 하다. 프라하 천문 시계탑이 있는 구시청사에서 얼마 떨어지지 않은 곳에 문화예술의 도시로서의 프라하의 자존심을 보여주는 대표적인 공연장인 스타포브스케 극장이 서 있다. 1786년 모차르트는 오스트리아의 빈에서 '피가로의 결혼'을 초연했지만 별다른 호응을 얻지 못했다. 그 다음해인 1787년 1월 모차르트는 '피가로의 결혼'을 프라하의 스타포브스케 극장에서 다시 공연했다. 이번 공연은 모차르트가 기쁨의 눈물까지 흘릴 정도로 프라하 관객들의 열렬한 박수갈채를 받았다.

모차르트는 이에 감사하는 마음으로 프라하에 계속 머물면서 다음 오페라 '돈 조반니'를 작곡하여 다시 스타포브스케 극장에서 자신의 지휘로 초연했다. 오늘날 이 극장은 모차르트가 '돈 조반니'를 초연한 극장이라는 것을 강조하는 장소마케팅으로 세계 관광객들의 발길을 끌어당기고 있다. 이 극장 옆에는 '돈 조반니'에 등장하는 인물인 유령의 조각상이 서 있다. 이 조각상은 '돈 조반니'의 초연을 기념하여 프라하 시에서 모차르트에게 선물한 것이라고 한다. 스메타나 기념박물관에도 모차르트 오페라 극장이 있다. 프라하 시민들은 모차르트가 세상을 떠나자 그를 위해 미쿨라셰 성당에서 미사를 드리기까지 했다.

반면에 모차르트가 태어난 잘츠부르크도 그가 주로 활동했던 비엔나도 그의 생존 시에는 이 천재적인 음악가를 제대로 평가하지 못하고 별다른 관심도 보이지도 않았었다. 이 두 도시 사람들은 모차르트의 장례식조차 가족들에 의해서만 겨우 치러지고 공동묘지 어딘가에 아무렇게나 묻히도록 방치하여 지금도 모차르트가 묻힌 정확한 위치도 모르게 만들었다.

아이러니하게도 모차르트 사후에 뒤늦게 모차르트의 가치를 깨달은 잘츠부르크와 빈은 모차르트의 고향이라는 것과 그가 음악 활동을 한 도시라는 것을 자랑스럽게 내세우며 전 세계 관광객들에게 모차르트의 도시라고 자기 도시를 마케팅하고 있다. 잘츠부르크에서는 모차르트 초콜릿까지 만들어 관광객들에게 팔고 있다. 프라하 스타포브스케 극장 옆에 세워진 '돈 조반니'의 유령의 조각상이 오늘날 잘츠부르크에도 자랑스럽게 세워져 있는 것도 바로 이 때문이다.

1984년 상영되어 아카데미상을 비롯하여 전 세계 주요 영화제에서 상을 받은, 음악적 천재성을 놓고 모차르트와 살리에르의 라이벌 관계를 부각시키면서 모차르트의 일생을 담은 영화 '아마데우스'의 주요 촬영지가 되면서 스타포브스케 극장은 더 많은 세계 관광객들을 불러들이고 있다. 스타포브스케 극장만이 아니라 프라하의 주요 거리와 건축물들이 영화의 배경이 되면서 프라하를 찾아오는 관광객들의 숫자는 더욱 더 늘어났다. 매년 전 세계에서 프라하를 찾아오는 관광객들은 1억 2천만 명에 달한다.

프라하는 문학의 도시이기도 하다. 프라하 성 안 동쪽 지역에는 16세기경에 연금술사와 금세공사 등 황금 다루는 일을 하는 사람들이 모여 사는 127개의 작은 집들이 늘어서 있는 좁은 골목 황금소로가 있다. 이 황금소로의 왼편 두 번째 집 22번지에 프라하 출신의 대표적인 작가 프란츠 카프카가 1916년 11월부터 1917년 5월까지 자신의 대표 작품인 '성'을 쓰던 파란색 집이 있다. 카프카는 이 집에서 밤늦게까지 글을 쓰다가 자정이 넘어 카를교를 건너 구시가지에 있는 하숙집으로 돌아가곤 했다.

현재 이 집은 카프카 기념관으로 활용되지 못하고, 안타깝게도 관광객들을 상대로 기념품을 판매하는 상점으로 쓰이고 있다. 다만 벽면에

'프란츠 카프카가 여기에 살았었다'는 기념 표지판만 덩그러니 붙어 있을 뿐이다. 체코어가 아닌 독일어로 교육을 받고 독일어로 작품을 쓴 카프카는 프라하 사람들의 사랑을 그다지 받지 못했다. 하지만 문화관광의 시대에 카프카도 프라하 시의 소중한 자산이 아닐 수 없었을 것이다. 프라하 시내 곳곳에는 카프카 박물관, 카프카 생가 등 카프카와 관련된 장소들이 많이 있어서 관광객들의 발길을 이끌고 있다.

헝가리 부다페스트

헝가리의 정식 명칭은 마자르 공화국이다. 헝가리 사람들은 스스로를 마자르인이라 부른다. 헝가리의 수도 부다페스트의 인구는 약 200만 명으로 유럽에서도 대도시에 들어간다. 매년 2000만 명의 관광객들이 방문하는 부다페스트는 문화관광산업으로 도시의 경제를 활성화하고 있다. 다뉴브 강변과 부다 성 일대가 1987년 유네스코 세계문화유산으로 등록되어 전 세계인들을 불러들이고 있다. 부다페스트는 중세의 도시일 뿐만 아니라, 역사적으로 가장 오래된 지역답게 오부다(옛 부다라는 뜻) 지구에는 160년경에 건축된 로마 시대의 유적인 수용 인원이 만 6천 명이나 되는 거대한 원형극장도 있다.

부다페스트를 방문한 여행객들이 주로 찾아다니는 장소와 건축물에는 헝가리인들의 삶과 정신을 이해할 수 있는 역사적인 스토리가 숨겨져 있는 곳들이 많다. 겔레르트 언덕에는 카톨릭을 전파하다가 체포되어 절벽 아래로 떨어뜨려져 순교한 겔레르트 성인의 조각상이 서 있다. 헝가리에 카톨릭을 전파한 이슈트반 왕의 업적을 기리기 위해 세워진

성 이슈트반 대성당

성 이슈트반 대성당의 중앙제단에는 십자가 고상 대신에 성 이슈트반의 상이 있으며, 이슈트반의 오른손이 안치되어 있다. 1902년에 완공된 국회의사당 안에는 이슈트반 왕의 기울어진 십자가가 위에 놓여 있는 왕관이 전시되어 있다. 1849년 세체니 백작이 사재를 들여 만든 네 마리 사자가 조각되어 있는 세체니 다리는 부다 시와 페스트 시를 연결하여 부다페스트 시를 탄생시켰다. 1896년 헝가리 건국 1000년을 기념하기 위해 만들어진 어부의 요새에는 헝가리 7개 부족을 상징하는 7개 탑이 서 있다.

헝가리의 문화예술을 발전시키는데 가장 큰 역할을 한 왕은 마차시 왕이다. 15세기에 마차시 왕은 외국에서 많은 예술가들과 학자들을 초청하여 부다 성을 헝가리 르네상스의 중심지로 만들었다. 마차시 성당

부다페스트성 마차시 성당, 마차시 왕 기념상

은 헝가리의 문화예술을 발전시킨 마차시 왕을 기리는 성당이다. 1255년부터 1269년까지 건축된 마차시 성당은 마차시 왕을 비롯하여 헝가리 역대 왕들의 대관식이 열린 곳이다. 헝가리 건국 천년을 기념하여 1896년 만든 영웅광장에는 마차시왕을 비롯한 헝가리 역대 왕들과 영웅들의 조각상이 세워져 있다. 이 영웅광장에서는 해마다 헝가리 전통을 재현하는 경마, 활쏘기, 마상 묘기 등을 보여주는 기마축제를 열어 헝가리 민족인 마자르족의 전통문화를 보존하고 있다.

문화와 예술의 도시 부다페스트는 헝가리가 낳은 세계적인 음악가 리스트(1811년~1886년)의 고향이다. 그래서 부다페스트에는 리스트의 삶의 자취를 간직하고 있는 건축물들이 도시 곳곳에 남아있다. 리스트 생가는 리스트가 작곡할 때 앉았던 책상 등을 전시하는 공간과 리스트 콘서트홀을 갖춘 리스트 기념박물관이 되었다. 리스트는 마차시 성당에서 자신이 작곡한 헝가리 대관식 미사곡을 직접 지휘하여 연주하기도 했다. 1875년부터 1884년까지 건축된 네오 르네상스 양식의 국립 가극장 앞에는 리스트의 조각상이 있다. 리스트 음악원은 처음 1875년에 리스트가 살았던 도나우 강변의 집에서 개교했다가, 나중에 현재의 리스트 기념관으로 옮겨졌다. 건물 정면에는 초대 교장이 되어 조국의 후진들을 육성하는 일에 힘썼던 리스트의 조각상이 있다.

이 건물의 대 연주홀 로비에는 음악원 교수로 재직하다가 미국으로 떠나면서 고별 연주회를 열었던 바르토크의 흉상도 있다. 바르토크(1881년~1945년)는 헝가리 민요를 수집하는 등 마자르인의 전통음악을 발굴하는 일에 많은 노력을 기울여 헝가리 민족음악 작곡의 기틀로 삼았다. 탄치치 미하이 거리 7번지에 있는 에르데디 백작의 저택은 현재 헝가리 국립 아카데미 음악연구소, 음악사 박물관, 바르톡 문고 등으로 쓰이고 있다. 이곳에는 바르토크가 사용했던 피아노가 전시되어 있고, 실내악을 연주하는 홀도 있다. 부다페스트에서 바르토크가 마지막으로 살았던 집은 바르토크 기념관으로 쓰이고 있다. 1층에는 작은 콘서트홀이 있고, 2층에는 바르토크가 사용한 피아노와 서재 그리고 그가 수집한 헝가리 전통 가구와 민예품 등이 전시되어 있다.

부다페스트는 세계적인 음악가들이 즐겨 찾아온 도시이기도 하다. 베토벤은 부다페스트에 오면 탄치치 미하이 거리 7번지에 있는 에르데디 백작의 저택에서 머물곤 했다. 탄치치 미하이 거리를 지나 헤슈 안드라슈 광장 3번지에는 브람스가 숙박했었던 '붉은 고슴도치'라고 불린 여인숙이 있다. 구스타브 말러, 오토 클렘페러는 헝가리 국립 가극장에서

부다페스트 부다 왕궁 헝가리 국립미술관

지휘를 했다. 페스트 지역에 있는 비가도 광장 1번지에는 요한 슈트라우스, 앙리 비외땅, 리스트, 바그너, 브람스, 드보르작, 말러, 드뷔시, 바르토크 등 세계적인 음악가들이 연주했던 아름다운 프레스코 천정화가 그려진 비가도 극장이 있다. 우리나라의 안익태 선생도 한때 프란츠 리스트 음악원에서 수학하고, 부다페스트 교향악단 객원지휘자로도 활동하였다. 부다페스트의 시민 공원에 안익태 선생의 조각상이 있는 것도 이런 까닭이다.

부다페스트를 배경으로 독일 감독 롤프 슈벨이 1999년 만든 영화 '글루미 선데이'도 부다페스트의 관광산업에 일조를 하고 있다. 이 영화는 노래 '글루미 선데이'에 얽힌 실화를 바탕으로 닉 바르코프가 쓴 소설을 각색한 것이다. 이 영화와 같은 이름을 지닌 주제곡은 헝가리 피아니스트 세레스 레조가 1933년 작곡하여 발표한 곡이다. 이 곡의 가사는 처음에는 전쟁으로 인한 인간의 절망을 표현하였으며, 이후 사랑하는 사람의 죽음을 슬퍼하며 함께 죽고 싶다는 내용의 가사로 바뀌면서, 한때 이 곡을 듣고 자살하는 사람들이 많아졌다는 소문이 퍼지기도 했다. 심지어 이 곡의 작곡자 세레스 레조 자신도 우울증에 걸려 1968년 자기 집에서 투신자살하면서, 이 곡은 더욱 유명해졌다.

독일 퓌센

독일이 제2차 세계대전에서 패한 뒤에, 국가 경제를 다시 일으키고 관광산업을 활성화하기 위해 건설한 로맨틱가도는 뷔르츠부르크라는 오래된 도시에서 시작되어 중세도시의 모습을 그대로 간직하고 있는 로텐부르크와 같은 저마다 독특한 역사와 문화를 지닌 매력적인 도시들을 연결하면서 퓌센에서 끝이 난다. 독일 로맨틱가도의 종착지이며 오스트리아에 인접한 독일 남부 바이에른 주의 레히 강 연안에 있는 퓌센은 인구 1만 5천명의 작은 도시이지만 호엔 슈반가우 성, 노이 슈반슈타인 성, 린더호프 성, 헤렌제킴 성 등 4개의 성이 모여 있어, 독일에서 가장 유명한 고성의 도시이다.

뮌헨에서 기차로 약 2시간 정도 가면 퓌센이 나오고, 이곳에서 남동쪽으로 약 4km 정도 떨어진 곳에 슈반가우라는 마을이 있다. 슈반가우에서 제일 먼저 만나게 되는 성은 루드비히 2세(1845~1886)의 아버지인 막시밀리안 2세가 건축하여 아들과 함께 지냈던 '백조가 사는 높은 언덕'이라는 뜻의 호엔 슈반가우성이다. 루드비히 2세는 지금은 골짜기를 사이에 두고 노이 슈반슈타인 성과 마주 바라보고 있는 색다른 외관을 지닌 이 노란색의 호엔 슈반가우성에서 자라나며 행복한 어린 시절을 보냈다.

호엔 슈반가우성

성의 내부는 동양 미술품과 진귀한 예술품들로 장식되어 있다. 특히 왕의 침실 천장 벽화는 조명에 따라 별들이 반짝인다. 이 성의 3층에 있는 호엔슈타우펜의 방에는 왕이 빌헬름 리하르트 바그너(1813-1883)와 함께 연주했다는 피아노가 전시되어 있다. 노이 슈반슈타인 성과 마찬가지로 루드비히 2세와 바그너에 관한 스토리가 숨겨져 있는 이 성에는 로엔그린의 전설을 그린 벽화와 백조의 조각 작품을 보여주는 백조의 기사의 방이 있다. 어린 시절부터 이 벽화를 보며 자라난 루드비히 2세는 1861년 열다섯 살 어린 나이에 바그너의 오페라 '로엔그린'을 관람하고 깊은 감동을 받는다. 이후 왕은 더욱 더 동화 속 환상의 세계에 빠져들어 지독한 탐미주의자가 된다.

루드비히 2세와 노이 슈반슈타인 성에 얽힌 스토리로 독일에서 가장 유명한 세계적인 관광의 명소가 된 슈반가우 마을에 가면 오페라 '로엔그린'의 주인공인 백조의 기사의 동상을 만날 수 있다. 긴 망토를 걸치고, 칼을 옆에 차고, 백조의 문양이 그려진 방패를 앞에 세워 놓고, 류트를 연주하고 있는 기사가 바로 바그너의 오페라 '로엔그린(Lohengrin)'에 등장하는 백조의 기사 로엔그린이다. 이 백조의 기사는 멀리 산 쪽에 모습을 드러내고 있는 백조의 성 노이 슈반슈타인 성을 바라보면서 서있다.

리하르트 바그너는 이 백조의 기사의 이야기로 오페라 작품을 만들었다. 바그너가 1846년부터 1848년 사이에 중세의 전설과 시를 바탕으로 대본을 직접 쓰고 작곡한 오페라 '로엔그린(Lohengrin)'은 마침내 1850년 8월 28일 리스트의 지휘로 바이마르 궁정극장에서 초연되었다. 불행하게도 작품의 대본을 쓰고 작곡을 한 바그너는 전제정치에 대한 혁명의 와중에 정치범으로 몰려 독일 국외로 도피해 있었기 때문에 이 초연에는 참석하지 못하고 말았다.

모두 3막으로 구성된 '로엔그린'의 공연 시간은 총 3시간이 넘을 정도로 길다. 주요 등장인물들은 독일의 왕 하인리히, 백조의 기사 로엔그린, 브라반트 공작의 딸 엘자, 엘자의 남동생 고트프리트, 브라반트 백작 텔라문트, 텔라문트의 아내 오르트루트 등이다. 오페라 '로엔그린'의 줄거리는 다음과 같다.

제 1 막

10세기 전반 독일의 하인리히 왕이 독일 동부 지역 국경으로 침입해 오는 헝가리 군대를 물리칠 군대를 모으기 위해 브라반트를 방문한다. 브라반트의 영주인 고트프리트는 나이가 아직 어리기 때문에 텔라문트 백작이 영지를 다스리는 일을 도와주고 있었는데, 왕이 방문하기 얼마 전에 어린 영주는 행방불명이 된 상태이다. 그런데 사실은 텔라문트 백작의 사악한 아내 오르트루트가 자기 남편을 영주의 자리에 앉히려는 계략을 꾸미고, 마법으로 어린 영주 고트프리트를 백조로 변하게 하여 먼 곳으로 보내버린 것이다.

텔라문트 백작은 고트프리트의 누나인 엘자가 영주의 자리를 탐해 동생을 살해했을 것이라고 왕에게 거짓으로 고한다. 억울하게 누명을 쓴 엘자는 자신의 결백을 증명하기 위해 결투를 통한 신의 심판을 받게 해달라고 왕에게 간청하고, 왕은 신만이 진실을 안다고 말하며 결투를 승낙한다. 엘자는 자신을 대신하여 텔라문트 백작과 싸울 기사를 선택해야 한다. 엘자는 왕에게 자신이 지난밤에 꾼 꿈 이야기를 들려주며, 꿈에 나타난 은빛 갑옷을 입은 기사가 자기를 위해 싸워줄 것이라고 말한다.

드디어 결투의 시간이 다가왔다는 것을 알리는 나팔소리가 울려 퍼지지만 꿈속의 기사는 아직 나타나지 않는다. 기사가 그녀를 구하러 오지 않으면 연약한 여자인 엘자 자신이 직접 텔라문트 백작과 결투를 벌여야만 하는 상황이다. 엘자는 간절한 마음으로 신께 기도를 올린다. 그 순간 기적처럼 한 마리 백조가 인도하는 작은 배를 타고 엘자가 꿈속에서 보았던 은빛 갑옷을 입은 기사가 세르데 강을 가로질러 다가온다. 꿈이 아닌 현실 속에 실제로 나타난 기사의 모습을 보고 텔라문트 백작은 크게 놀란다. 그의 아내 오르트루트는 대경실색하여 벌벌 떨고 있다. 그녀는 기사를 인도하여 온 백조의 목에 감긴 쇠사슬을 보고, 이 백조가 바로 자기가 마법을 부려 백조로 변하게 한 어린 영주 고트프리트라는 것을 알아보았기 때문이다.

기사는 부드러운 노래로 백조를 위로하여 돌려보낸 다음 육지로 올라온다. 엘자는 기사 앞에 무릎을 꿇고 자기를 대신해서 사악한 텔라문트 백작과 결투해 주기를 간청한다. 그러자 기사는 엘자에게 자기를 믿으라고 말하고, 자기가 결투에서 이기면 자기와 결혼해 달라고 청한다. 그러면서 그녀에게 자기가 어디서 왔는지, 또 누구인지 절대로 물어보지 않겠다는 맹세를 하게 한다. 기사는 엘자가 만일 이 맹세를 어기면 자기는 그녀 곁을 영원히 떠날 수밖에 없게 된다고 말하며 다시 한 번 다짐을 받는다. 왕의 지시로 드디어 결투를 통한 신의 심판이 시작된다. 기사와 텔라문트 백작의 결투는 마침내 기사의 승리로 끝나게 되고, 엘자의 결백이 증명된다. 기사는 백작의 목숨만은 살려준다.

제 2 막

어두운 밤, 컴컴한 교회 계단 위에 결투에서 진 텔라문트 백작과 그의 아내 오르트루트가 서있다. 영주의 자리를 가로채려던 사악한 간계가 실패로 돌아간 그들은 이제 브라반트를 떠나지 않을 수 없게 되었다. 그러나 오르트루트는 또 다른 음모를 생각해내며 남편에게 아직 포기할 때가 아니라고 말한다. 그녀는 자기가 어떻게 해서든지 엘자가 로엔그린과 했던 맹세를 깨게 만들어, 기어이 기사의 정체를 밝혀내고 그를 떠나게 만들고야 말겠다고 남편에게 말한다. 그녀는 엘자가 로엔그린에게 금지된 질문을 하게 만들든지, 그렇게 하는 일이 잘 안 되면 아예 로엔그린을 죽여 버리겠다고 한다.

그때 엘자가 바람을 쐬러 궁정의 발코니로 모습을 나타내고, 오르트루트는 이 때다 싶어 그녀에게 살며시 다가간다. 오르트루트는 우선 엘자에게 자기들 부부가 저지른 잘못을 진심으로 뉘우치고 있으니 부디 자기들을 용서하고 떠나지 않게 해달라고 애걸하며 그녀의 마음을 돌려놓으려고 한다. 심성이 착한 엘자는 그들을 용서하기로 마음을 먹고, 떠나지 않아도 된다고 말한다. 그러자 오르트루트는 이번에는 엘자의 마음속에 기사에 대한 의심을 불러일으키려고 집요하게 그녀 곁에 붙어 다닌다.

날이 밝고, 신의 가호를 받은 기사는 왕명에 의해 브라반트의 영주로 임명되지만, 그는 공작의 지위를 사양하고 '브라반트 수호자'라는 칭호로 만족한다. 이제 기사는 엘자와 결혼식을 올리고, 내일이면 브라반트 공국의 군대를 이끌고 왕의 소집에 응해야 한다. 곧바로 궁전에서 교회로 가는 혼례의 행렬이 시작된다. 엘자가 교회 안으로 들어가려고 하는 순간, 오르트루트가 다시 나타나서 이름과 신분을 밝히려고 하지 않는 저 기사는 악마라고 말하지만, 엘자는 그녀를 나무라며 교회 안으로 들어선다.

그러자 이번에는 텔라문트가 국왕과 기사 앞에 나타나서 기사가 신을 기만하고 있다고 말하며, 그의 이름과 출신을 밝히라고 요구한다. 그러나 기사는 왕에게도 자신의 신분을 밝힐 수는 없으며, 만약 엘자가 원한다면 말해주겠다고 말한다. 기사는 엘자가 자기와의 맹세를 끝까지 지키리라고 굳게 믿고 있었던 것이다. 이에 오르트루트가 엘자에게 다시 다가가서, 그녀가 기사와의 맹세를 반드시 깨게 될 것이라고 말하며, 다시 한 번 엘자의 마음속에 기사에 대한 의심을 불러일으킨다.

제 3 막

엘자와 기사가 왕의 축복을 받으며 올린 결혼식이 끝나고, 두 사람의 결혼을 축하해 주기 위해 결혼식장에 모였던 사람들도 모두 나가고, 신랑과 신부 단둘이 남게 된다. 이 순간 갑자기 엘자의 머릿속으로 오르트루트가 했던 말이 스쳐지나가고, 그녀의 마음속에 남편이 된 이 기사에 대한 의심이 마구 일어났다. 엘자는 남편이 어디서 온 누구인지 정말 알고 싶어서 도저히 견딜 수가 없다. 결국 그녀는 굳게 다짐한 맹세를 깨뜨리고 남편에게 금지된 질문을 하고야 만다. 바로 이때 텔라문트가 부하들을 이끌고 기사를 급습한다. 텔라문트는 백조의 기사가 금지된 질문을 받는 순간, 신으로부터 부여받은 능력을 잃게 되어 그를 쉽게 죽일 수 있을 거라고 생각하고 서둘러 쳐들어온 것이다. 그러나 기사는 텔라문트를 단칼에 물리쳐 죽인다.

다음날 나팔소리와 함께 기사가 브라반트의 군대를 이끌고 국왕을 따라 헝가리 군대를 물리치러 원정을 떠나야 하는 시간이 다가온다. 이때 어제 금기를 깨뜨리는 돌이킬 수 없는 잘못을 저지르고 후회와 괴로움으로 밤을 꼬박 지새워 얼굴빛이 창백해진 엘자와 깊은 슬픔에 잠긴 기사 로엔그린이 왕 앞에 모습을 나타낸다. 기사는 왕과 엘자 앞에서 자기가 누구인지를 밝힌다. 사실 백조의 기사는 저 멀리 몬살바트의 왕 파르지팔의 아들로서 몬살바트 성의 탑에 모셔 놓은 성배(聖杯)를 지키는 기사 로엔그린이다.

로엔그린은 자기가 지키는 성배의 비둘기가 자기에게 악의 힘을 물리치는 능력을 매년 새롭게 해 주었지만, 이 능력은 자신의 신분과 이름이 비밀에 감추어진 상황에서만 가능하며, 금기가 지켜지지 않은 이상, 이제 몬살바트에 있는 성배의 성으로 돌아가지 않으며 안 되게 되었다고 말한다. 그에 대한 엘자의 믿음이 깊지 못하여 두 사람의 행복은 이제 사라져 버렸고, 그는 이제 이곳을 영원히 떠날 수밖에 없다는 것이다.

로엔그린은 왕을 따라 원정을 떠날 수는 없지만, 왕의 군대는 헝가리 군대를 무찌르고 승리를 거둘 것이라고 예언한다. 이어서 그는 엘자에게 자기의 신분이 밝혀진 이상, 그는 신비의 능력을 잃어버려 서둘러 돌아가지 않으면 안 된다고 말한다. 이때 로엔그린을 인도해 왔던 백조가 그를 맞으러 다시 모습을 나타낸다. 로엔그린은 엘자에게 남동생은 곧 살아서 돌아올 것이라고 말하고, 자기의 검과 피리와 반지를 엘자에게 주며 작별의 인사를 하고, 무거운 발걸음을 떼어 놓는다.

이때 오르트루트가 나타나서 자기의 승리를 환호하며, 로엔그린을 저 멀리 몬살바트까지 데려가야 하는 저 백조가 바로 엘자의 남동생 고트프리트라고 말한다. 그녀는 자기의 마법에 걸려 백조로 변한 고트프리트는 결코 인간의 모습으로 되돌아오지 못할 것이라고 큰소리친다. 그러나 로엔그린의 신비의 능력은 오르트루트의 마법의 힘보다는 아직도 더 강하다. 로엔그린이 무릎을 꿇고 신에게 기도를 드리자, 성배의 흰 비둘기가 나타나서 백조의 목에 감긴 쇠사슬을 풀어준다.

그러자 백조는 홀연히 고트프리트의 모습으로 변한다. 이 광경을 보고 크게 절망한 오르트루트는 그 자리에서 죽고 만다. 백조가 아닌 비둘기가 이끄는 배에 올라탄 로엔그린은 슬픈 마음을 억누르며 저 먼 곳으로 떠나간다. 남동생을 다시 찾은 기쁨도 잠시, 엘자는 점점 멀어져 가는 배를 바라보며 비통한 나머지 정신을 잃고 동생 고트프리트의 팔에 안겨 숨을 거두고 만다.

열다섯 살 때 오페라 '로엔그린'을 관람하고 바그너를 흠모하게 된 루드비히 2세는 1864년 열여덟 살 어린 나이에 왕위에 오르자마자 바그너를 찾아서 데려오도록 한다. 그 당시에 바그너는 가극 상연의 실패로 많은 빚을 지고 유럽의 여러 나라를 떠돌고 있었다. 마침내 바그너는 1864년 5월 뮌헨에서 루드비히 2세를 만나면서 인생의 대전환기를 맞이했다.

왕은 가극 상연의 실패와 사치스러운 낭비벽으로 경제적 파탄에 빠진 바그너의 빚을 갚아주는 등 재정적 지원을 아낌없이 해주었다. 왕의 적극적인 후원으로 바그너는 작곡에 전념하며 음악활동을 할 수 있었다. 바그너는 이 시기에 '트리스탄과 이졸데', '뉘른베르크의 명가수' 등 명작들을 작곡하고 공연하여 전 유럽에서 유명세를 떨쳤다. 왕은 바이로이트에 바그너의 '리벨룽겐의 반지'만 공연하는 전용극장까지 만들어 주었다. 오늘날 이 극장은 바이로이트 축제의 주 공연장으로 쓰이고 있다.

루드비히 2세는 왕국을 다스리는 일보다는 뮌헨에서 벗어나서 자신만의 동화 같은 환상의 세계를 현실에 재현하기 위해 여러 곳에 성을 짓는 일에 몰두한다. 왕은 바그너의 오페라 '탄호이저', '트리스탄과 이졸데', '로엔그린' 등 전설적이고 신화적인 이야기가 펼쳐지는 배경과 같은 곳을 현실 세계에 재현하고 싶어 했다. 모두 네 곳에 성을 지을 계획이었지만 마지막 한 곳의 성은 건축이 시작되기도 전에 그가 미스터리한 죽음을 맞았기 때문에 지어지지 못했다. 세 곳의 성은 가장 잘 알려진 노이 슈반슈타인 성, 린더호프 성, 헤렌제킴 성이다. 린더호프 성은 다른 성들보다 좀 더 떨어진 곳에 있다. 린더호프 성 뒤편에는 오페라 공연장으로 쓰기 위해 환상적인 무대를 꾸민 '비너스의 동굴'도 만들어졌다.

퓌센이 해마다 전 세계에서 수많은 관광객들이 찾아오는 세계적인 관광의 도시가 될 수 있었던 것은 특히 슈반가우 마을의 알프스 산자락에 몽상적인 기질을 지닌 왕에 관한 스토리를 간직하고 있는 노이 슈반슈타인성이 있기 때문이다. 슈반가우 마을에서 산 쪽을 올려다보면 멀리 한 마리 백조처럼 우아한 자태를 지닌 노이 슈반슈타인 성이 보인다. 이 성은 루드비히 2세가 자라난 호엔 슈반가우 성에서 골짜기를 사이에 두고 얼마 떨어지지 않은 산 속에 자리 잡고 있는 세상에서 가장 아름다운 성이다.

월트 디즈니가 바로 이 성을 모델로 삼아 디즈니랜드의 상징적인 이미지가 된 신데렐라 성을 지으면서, 노이 슈반슈타인 성은 전 세계적으로 더욱 유명해졌다. 이 성은 영화 '잠자는 숲 속의 미녀'의 배경이 되기도 했다. 세계인들의 눈에 가장 많이 익은 사진, 멀리 호수가 내려다보이는 노이 슈반슈타인 성의 사진은 골짜기 건너편에 놓여 있는 마리엔 다리 위에서 찍은 풍경이다.

노이 슈반슈타인성

바그너가 유럽 여러 나라를 떠돌던 중에 작곡한 오페라 '니벨룽겐의 반지' 4부작의 첫 작품인 '라인의 황금'을 뮌헨에서 초연한 1869년에, 24살의 젊은 왕 루드비히 2세는 바이에른의 산과 호수로 둘러싸인 산골마을 슈반가우에 '새로운 백조의 성'이라는 의미를 지닌 이름 그대로 한 마리 백조처럼 아름다운 노이 슈반슈타인 성을 짓기 시작한다. 새하얀 대리석과 석회암으로 지어진 노이 슈반슈타인성은 마치 한 마리의 하얀 백조가 깎아지른 암벽 위에 우아하게 내려앉아 있는 듯한 모습을 지니고 있다.

이 성은 중세 기사 전설을 소재로 리하르트 바그너가 작곡한 오페라 '로엔그린'에 매혹된 바이에른 왕 루드비히 2세가 특히 깊은 애정을 갖고 지은 성이다. 루드비히 2세보다 3년 먼저 세상을 떠난 바그너는 너무나 숭고하고 아름다운 영혼을 지닌 루트비히 2세를 걱정하며 그의 삶이 결코 불행으로 끝나지 않기를 간절히 바랐다. 그러나 온갖 열정을 다 쏟아 부어 이 세상에서 가장 아름다운 성을 짓고 싶어 했던 루드비히 2세는 불행하게도 1886년 갑작스러운 의문의 죽음으로 이 성의 완공된 모습을 보지 못하고 말았다.

노이 슈반슈타인 성은 바그너의 오페라 작품들이 다루고 있는 주제들로 아름답게 꾸며진 성이다. '가수의 홀', '왕관의 홀' 등 음악 공연을 할 수 있는 여러 개의 홀을 갖춘 성의 내부는 유명한 무대 디자이너 크리스티안 얀크에 의해 설계되어 마치 오페라 무대를 보는 듯하다. 루드비히 2세는 로마네스크 양식, 비잔틴 양식, 고딕 양식이 어우러진 이 성에 바그너의 '백조의 기사, 로엔그린', '탄호이저'의 무대였던 중세 기사의 성을 재현하여 놓았다.

루드비히 2세는 예술가들을 후원한 할아버지 루드비히 1세를 닮아 예술적 탐미 주의자이며 바그너 음악의 열렬한 지지자였다. 바그너의 오페라에 심취한 왕은 '트리스탄과 이졸데', 백조의 기사 '로엔그린', 시인 '탄호이저', 성배의 왕 '파르지팔' 등 바그너의 오페라의 소재가 된 신화와 전설 속의 인물들과 장면들을 묘사한 그림들과 조각품들로 성의 내부를 장식했다. 그는 특히 백조를 좋아하여 성에서 백조를 기르고, 백조 동상 분수대도 만들었다.

성의 내부는 외관보다도 더 아름답게 장식되어 있다. 현관의 홀에는 오페라 '니벨룽겐의 반지'에 나오는 한 장면, 레긴이 지크프리트에게 그람의 칼을 갈아주는 모습이 그려져 있다. 홀을 지나 대관홀로 들어서면 대리석 바닥 위의 빨강과 보라색 기둥들이 금빛 가득한 천장을 받치고 있는 비잔틴 양식의 화려한 내부를 볼 수 있다. 대관홀의 서쪽 베란다에서는 바이에른 주의 산과 호수의 절경을 감상할 수 있다.

식당에서는 중세 악사의 모습을 그린 그림을 볼 수 있고, 탁자에는 용과 싸우는 지그프리트의 모습이 그려져 있다. 고딕양식으로 꾸며진 화려한 침실에는 열네 개의 나무 조각품들이 있다. 왕이 사용하는 세면대는 백조의 입에서 물이 흘러나오도록 만들어 놓았다. 거실에는 그랄의 기적과 백조와 함께 안트베르펜에 도착한 로엔그린 기사가 그려져 있다. 문짝의 손잡이까지 백조의 모습을 새겨놓았을 정도로 이 성의 곳곳에서 백조의 모습과 마주치게 된다.

정치에는 관심이 없이 뮌헨의 왕궁을 떠나 자신이 만든 성 안에 틀어박혀 지내는 일을 더 좋아했던 루드비히 2세가 여러 곳에 성들을 화려하게 건축하는 동안 왕국의 재정 상태는 극도로 어려워졌다. 당시는 전권을 지니고 나라를 다스리는 절대왕정의 시대가 아니라, 왕이 임명한 내각이 다스리고, 경우에 따라서는 내각이 왕을 폐위시키는 일도 가능한 시대였다. 1886년 초부터 왕과 내각의 관계가 대립 상태로 악화되고, 급기야 내각은 루드비히 2세가 왕의 지위를 유지할 수 없을 정도의 정신이상 증상을 보인다는 의사의 진단을 받아내어 왕을 뮌헨 남쪽의 성에 연금시킨다.

연금된 바로 다음 날, 루드비히는 자신에게 정신이상 증세가 있다는 진단을 내렸던 구든 박사와 함께 오후 6시 경 단둘이서 산책을 나갔다가 늦게까지 돌아오지 않아 사람들이 찾아 나섰는데, 밤 11시 30분경 호숫가에서 아직까지도 정확한 사인이 밝혀지지 않고 있는 의문의 익사체로 발견되었다. 그의 죽음은 지금도 여전히 미스터리로 남아 있다. 공식 기록에는 물에 들어가 자살한 것으로 되어 있지만 부검 결과 폐에서 물이 발견되지 않아 타살당한 것으로 추정되고 있다.

루드비히 2세의 동화 같은 삶, 그러나 비극적인 죽음으로 끝난 삶의 스토리가 간직되어 있는 호엔 슈반가우 성과 노이 슈반슈타인 성을 보기 위해 해마다 전 세계에서 수백만 명의 관광객들이 몰려들어 작은 시골 마을 슈반가우를 가득 메운다. 산과 호수를 끼고 있는 아름다운 자연 경관과 함께 성에 숨겨져 있는 비운의 왕에 관한 스토리가 강력한 흡입력으로 전 세계 관광객들을 끌어당기고 있는 것이다.

지역에 간직되어 있는 스토리가 훌륭한 문화관광의 자원이 될 수 있다는 사실을 여실히 증명해 보이는 대표적인 사례라고 할 수 있다. 루드비히 2세 이야기는 1922년 무성영화로 만들어진 이래로, 여러 편의 영화, 연극, 뮤지컬 등으로 제작되었다. 특히 1972년에 독일에서 영화로 제작된 'Ludwig II'가 유명하며, 그로부터 40년이 지난 2012년에도 독일과 오스트리아에서 같은 제목의 영화가 제작되었다.

독일 하이델베르크

하이델베르크는 독일 남서부 바덴뷔르템베르크 주에 속해 있으며, 라인 강의 지류인 넥카 강 연안에 자리 잡은 인구 15만 명도 되지 않는 중세 시대의 모습을 간직하고 있는 도시이다. 하이델베르크는 옛날부터 독일의 학문과 문화의 중심지 역할을 해온 대학 도시로, 지금도 여전히 도시 인구의 20%를 대학생, 교수, 교직원이 차지하고 있다. 오늘날 하이델베르크는 전 세계에서 하루 평균 만 명의 여행객들이 방문하는 문화관광의 도시가 되었다. 1년으로 계산하면 매년 도시 인구의 25배에 달하는 대략 365만 명의 관광객들이 다녀가는 셈이다. 이제 관광산업은 하이델베르크의 가장 중요한 산업이 되었다.

카를 테오도르 다리 원숭이 조각상

여행객들의 눈에 자주 띄는 하이델베르크의 문장에는 세 개의 푸른 산봉우리 위에 붉은 색 왕관을 쓴 황금색 사자가 그려져 있다. 시내 곳곳에서 사자상과 사자문장을 만날 수 있다. 하이델베르크의 구시가와 고성은 고딕 양식, 르네상스 양식, 바로크 양식이 한데 어우러진 건축물들의 전시장과도 같다. 하이델베르크의 랜드 마크로서 중요한 관광자

독일 하이델베르크 고성 초대형 술통 하이델베르크 툰

원이 된 아름다운 고성에서 내려다보는 구시가와 넥카 강의 풍경은 한 폭의 그림이다. 하이델베르크 성에서는 해마다 5월, 8월, 9월에 축제가 열려 여행객들이 화려한 불꽃놀이, 오페라와 뮤지컬 공연 그리고 콘서트 등을 관람할 수 있다.

카를 테오도르 다리의 구시가 쪽에 탑이 하나 있는데, 이 탑의 왼편에 동으로 만든 원숭이 조각상이 있고, 그 왼쪽 아래에 아주 조그만 생쥐 두 마리와 글이 새겨진 동판이 있다. 원숭이와 생쥐의 대조, 원숭이는 지혜를 생쥐는 약삭빠름을 뜻하는 듯하다. 원숭이 조각상의 비어 있는 머리 부분에 얼굴을 넣으면 지혜로워진다는 말이 전해져 내려와, 여행객들은 한 번씩 그 말대로 포즈를 취한 자신의 모습을 사진에 담아간다. 대학도시다운 발상이 여행객들에게 재미있는 즐길 거리를 제공하고 있는 것이다.

고색창연한 고성 하이델베르크 성에서도 가장 아름다운 건축물인 프리드리히 궁의 지하에는 하이델베르크의 또 하나의 관광자원이 된 '하이델베르크 툰'이라는 거대한 술통이 있다. 여행객들이 한 바퀴 돌면서 술통을 볼 수 있도록 나무 사다리가 설치되어 있다. 술통은 1589년~1592년에 처음 만들어진 이래, 1664년과 1751년 두 차례에 걸쳐 저장 용량이 좀 더 큰 것으로 교체되었다.

초대형 술통을 지키는 난장이 페르케오

1751년에 제작된 현재의 술통은 저장 용량이 무려 22만 리터가 넘고, 높이 8 미터에 길이 9 미터로 세계에서 가장 큰 술통으로 기네스북에도 올라 있다. 술통 앞의 벽에는 옛날 실제로 이 술통을 지키던 키 110cm의 난장이 '페르케오'의 나무로 제작된 실물 크기의 인형이 있다. 이탈리아에서 온 페르케오는 붉은 머리에 익살꾼이며, 하루에 18리터씩 15년 동안 포도주를 마신 대단한 술꾼이어서 늘 술에 취해 있었다고 한다.

하이델베르크는 단순한 관광지가 아니라 오랜 역사와 풍부한 문화를 품고 있는 문화의 도시이다. 수많은 문학가, 예술가, 과학자, 철학자들이 활동한 대학도시답게 구 시가지를 지나 넥카 강의 카를 테오도르 다리를 건너면, 도시 이름의 유래가 된 '신성한 산'이라는 뜻을 지닌 하일리겐베르크 산 아래에 '철학자의 길'이라 불리는 오솔길이 있다. 헤겔, 야스퍼스, 하이데거, 칸트, 괴테 등 유명 철학자들과 문학가들이 사색에

철학가의 산책길에서 바라본 고성과 카를 테오도르 다리

잠겨 이 길을 산책하였다. 특히 칸트는 매일 정확히 정오 시간에 카를 테오도르 다리를 건너갔기 때문에, 사람들은 그가 다리를 건너는 것을 보고 정오가 되었음을 알았다는 일화도 남겨져 있다.

로베르트 슈만도 하이델베르크 대학에서 1년 간 법학을 공부하기도 했다. 그가 머물렀던 하우프트 가 160번지에는 '이 집에서 로베르트 슈만이 살았었다'는 기념 명판이 붙어 있다. 슈만은 결국 법학을 포기하고 작곡가의 길을 선택하여 처녀작 '대학생 황태자'를 작곡했는데, 매년 여름이면 하이델베르크 성 정원에서 이 곡의 연주를 들을 수 있다. 프랑스의 문호 빅또르 위고도 1838년 하이델베르크를 방문하여 하이델베르크 성을 둘러보며 무너져 내린 성에 대한 감회를 적기도 했다. 미국의 작가 마크 트웨인도 유럽여행기에서 하이델베르크 성을 바라보며 폐허의 아름다움을 묘사했다. 영국의 낭만주의 화가 터너도 하이델베르크를 자주 방문했고, 성을 비롯하여 하이델베르크의 아름다운 풍광을 그림에 많이 담았다.

요한 볼프강 폰 괴테도 하이델베르크의 매력에 빠져 여러 번 이곳을 방문했다. 하이델베르크 대학 건물 외벽에 괴테가 1775년에서 1815년 사이에 하이델베르크를 여덟 번이나 방문했다는 기록이 동판에 적혀 있다. 하이델베르크는 괴테와 마리안네 폰 빌레머라는 여성이 나눈 사랑의 추억이 간직되어 있는 곳이기도 하다. 고성의 뜰에는 괴테와 마리안네가 남긴 애절한 사랑의 마음을 노래한 시의 구절을 새겨 놓은 시비와 돌 벤치 그리고 괴테의 동상도 있다. 마리안네는 '이곳에서 나는 행복했다. 나는 사랑하고 사랑받았다'는 시로 괴테와의 사랑의 추억을 남겼다. 고성의 뜰과 넥카 강변의 풍경은 이곳을 산책하며 사랑을 나누던 괴테와 마리안네의 추억을 간직하고 여행객들의 마음을 사로잡는다.

대학도시로서의 이미지도 하이델베르크의 관광산업에 일조를 하고 있다. 하이델베르크 대학은 1386년 루프레히트 1세가 독일 최초로 설립한 대학이다. 1712년부터 1914년까지 하이델베르크 대학 구내는 치외법권 지역으로 대학 당국이 자체적인 사법권을 갖고 있어서, 잘못을 저지른 학생들을 자체 징계하여 학생감옥에 가두었다. 학생감옥 안에는 학생들을 가두었던 침대와 책상이 있는 방이 있고, 벽에는 학생들이 남겨 놓은 낙서들이 가득하다. 학생들은 재학 중에 이 학생감옥에 한번쯤 갇히는 것을 영광으로 생각하였다고 한다. 이 학생감옥도 여행객들에게 이색적인 특별한 볼거리를 제공하여 하이델베르크의 또 하나의 관광 자원이 되었다.

젊음과 사랑이 넘치는 대학도시답게 하이델베르크의 대학생들이 애송하는 시가 있다.

스무 살쯤 되었을 적 어느 날 밤,
난 하이델베르크에서 심장을 잃었다네.
부드러운 여름날 밤,
난 온통 사랑에 빠져 있었고,
그녀의 입술은
귀여운 장미같이 미소 지었다네.
내 심장은 넥카 강변에서
아직도 뛰고 있다네.

하이델베르크를 방문하는 여행객들의 마음을 설레게 하는 것은 이 시와 더불어 영화 '황태자의 첫사랑'이다.

영화 '황태자의 첫사랑'은 하이델베르크를 세계적인 관광지로 만든 일등 공신이다. 1954년 리처드 소프 감독의 할리우드 뮤지컬 영화 '황태자의 첫사랑'은 하이델베르크의 전 지역을 배경으로 촬영하였다. 하이델베르크 대학에서 유학 생활을 하던 황태자 카를 하인리히가 하숙집 조카딸 캐티와 사랑에 빠지지만, 신분상의 차이로 끝내 사랑을 이루지 못하는 이 영화 스토리의 원전은 마이어 푀르스터가 1899년에 발표한 중편 소설 '카를 하인리히'이며, 푀르스터는 1901년 이 소설을 5막의 희곡 '알트-하이델베르크(그리운 하이델베르크)'로 각색하여 베를린 극장에서 상연하였다.

영화 황태자의 첫사랑 학사주점

작품에 나오는 학사주점은 1703년에 문을 연 객줏집 '춤 로텐 옥젠(붉은 황소라는 뜻)'이다. 하이델베르크 구시가지 마르크트 광장에서 가까운 골목길에 자리 잡고 있는 이 학사주점은 비스마르크, 마크 투웨인 등 유명인들도 들어와 맥주를 마셨던 곳이며, 오늘날도 여전히 전 세계 여행객들의 발길을 이끌고 있다. 영화 '황태자의 첫사랑'을 보았던 여행객들에게 학사주점 '춤 로텐 옥젠'은 첫사랑뿐만 아니라 젊음과 열정이 넘치는 대학시절에 대한 아련한 향수를 불러일으키는 장소이기도 하다.

국가 재정이 어려워진 프러시아 칼츠버그 왕국의 황제는 부모 없이 자기 손으로 키운 손자인 황태자 칼 프란츠를 부유한 이웃나라 노스 하우즌 왕국의 공주 요한나와 결혼시키려고 한다. 황태자는 요한나 공주와 왈츠를 춘다. 요한나 공주는 황태자가 따듯한 마음도 인간적인 매력도 없는 사람이라고 불만이다. 황태자의 교육을 맡은 요너트 교수는 엄격한 황실교육에서 벗어나 황태자의 인간성과 사회성을 길러주고 성격을 바꿔주기 위해서 자유분방한 분위기의 하이델베르크 대학으로 유학 보낼 것을 황제에게 권한다.

황태자는 유럽의 왕족들이 묵어간 300년 전통의 하숙집에서 하숙 생활을 하게 되는데, 하숙집 주인의 조카딸인 아름답고 매력적인 캐티와 사랑에 빠진다. 캐티도 부모를 잃고 외삼촌 손에게 맡겨져 있는 신세로서 황태자와 비슷한 처지에 있었다. 학생주점에서 황태자는 대학생들과 맥주를 마시면서 축배의 노래를 부른다. 둘만의 데이트 시간을 가진 황태자는 캐티에게 세레나데를 불러준다. 캐티의 권유로 황태자는 신분을 감추고 평민들이 만든 웨스트 벨리언즈 합창단에 가입하여, 평민 대학생들과 어울려 노래를 부르고 맥주를 마시면서 즐거운 대학생활을 보낸다.

그러던 어느 날 황태자는 캐티에게 자신의 사랑을 고백한다. 그런데 황태자의 시종이 두 사람의 관계를 눈치 채고, 하숙집 주인에게 캐티를 다른 곳으로 보내라고 권한다. 캐티가 갑자기 하숙집에서 자취를 감춘다. 사라진 캐티를 찾아 헤매던 황태자는 마침내 강 건너 레스토랑에서 일하는 캐티를 찾아낸다. 처음에는 황태자의 사랑을 거절하던 캐티도 결국 그의 진심을 알고 사랑을 받아들인다. 황태자의 시종은 하숙집 주인에게 황태자와 캐티를 떼어 놓으라고 강요한다.

무도회 날 황태자는 캐티에게 멀리 빠리로 함께 도피 여행을 떠나자고 말한다. 그러나 여행을 떠나기 전날 밤 황제가 위독하다는 급한 전갈을 받은 황태자는 어쩔 수 없이 왕궁으로 서둘러 돌아간다. 황제는 황태자가 개인의 자유로운 삶과 의지를 포기하고 국가를 위해 요한나 공주와 결혼해야 한다고 못 박아 말한다. 그로부터 2년 후 황태자는 요한나 공주와 결혼하러 기차를 타고 가는 길에 하이델베르크를 잠시 방문하여 캐티와 재회한다. 두 사람은 하이델베르크에서 서로 사랑을 나누며 행복했던 시간들을 그리워하지만, 이제 신분의 차이를 실감할 수 밖에 없다. 결국 두 남녀는 눈물을 글썽이며 마지막 작별의 인사를 나눈다.

독일 로텐부르크

독일 중남부의 뷔르츠부르크에서 시작하여 남쪽으로 오스트리아 국경 가까이 알프스 산기슭에 자리 잡은 도시 퓌센에 이르는 약 300㎞의 길을 '로마로 가는 길'이라는 뜻을 지닌 로맨틱가도라고 부른다. 이 로맨틱가도와 고성가도가 만나는 교차점에 '중세의 보석'이라고 일컬어지는 로텐부르크가 있다. 바이에른주의 타우버 강가에 자리 잡은 로텐부르크는 마치 동화 속 세상 같이 아름다운 중세 도시의 모습을 그대로 간직하고 있다.

13세기 슈타우펜 왕조 때 축조된 성벽으로 둘러싸여 있는 중세의 도시 로텐부르크의 구시가지는 걸어서 15분이면 이 끝에서 저 끝까지 가로질러 갈 수 있을 정도로 규모가 작다. 성곽 안에 거주하는 인구도 겨우 2500명 정도 밖에 되지 않는다. 13세기부터 17세기까지 활발한 교역으로 번영을 누렸었지만, 17세기 30년 종교 전쟁 이후 쇠퇴하였다. 성 밖의 주민들까지 합쳐 전체 인구가 만 오천 명 정도 밖에 되지 않는 이 중세의 도시는 오늘날 매년 250만 명이 넘는 관광객들이 찾아와 독일에서 가장 유명한 관광지의 하나가 되었다.

동서남북으로 나 있는 로텐부르크 성문들을 통과하면 많은 문화유산과 이야기들을 간직한 중세 유럽의 도시로의 시간여행이 시작된다. 이 도시는 주황색 지붕들, 뾰족탑들, 돌을 깔아놓은 길들, 철제로 만든 간판들, 다양한 박물관들로 고풍스러운 중세 도시의 모습을 간직하고 있다. 중세 범죄 박물관에는 단두대와 같은 처형도구와 사기범과 같은 죄인의 얼굴에 벌로 씌우는 마스크 등 3천여 점, 인형 및 장난감 박물관에는 18세기부터 20세기까지 유럽에서 제작된 당시의 패션과 생활모습을 보여주는 인형들, 13세기에 지어진 장인의 집에는 통, 직물, 구두 등 다양한 제품을 만드는 장인들의 모습과 제품들, 13세기부터 수도원으로 사용되었던 제국도시 박물관에는 당시의 가구, 조리기구, 농기구 등이 전시되어 있다.

여름철에는 마르크트 광장에서 민속 전통의 다양한 양치기 춤 공연이 펼쳐지고, 성 야콥 교회에서는 교회 음악회가 열린다. 연말에 독일에서 가장 오래되고 유명한 크리스마스 시장 중 하나인 오백년 전통의 크리스마스 시장이 열려 상점들마다 화려한 크리스마스 장식들로 환상적인 크리스마스 분위기를 자아내면 중세의 도시 로텐부르크는 도시 전체가 꿈같은 동화 속 세상이 된다. 특히 크리스마스 박물관을 겸하고 있는 케테 볼파르트에 들어가면 수없이 많은 전구로 휘황찬란하게 불을 밝히고 있는 높이가 5m에 이르는 집들과 대형 크리스마스 트리를 볼 수 있다. 저녁 8시에 마르크트 광장에 모습을 드러내는 중세 시대의 야간 순찰자 복장을 한 가이드도 중세 분위기를 느끼게 해준다. 테디베어 전문점 테디스 러브 로텐부르크에 들어가면 야간 순찰자 복장을 한 테디베어를 만날 수 있다.

독일 로텐부르크 시청사와 시계탑 건물

로텐부르크의 시청사 바로 뒤편에 있는 성 야콥 교회는 1331년에 짓기 시작하여 190년이 걸려서 완공된 고딕 양식의 건축물이다. 성당 앞에는 지팡이를 들고 모자를 쓴 성 야곱의 동상이 세워져 있다. 이 곳에 소장되어 있는 많은 예술품들 중에서 특히 유명한 것은 독일의 조각가 틸만 리멘슈나이더가 1499년부터 1505년까지 제작한 '성혈제단'이다. 이 제단의 위쪽에 두 천사가 받치고 있는 금박의 십자가가 있는데, 바로 이 십자가의 정 중앙에 그리스도의 성혈을 간직한 수정이 박혀 있다. 제단 아래쪽의 가운데에는 나무로 조각한 '최후의 만찬'이라는 작품이 있고, 그 바로 왼편과 오른편에 각각 그리스도의 예루살렘 입성 장면과 겟세마네 동산에서 기도하는 그리스도의 모습을 새겨 놓은 나무 부조 작품이 있다. 중앙제단에는 15세기에 만들어진 12사도제단이 있고,

독일 로텐부르크 시계탑 건물

5500개의 파이프로 된 오르간 등도 있다.

마르크트 광장에 있는 로텐부르크 시청사는 13세기에 고딕 양식으로 지어진 높이 약 60m의 종탑이 있는 부분과 16세기에 르네상스 양식으로 지어진 부분이 조화롭게 혼합되어 있는 건축물이다. 시청사 옆에 있는 시의회 연회관의 시계탑에서는 매일 오전 10시에서 오후 3시까지 그리고 오후 8시에서 10시까지 매시 정각에 벽시계 옆 창문이 열리면서 인형이 술잔을 기울여 포도주를 마시는 장면이 연출되어, 그 옛날 포도주 3.25 리터를 단숨에 들이켜 로텐부르크와 시민들을 구해낸 누슈 시장의 전설적인 이야기를 재현한다.

30년 종교 전쟁 당시 합스부르크가의 카톨릭교도 틸리 백작이 이끄는 군대가 프로테스탄트 도시인 로텐부르크를 포위 공격하려고 하였을 때, 로텐부르크 시민들이 자기 도시를 파괴하지 말아달라고 백작에게 간청하였다고 한다. 이에 백작은 누구라도 포도주 3.25 리터를 단숨에 마시는 사람이 있으면 시민들을 죽이지도 성도 파괴하지 않겠다는 약속을 하였다. 그러자 당시 나이 많은 누슈 시장이 죽기를 각오하고 나서서 포도주를 단번에 마셔 이 도시를 구했다고 한다. 틸리는 약속대로 도시를 파괴하지 않아, 도시의 성벽이 오늘날까지도 옛 모습 그대로 아름답게 보존될 수 있었다고 한다.

로텐부르크에서는 도시를 구한 누슈 시장의 공로를 기리기 위해 매년 5, 6월경 성령 강림절 기간의 토요일~월요일에 마이스터 트룽크 역사축제를 열어 중세 시대의 농민과 군인 등 당시의 복장을 한 대규모 거리 퍼레이드를 벌인다. 성곽 내에 거주하는 2500 명의 주민들 중에서 1000 명의 주민들이 이 축제에 자발적으로 참여할 정도로, 로텐부르크 주민들은 옛 선조들이 지켜온 역사에 대한 강한 자부심을 갖고 있다. 어린이들까지 참여하여 이 축제는 대를 이어가며 열리고 있다. 부활절 기간, 9월 제국자유도시 축제, 10월 가을 축제에서도 이와 비슷한 행사가 열린다.

축제에 참여하는 주민들은 각자 자기가 직접 만든 기사의 갑옷이나 농민군 복장을 하고 부르크 정원에 모여들어 축제를 준비한다. 중세 시대에 일어난 30년 전쟁 당시를 재현하는 거리 퍼레이드에 앞서 북을 치고 피리를 불며 골목골목을 누비는 악단과 거리 곳곳에서 벌어지는 중세의 음악과 춤이 축제의 분위기를 돋운다. 시청 앞 광장에서는 중세 시대의 재판 장면도 연출된다. 지푸라기를 넣어 빵을 만들거나 빵 무게를 속여 판 빵 장수는 커다란 바구니에 갇혀 분수대 물에 빠뜨려진다. 부정한 여인은 동물 가면을 씌우고 가둔다. 폭력을 행한 사람은 형틀에 손발이 묶이는 형벌을 받는다.

이탈리아 오르비에또

오르비에또는 오늘날까지 중세도시의 모습을 고스란히 간직하고 있는 인구 2만 명의 작고 아름다운 도시이다. 그렇지만 오르비에또는 로마시대 이전 고대 에트루리아 시대로까지 거슬러 올라가는 오랜 역사를 지닌 도시이기도 하다. 오르비에또가 3천년이라는 오랜 세월 동안 굳게 그 자리를 지켜올 수 있었던 것은 이탈리아 중부 지방 움브리아 주에 대지로부터 융기한 응회암 바위산 위에 세워진 천연 요새의 도시이기 때문이다.

로마에서 북쪽으로 120Km 떨어져 있는 오르비에또는 외부의 침입을 막기 위해 해발 195m의 높은 바위산 위에 건설된 도시이기 때문에 수천 년 동안 문화유산을 지켜올 수 있었다. 오르비에또의 응회암 지반 밑에는 3천 년 전의 에트루리아 시대부터 만들어진 지하마을 그로토Grotto가 있다. 후니콜라레 역 가까이 성벽으로 둘러싸인 정원에는 1527년 교황 클레멘테 7세가 물 확보를 위해 파놓은 깊이 62m, 폭 14m의 성 파트리치오 우물이 있다.

오르비에또의 산 죠베나레 성당은 작고 소박한 성당이지만 1004년에 지어져 천년의 역사를 간직한 가장 오래된 성당이며, 산 죠베나레의 흉상과 프레스코화가 남겨져 있어 미술사적으로도 중요한 가치가 있는 유적이다. 오르비에또는 에트루리아 시대와 중세시대부터 도자기 산업이 활발한 도시이다. 오르비에또의 전통적인 도자기는 신화, 동물, 자연을 테마로 만들어졌다.

오르비에또가 세계적인 관광의 명소가 될 수 있었던 것은 무엇보다도 오르비에또 두오모 대성당에 모셔져 있는 피 묻은 성체포에 관한 스

이탈리아 오르비에또 대성당

토리 덕분이다. 이른바 '볼세나의 성체 기적'이라고 불리는 이 스토리는 오르비에또가 교황의 은거지가 되면서 최고의 전성기를 누렸던 13세기로 거슬러 올라간다. 1263년 체코 프라하의 사제였던 피에트로 신부는 자신이 매일 집전하는 미사의 성찬의식에서 먹고 마시는 빵과 포도주가 과연 그리스도의 성체와 성혈이 될 수 있을까 하는 의구심을 가지게 되었다. 피에트르 신부는 이런 자신의 흔들리는 신앙심을 다잡기 위해 1263년~1264년 로마로 성지순례를 떠났다.

어느 날 그는 오르비에또에서 가까운 볼세나를 지나게 되었고, 볼세나의 순교 성녀 크리스티나의 무덤위에 세워진 산타 크리스티나 성당에서 미사를 집전하던 중 성찬의식에 이르러 또 다시 성체와 성혈에 대한 의구심을 가지게 되었다. 바로 그 순간 성체에서 피가 흘러내려 제대와 성체포를 적시는 기적이 일어났다. 신부는 당시 오르비에또에 계시던 교황 우르바노 4세를 서둘러 찾아가서 이 사실을 보고하였다. 교황의 지시에 따라 즉시 진상 조사가 이루어졌고, 예수님이 자신을 증명해 보인 기적이라는 결론에 도달했다. 교황은 피를 흘린 성체와 피 묻은 성체포를 오르비에또로 모셔오도록 했다.

이 '볼세나의 성체 기적'을 기리기 위해 곧 바로 오르비에또 주교좌성당인 두오모 대성당이 지어지기 시작했다. 기적의 피 묻은 성체포는 두오모 대성당의 중앙제대 왼편에 있는 경당에 모셔졌다. 이 경당에는 성체성사에 대한 믿음을 북돋아 주는 벽화들과 기적의 성체포를 모셔오는 당시의 장면들을 묘사하는 벽화들로 채워져 있다. 이러한 '성체의 기적'을 기리기 위해 14세기부터 전 세계의 모든 성당에서 '그리스도의 성체성혈대축일'을 지내고 있다.

1290년부터 짓기 시작하여 3백년이라는 오랜 세월에 걸쳐 모두 33명의 건축가, 68명의 화가, 그리고 90명의 모자이크 장인들의 솜씨로 화려하고 웅장한 모습으로 완성된 오르비에또 두오모 대성당은 그 자체가 다양한 양식을 지닌 하나의 예술작품이라고 할 수 있다. 초기에는 로마네스크 양식으로 건축되기 시작하였다가 고딕 양식의 건축물로 완성을 보았다.

시에나 대성당과 함께 이탈리아의 대표적인 고딕양식으로 건축된 오르비에또 대성당의 파사드는 152 점의 조각 작품과 90 점의 모자이크화로 장식되어 있다. 파사드의 중앙 정문 위에는 14세기에 만들어진 대리석으로 조각된 성모자상, 청동으로 조각된 덮개와 여섯 천사상이 있고, 왼편과 오른편에 네 명의 사도를 상징한다는 천사와 사자 그리고 독수리와 황소의 청동상이 있다. 이 조각상들 위쪽으로는 중앙에 성모의 모습이 그려져 있고, 왼편과 오른편으로 각각 여섯 명씩 천국의 열쇠를 쥔 베드로 등 열두 사도들의 모습이 그려져 있다. 이 그림들 바로 위에 파사드의 중앙 상단부의 섬세한 장미창 주위에는 12명의 사도를 비롯한 인물들의 대리석상들이 있다.

파사드에는 그밖에도 '성모마리아의 대관', '예수의 세례' 등의 그림과 '최후의 심판' 등의 부조물들이 있다. 대성당 정문의 청동문 부조는 이탈리아 현대 조각가 에밀리오 그레꼬(1913~1995)의 작품이다. 오르비에또 대성당 옆에 그의 작품을 전시하는 박물관이 있다. 대성당 안에는 루카 시뇨렐리의 유명한 프레스코화 '최후의 심판', '육체의 부활'과 '예수 죽음의 애도'를 비롯하여 파사드보다 훨씬 더 많은 그림들과 조각품들이 있다.

오르비에또를 세계적인 관광의 명소로 만든 것은 '볼세나의 성체 기적' 외에도 슬로시티 운동의 발상지이기 때문이다. 오르비에또는 세계 최초의 슬로시티로 지정되었으며, 슬로시티 국제본부가 있는 도시이다. 슬로푸드 운동에서 비롯된 슬로시티 운동은 모든 것이 정신없이 빠르게 돌아가는 현대 도시의 삶에서 벗어나서 느리게 살자는 뜻에서 '느림의 미학'을 추구하는 국제운동으로 1999년 이탈리아에서 시작되었다. 오르비에또에서는 저녁 무렵이면 12~13세기에 지어진 건축물들이 많이 남아 있는 시청 앞 레푸블리카 광장에서 두오모 성당까지 가로등을 켜지 않고 석양빛을 즐기며 천천히 산책하는 '파세지아타' 행렬이 슬로시티의 정취를 자아낸다.

슬로시티로 지정되기 위해서는 청정한 자연 속에서 유기농법으로 재배된 지역의 특산품이 있어야 하고, 맥도날드와 같은 패스트푸드점이나 대형마트 등이 없어야 한다. 오르비에또는 청정한 자연 환경을 유지하기 위해 자동차의 통행을 제한하고 있기 때문에 오르비에또에 올라가려면 톱니바퀴로 레일을 따라 오르내리는 후니콜라레Funicolare를 타야 한다. 포도나무와 올리브나무들이 자라는 아름다운 전원풍경에 둘러싸인 오르비에또는 예로부터 포도주 생산지로도 많이 알려져 왔다. 인근의 농가에서는 옛날부터 포도가 많이 재배되어 왔는데, 지역명인 '오르비에또'라는 이름으로 생산되는 백포도주가 특히 유명하다.

크로아티아 두브로니크

두브로니크는 크로아티아 중에서도 최남단에 아드리아 해에 면해 있는 달마티아 해안, 스르지 산자락에 성곽으로 둘러싸인 전통적인 중세 도시의 모습을 간직하고 있다. 인구 5만 명도 채 되지 않는 작은 도시이지만, 매년 유럽인 관광객들만도 천만 명이 넘게 찾아오는 최고의 여행지이다. 푸른 아드리아 해의 물결이 눈부신 햇살을 반사하는 아름다운 해안 도시 두브로니크는 예전부터 시인, 철학자, 음악가, 화가들이 몰려들어 달마티아 문학과 예술의 꽃을 피운 아드리아 해의 문화 중심지였다. 두브로니크는 영국의 낭만주의 시인 바이런이 말한 대로 '아드리아 해의 진주'라고 불릴 정도로 가장 아름답고 고풍스러운 경관을 지닌 도시, 아일랜드 극작가 조지 버나드 쇼가 '이 지상에서 진정한 낙원을 보

크로아티아 두브로니크 성벽과 구시가지

고 싶다면 두브로니크로 가라'고 말하였을 정도로 아름다운 도시이다.

두브로니크의 상징이라고 할 수 있는 총 길이 1,940m의 중세의 성벽은 10세기에 축성되기 시작하여 수 세기에 걸쳐 증축되었다. 성벽은 두 개의 타워와 매년 여름 페스티벌에서 셰익스피어의 햄릿이 공연되는 노브리예나체 요새 등 웅장한 요새를 갖추고 있다. 이 성벽으로 둘러싸인 붉은 지붕의 건축물들로 가득한 구시가지 전체가 1994년 유네스코 세계문화유산으로 지정되었을 정도로 두브로니크는 역사적인 가치가 높은 도시로, 1999년부터 도시 복원 작업을 본격적으로 시작하여 소중한 문화유산을 문화관광 자원화 하고 있다.

성으로 들어가는 동쪽 문 플로체 게이트, 1537년 지어진 서쪽 문 필레 게이트, 아름다운 고딕 양식 건축물, 1520년 만들어진 르네상스 스타일의 성 사비오르 성당, 예수회 기사단을 조직한 성 이그나티우스 로욜라의 일생을 담은 그림이 있는 성 이그나티우스 성당, 라파엘로의 마돈나,

두브로니크 성 블라이세 성당과 기사 올란도 석주

티치아노의 '성모 승천'을 볼 수 있는 두브로브니크 대성당 등 르네상스와 바로크 양식의 성당들, 14세기에 지어졌으나 외관은 거의 바로크 양식인 프란체스코 수도원, 도미니크 수도원 대성당, 오랜 세월 동안 여러 건축 예술가의 손을 거쳐 다양한 양식의 아름다운 외관을 지닌 스폰자 궁전 그리고 의상, 초상화, 문장 등을 전시하는 박물관으로 사용되고 있는 11세기로 거슬러 올라가는 렉터 궁전 등 역사적인 건축물들이 잘 보존되어 두브로니크를 방문한 여행객들을 중세의 시대로 안내한다.

두브로브니크의 구시가지의 중심 스트라둔 거리 광장에는 바로크 양식의 성 블라이세 성당이 있다. 성 블라이세는 아르메니아에서 온 성직자로, 10세기에 두브로니크를 점령하려는 계략을 꾸민 베네치아인들이 큰 선박을 타고 이 도시를 정탐하러 왔을 때, 이를 미리 알아차리고 성 스테판 대성당의 신부에게 알려 도시를 안전하게 지킬 수 있게 하였다고 한다. 12세기에 성 블라이세는 두브로브니크의 수호성인이 되었다. 그리고 목에 생선 가시가 걸려 죽을 번한 아이를 살린 이후로, 성 블라이세는 아픈 이들의 병을 치유해주는 성인으로도 추앙받았다고 한다. 서쪽 문 필레 게이트 위에 조각되어 있는 성 블라이세 상을 비롯하여 두브로니크 도시 곳곳에서 이 성인의 모습을 만날 수 있다. 1972년부터 매년 2월 3일 블라이세 성인을 기리는 축제가 열린다.

성 블라이세 성당 위에는 성 스테판 대성당의 신부가 '금빛으로 빛나는 주교관을 쓰고 주교의 지팡이를 든 긴 수염의 노인'이라고 묘사한 모습 그대로 금빛 주교관을 머리에 쓰고 왼손에는 두브로니크의 도시 모형을 들고 있는 두브로브니크의 수호성인 성 블라이세의 조각상이 도시를 내려다보며 서 있다. 성당 안에도 은으로 만든 또 다른 성 블라이세 조각상이 있는데, 1706년 성 블라이세 성당 대형 화재 사건 때, 성당 안에 있던 모든 금속 물질까지 다 녹아버렸지만, 이 조각상은 손상되지 않았다고 한다.

사람들로 늘 붐비는 성 블라이세 성당 앞 계단에서는 새해 전날 행사와 여름 페스티벌 등 두브로니크의 주요 행사의 개막식이 개최된다. 구시가지의 중심 광장인 성 블라세이 성당 앞 광장에서는 60년 전통의 두브로니크 여름 페스티벌이 매년 7월 10일부터 8월 25일까지 열린다. 크로아티아 전통복장을 한 공연 팀의 흥겨운 공연을 볼 수 있다. 두브로니크 구시가지 곳곳에서는 여름 페스티벌 기간 이외에도 음악회와 민속 공연 등이 자주 열린다.

성 블라이세 성당 앞 루자 광장에는 요정들이 만들었다는 명검 뒤랑달을 쥐고 있는 기사 올란도(롤랑의 이탈리아어식 표기)의 석주, 일명 오를란도브 게양대가 세워져 있다. 롤랑은 중세 십자군 전쟁 시대의 기사의 무용담을 그린 서사시 '롤랑의 노래'의 주인공이다. 롤랑은 프랑크 왕국의 왕 샤를르마뉴 대제의 조카이자 그 휘하의 용감한 기사였다. 샤를르마뉴 대제가 이슬람의 사라센 세력이 지배하던 스페인을 정복한 후 778년 평화협정을 맺고 철군을 할 때, 롤랑은 후미에 남아 적군의 추격에 대비하다가 그를 시기하던 가늘롱의 계략에 빠져 피레네 산맥의 롱스보 고개에서 싸우다가 장렬하게 전사하였다.

중세 십자군 전쟁 시대의 이야기를 다룬 서사시 '기사도 로망'을 대표하는 전설적인 인물인 기사 롤랑은 아드리아 해를 건너와 두브로니크의 독립과 자유와 평화의 상징이 되어, 성 블라이세 성당 앞 광장에 1418년에 올란도 상으로 세워졌다. 롤랑의 오른쪽 팔꿈치에서 손까지의 길이와 올란도 상의 육각형 모양의 받침대의 한 변의 길이는 똑같이 512cm인데, 이 길이는 옛날 교역의 중심지였던 두브로브니크에서는 속임수 없이 정확하게 길이를 재는 기준이 되었다고 한다.

스페인 톨레도 전경

스페인 톨레도

스페인의 수도 마드리드에서 남서쪽으로 약 70km 떨어져 있는 인구 6만 7천 명의 작은 도시 톨레도의 구시가지 전체가 1986년 유네스코 세계문화유산으로 지정되었다. 중세 성벽 등 중세의 모습을 아직도 온전히 간직하고 있어 여행자들이 중세의 분위기를 고스란히 느낄 수 있는 도시이다. 9세기부터 16세기 중반까지 스페인의 수도로서 정치와 문화의 중심지였던 톨레도는 오랜 세월 동안 기독교 문화와 이슬람 문화가 서로 섞이면서 세계 역사상 가장 독특한 문화를 보여주는 건축물들이 생생하게 남아 있는 스페인의 여러 도시들 중의 하나이다. 톨레도에서는 스페인이 낳은 세계적인 화가 피카소와 엘 그레코의 자취도 여전히 찾아볼 수 있다. 특히 세르반테스의 돈키호테의 배경이 된 라만차 지역의 중심도시인 톨레도는 돈키호테 스토리를 파는 도시가 되어 시내 곳곳에서 돈키호테 거리, 돈키호테 동상, 돈키호테 관련 기념품 상점과 레스토랑 등을 만날 수 있다.

제6장

도시재생을 넘어 문화브랜드 도시로

세계의 많은 도시들이 문화예술자원을 활용한 도시재생과 문화도시 마케팅에 주력하고 있다. 특히 1970년대와 1980년대 들어서서 도시 경제가 급격하게 침체기에 접어든 영국의 글래스고와 리버풀 그리고 스페인의 빌바오 등 유럽의 공업도시들이 그러했다. 18세기 후반에 일어난 산업혁명 시대를 거쳐 조선업이나 중공업을 주요산업으로 하여 경제성장을 지속해 오던 유럽의 공업도시들은 20세기 후반 한국과 같은 신흥 공업 국가들이 떠오르고 세계 산업구조가 급속하게 재편되면서 도시 경제의 침체가 빠르게 진행되어 고전을 면하지 못했다. 2백 년 가까이 경제적 번영을 누렸던 이들 도시들은 급작스럽게 도시의 경제 기반이 무너지면서 실업자가 증가하고 극도로 오염된 환경만 남은 도시라는 부정적인 이미지를 갖게 되었다. 사람들이 떠나가서 인구는 점점 감소되고 도시 곳곳은 슬럼화 되어 유령의 도시, 범죄의 도시로 전락했다.

유럽의 쇠락해가던 공업도시들은 문화를 돌파구로 삼아 도시재생의 해법을 창조적인 문화산업에서 찾았다. 영국 글래스고와 스페인 빌바오는 창조적인 문화산업을 육성하여 도시의 경제를 살리고 도시의 브랜드 가치를 높여 독특하고 매력적인 문화를 지닌 '창조도시' 브랜드를 갖는 일에 성공한 대표적인 사례들이다. 도시의 경제를 다시 살아나게 하고 떠났던 시민들을 다시 돌아오게 한 것은 무엇보다도 문화도시 브랜드 마케팅 전략이다. 이 도시들은 문화정책을 최우선 과제로 삼아 적극적으로 추진하고, 도시의 문화적 환경을 구축하여 관광객들과 기업투자를 성공적으로 유치했다.

이러한 노력의 결과 환경이 오염되고 몰락한 공업도시라는 부정적인 이미지를 씻어내고 마침내 매력적인 문화도시로 새롭게 태어나서 문화관광산업 등 문화산업으로 경제적 위기를 극복하는데 성공하였다. 지금 이 도시들은 도시인들의 행복지수가 높은 세계적인 문화도시라는 긍정적인 이미지를 얻고 전 세계 관광객들을 불러들이고 있다. 이 도시들을 통해 문화의 힘이 이루어낸 경제적 효과가 입증되었다. 이제 문화산업은 도시의 전반적인 경제를 살리고 성장시키는데 핵심적인 역할을 하는 고부가가치 산업이 되었다.

우리나라에서도 산업구조가 중공업에서 서비스산업 쪽으로 빠르게 바뀌어 가고 있다. 도시의 경제를 활성화하기 위해 자기 도시만의 특색 있는 문화자원을 발굴하고 복원하여 문화도시 브랜드 마케팅을 하는 효과적인 전략과 실천이 필요한 때이다. 글래스고와 리버풀과 빌바오가 쇠퇴해가는 공업도시의 이미지를 벗고 문화가 넘치는 문화도시의 이미지를 심어 도시재생에 성공하였듯이, 이제 우리나라의 도시들도 문화도시 건설에 미래를 걸어야 할 것이다. 세계 곳곳에서 문화자원을 활용하여 도시재생 프로젝트에 성공한 도시들의 사례를 살펴보면서 우리나라 도시들이 나아갈 길을 모색해 보려고 한다.

영국 글래스고

글래스고는 일찍이 15세기 스코틀랜드의 학문, 종교, 상업의 중심지로 출발하여 19세기와 20세기 초까지 무역업 및 조선업과 중공업 등 전통적인 산업을 기반으로 성장하였다. 한 때 영국의 대표적인 산업도시, 영국 제2의 풍요로운 도시로 명성을 날렸던 글래스고는 세계 경제 불황과 산업구조의 변화로 도시의 산업기반이 무너지고 지역 경제가 침체되면서 20세기 중반부터 쇠퇴의 길을 걸어왔다.

1980년대에 이르러 글래스고는 실직자들이 점점 늘어나고 도시가 슬럼화 되면서 폭력과 범죄의 도시라는 부정적인 이미지까지 갖기에 이르렀다. 글래스고는 '글래스고를 훨씬 더 좋게'라는 캠페인을 벌이며, 도시 환경 개선에 먼저 나섰다. 그리고 무엇보다도 문화예술을 적극적으로 활용하여 글래스고의 경제를 다시 살려내려고 애썼다. 문화예술에 과감하게 투자하여 문화도시 만들기 프로젝트에 착수한 결과 성공적으로 문화도시 브랜드를 갖게 되어 글래스고의 경제가 기적처럼 되살아나게 되었다.

글래스고는 버려진 공장 건물들과 비어있는 공간들을 리모델링하여 전시장과 공연장과 같은 문화예술 공간으로 활용하고, 새로운 공연장, 박물관, 미술관을 건립하는 등 문화적 환경 조성에 힘을 쏟았다. 그리

영국 글래스고

고 다양한 문화 프로그램을 개발하고 문화예술 축제와 이벤트 등 대규모 문화행사를 개최했다. 새롭게 추진한 '예술축제', '오월축제', '합창제', '재즈음악축제', '무용제' 등 다양한 문화예술 축제는 공업도시의 이미지를 문화도시의 이미지로 바꾸는데 크게 기여했다. 글래스고는 이처럼 문화예술을 활성화하여 매력적인 문화도시 브랜드 이미지를 만들어갔다.

스코틀랜드 전시 센터, 컨퍼런스 센터 등을 새로 건설하고, 대규모 국제적인 전시회와 국제회의를 유치한 결과 외국인 방문객수도 서서히 늘어났다. 글래스고는 마침내 부정적인 도시 이미지를 씻어내고, 매력적인 문화관광 도시로 다시 태어났다. 1990년에는 '건축과 디자인의 도시', '유럽 문화도시'로 선정되기에 이르렀다. '유럽 문화도시'는 유럽연합의 국가들이 유럽 각 도시의 우수한 문화자원을 적극적으로 개발하고 상호 교류하여 유럽 문화관광산업의 공동 발전에 이바지하도록 하기 위해 1985년부터 공동으로 추진해온 프로젝트이다.

글래스고는 문화예술자원을 활용한 문화도시 브랜드 마케팅 전략으로 쇠락한 공업도시라는 부정적인 이미지를 매력적인 문화도시의 이미지로 바꾸어, 성공적으로 관광객을 불러들이고 기업투자도 유치하였다. 글래스고는 이후로도 도시의 문화적 환경을 개선하는 사업을 지속적으로 추진하여 문화도시 브랜드 이미지를 더욱 확실하게 구축했다. 문화관광객들이 몰려오면서 도시의 문화관광산업이 활기를 띄었다. 인구 58만 명의 글래스고는 연간 200만 명의 관광객들을 유치하여 침체된 지역의 경제를 다시 살리는데 성공한 대표적인 문화도시가 되었다.

> 영국 및 유럽 인상파 화가들의 작품과 자연사, 고고학, 민족사, 은제품, 도자기 등 다양한 미술품을 감상할 수 있는 켈빙로브 박물관(Art Gallery and Museum at Kelvingrove)에는 매년 100만 명 이상이 방문하여 런던 이외의 지역에서는 가장 많은 관람객이 모이고 있다. 1988년 개최된 가든 축제(National Garden Festival)에는 430만 명이 방문하였다. 또한 1990년 문화도시(European City of Culture)로 선정된 것을 기념하기 위해 개최된 각종 행사(international arts festivities)에는 900만 명이 참가하였다. (문화도시의 도시재생과 문화콘텐츠, pp.60,61.)

영국 리버풀

영국의 산업도시 리버풀은 1960년대까지 만해도 해운 항만업, 제조업 등으로 아직은 일자리가 넘치는 역동적인 도시였다. 그러나 이후 도시의 기간산업들이 차츰 쇠퇴하면서 리버풀은 사람들이 떠나가고 텅 빈 유령의 도시로 전락할 위기에 몰렸다. 리버풀이 쇠퇴한 도시를 되살리기 위해 선택한 것은 문화와 예술이었다. 리버풀은 문화산업을 통해 도시의 경제를 되살리기 위해 '리버풀의 예술과 문화산업전략'을 세우고 도시의 문화적 환경을 구축하는데 많은 노력을 기울였다. 그 결과 리버풀은 세계무역의 역사에서 중요한 역할을 하였던 해양산업도시로서의 역사적 가치를 인정받아 2004년에는 유네스코에 의해 세계문화유산으로, 이어서 2008년에는 유럽 문화도시로 지정되었다. 이렇게 해서 지금 리버풀은 21세기 문화산업혁명의 도시로 다시 태어나고 있다.

리버풀을 다시 살리는데 결정적인 역할을 한 것은 바로 이 도시가 낳은 세계적인 보컬 그룹 비틀즈의 신화였다. 비틀즈는 1960년 영국 리버풀에서 탄생하여 활동하다가 전 세계에 알려지면서 세계적인 4인조 그룹으로 성장하였다. 도시 곳곳에 비틀즈의 발자취가 아직도 희미하게 살아 남아있는 추억의 장소들이 복원되었고, 비틀즈 멤버들의 스토리가 되살아났다. 리버풀은 비틀즈 신화를 스토리텔링하여 비틀즈를 사랑하는 전 세계인들의 발걸음을 다시 리버풀로 향하게 만들었다. 이렇게 해서 지금 리버풀은 21세기 문화콘텐츠 산업 도시로 다시 태어나고 있다.

비틀즈가 전 세계에 끼친 사회적 문화적 영향은 거의 혁명적인 것이었다고 평가받기도 한다. 존 레논, 폴 매카트니, 조지 해리슨, 링고 스타, 이들 네 사람은 20세기를 뛰어넘어 21세기에도 여전히 전설적인 존재로

비틀즈의 멤버 '존 레논'의 동상

남아 있다. 영국의 전설적인 그룹 비틀즈의 명성과 문화 예술적 자산이 가져오는 경제적 효과는 현재진행형이다. 비틀즈의 음반은 전 세계적으로 10억 장 이상이 팔려나가 음반 판매에서 최고의 기록으로 기네스북에도 올랐으며, 지금까지도 저작권 수입이 1년에 4,000억 원 정도에 이른다. 비틀즈의 음악이 가져다 준 어마어마한 경제적 효과가 당시 경제 불황에 빠졌던 영국을 구해내었다는 말이 떠돌 정도였다. 비틀즈의 경제적 가치는 음반 판매 수익뿐만 아니라 공연 수익, 광고 수익, 리버풀 관광 수익, 기타 파생 수익까지 합치면 400조 원 가까이 될 것이다.

비틀즈의 전설을 간직한 도시 리버풀은 전 세계에서 리버풀 인구 43만 여명의 몇 배에 달하는 연간 150만 명의 관광객들이 비틀즈의 음악과 삶의 발자취를 찾아 몰려드는 문화관광도시가 되었다. 이들은 비틀즈의 혼이 깃든 장소들을 열심히 찾아다닌다. 비틀즈의 발자취를 쫓아다니는 이들 비틀즈 마니아들로 인해 조지 해리슨이 어릴 적에 살았던 낡은 집까지도 관광명소가 될 정도이다. 이발사, 은행원, 소방관 등의 모습이 담긴 비틀즈의 노래 〈Penny Lane〉의 배경이 된 거리는 관광객들의 기념사진 촬영의 명소가 되었다. 리버풀 시내 매튜 스트리트에 있는 비틀즈가 공연하던 캐번 클럽은 원래 와인창고였던 건물을 리모델링하여 문을 연 리버풀 최고의 공연무대였다. 이제 캐번 클럽은 전 세계에서 찾아오는 비틀즈 순례객들의 발길이 끊이지 않는 비틀즈 성지가 되었다.

리버풀에는 비틀즈의 음악이 탄생한 지하연습실을 비롯하여 비틀즈와 관련된 많은 추억의 공간들이 남아 있고, 여기에는 비틀즈 그룹 활동과 관련된 많은 이야기들이 간직되어 있다. 시 당국은 비틀즈 이야기와 사라지거나 내버려진 비틀즈 관련 장소들을 발굴하고 복원하여 전 세계에서 비틀즈의 자취를 찾아오는 수많은 비틀즈 음악 순례자들을 맞아들이고 있다. 리버풀은 이른바 '비틀즈 스토리'로 도시경제의 활성화를 시도한 것이다.

실제로 '비틀즈 스토리(The Beatles Story)'라는 이름을 지닌 비틀즈 박물관도 있다. 이곳은 비틀즈 스토리를 간직한 리버풀의 명소로서 비틀즈 그룹의 결성과 월드 투어 그리고 그룹 해체에 이르기까지 비틀즈의 역사와 이야기, 의상, 악기, 사진 등 비틀즈에 관한 모든 것을 만날 수 있어 연간 25만 명이 방문하는 박물관이다. 2005년 12월 8일에는 이 박물관 앞에서 존 레논 25주기 추모행사가 열리기도 했다.

'Beatles Magical Mystery Tour'는 투어 버스를 타고 가이드가 들려주는 비틀즈에 관한 이야기를 들으며, 비틀즈 멤버들이 나고 자란 생가에서부터 다니던 학교 그리고 그들의 연습장과 '캐번 클럽' 등의 공연장을 마치 비틀즈 성지 순례를 하듯이 찾아다니는 인기 투어 프로그램이다. 투어 버스에서는 '조지가 14살 때 폴 매카트니를 만났고 15살 때에는 학교를 그만 두었다는 이야기, 폴 매카트니와 여자 친구 린다의 만남과 두 연인의 데이트 현장을 목격했던 할머니 이야기' 등 리버풀의 노동자 집안에서 자란 비틀즈 멤버들에 관한 생생하고 재미있는 이야기들이 가이드의 해설로 끊임없이 흘러나온다.

실력을 갖춘 음악 그룹들이 많이 활동하고 있는 리버풀에서는 일 년 내내 크고 작은 음악 축제들이 끊이지 않고 열린다. 그 중 250개 음악 그룹이 참가하여 공연을 벌이는 비틀즈 축제(Beatles Week)는 매년 엄청난 성황을 이루고 있으며, 이 짧은 축제 기간에만 50만 명의 관광객들이 비틀즈를 찾아 리버풀에 오고 하루 최고 25만 명의 군중이 거리 축제에 참가한다. 비틀즈의 음악과 문화로 넘치는 리버풀에서 비틀즈는 이제 산업으로 자리 잡았다. 관광, 축제 등 비틀즈 관련 사업으로 기업이 된 회사도 있다. '캐번 비틀즈 컴퍼니'는 비틀즈 사업을 하는 리버풀의 회사들 중 하나인데, 처음에 관광 안내원 2명이 시작한 이 회사는 꾸준히 사업을 확장하여 지금은 상점, 클럽, 관광(Cavern City Tours), 축제(International Beatles Week)까지 개최하는 중견 기업이 되었다.

리버풀은 도시경제에 미치는 비틀즈효과를 확대하기 위해, 기능을 다한 옛 부두를 1983년부터 문화단지로 개발하여 리버풀 국립박물관의 산하기관인 머지사이드 해양박물관(Merseyside Maritime Museum), 테이트 리버풀 갤러리(Tate Liverpool Gallery), 방송 스튜디오 등 다양한 문화시설들을 들어서게 했다. 여기에는 물론 호텔, 레스토랑, 기념품 상점 등 서비스 산업시설도 포함되어 더 많은 일자리를 창출했다.

뮤직 페스티벌과 같은 문화축제도 지속적으로 개최하고, 제2차 세계대전 당시 노르망디 상륙작전에 참전했던 수륙양용전차를 개조하여 육지와 바다를 동시에 오가는 이색적인 투어도 즐길 수 있게 하는 등 문화관광산업 활성화를 위해 모든 노력을 기울였다. 관광과 문화산업에 대한 집중적인 투자로 문화도시 마케팅에 성공한 리버풀에는 지금도 문화산업도시로서의 가능성을 보고 영국정부와 유럽연합의 5조원에 달하는 투자 그리고 많은 민간기업의 3조원에 달하는 투자가 몰려들고 있다. 리버풀은 이제 문화관광 도시로 확고하게 자리를 잡았다.

영국 게이츠헤드

영국의 인구 20만 명의 중소도시 게이츠헤드는 영국 산업혁명의 상징이었지만 광산이 폐쇄되면서 지역경제가 몰락하여 유령도시로 변해가던 탄광촌이었다. 꺼져가던 도시를 다시 살려내는 프로젝트의 핵심은 문화적 환경의 구축이었다. 게이츠헤드는 공공미술 프로젝트를 추진하여 아주 먼 곳에서도 알아볼 수 있는 '북쪽나라 천사'라는 초대형 조각상을 세웠다. 북쪽나라 천사는 탄광촌에서 문화예술 도시로 변신한 게

밀레니엄 브리지

이츠헤드의 상징물이 되어, 어두운 과거의 이미지를 딛고 서있는 희망찬 문화예술 도시의 이미지를 세계인들의 마음속에 심어주는데 성공했다. 그리고 배가 지나갈 때면 눈꺼풀이 올라가듯이 다리가 위로 올라갔다가 눈을 감듯이 다시 내려온다고 해서 붙게 된 '윙크하는 다리'라는 별명과 함께 화려한 조명으로 유명해진 독특한 디자인의 '밀레니엄 브리지'도 건설되었다.

도시의 랜드마크가 될 건축물은 세계 다른 어느 도시에서도 볼 수 없는 독특한 디자인이 생명이다. 게이츠헤드는 이처럼 독특한 디자인의 초대형 천사 조각상과 아름다운 다리를 도시의 상징적인 랜드마크로 삼아 문화예술도시로의 변화를 시도하였다. 이어서 오래된 제분소 건물을 리모델링하여 '볼틱 현대미술관'을 열었는데, 개관 첫 해에 이 미술관을 방문한 관람객 수는 100만 명이나 되었다. 그리고 '애벌레를 연상시키는 독특한 외관'과 최고의 음향 시설을 갖춘 콘서트홀 '세이지 게이츠헤드 뮤직센터'도 새로 건축했다. 북쪽나라 천사와 윙크하는 다리 그리고 볼틱 현대미술관과 세이지 게이츠헤드 뮤직센터가 가져다준 경제적 효과는 매년 230억 원 이상으로, 문화를 통한 도시마케팅이 게이츠헤드의 지역경제를 빠르게 회복시켜 주었다. (문화도시-지역발전의 새로운 패러다임, pp.186,187.)

영국 헤이 온 와이

영국 웨일즈의 헤이 온 와이는 쇠락한 폐광촌에서 세계적인 관광 명소로 거듭난 작은 마을이다. 헤이 온 와이는 마을 전체가 온통 책으로 가득 찬 세계 최초의 책 마을이다. 책 마을은 옥스퍼드 대학교를 졸업하고 잘나가던 회계사 일을 그만두고 1961년 고향으로 돌아와 헌책방을 차린 리처드 부스라는 한 젊은이에 의해 시작되었다. 성, 창고, 영화관, 소방서 등 마을에서 사용하지 않고 버려져있던 건물들이 하나둘씩 각기 다른 테마가 있는 헌책방들로 바뀌어갔고, 어느덧 헤이 온 와이는 온 마을 사람들이 책으로 먹고 사는 책 문화마을이 되었다.

1977년 만우절에 리처드 부스는 왕으로 추대되어 즉위식을 갖고, '헤이 온 와이 독립선언'을 했다. 헤이 온 와이는 자체 화폐를 발행하고 자체 여권도 발급했다. (커져라 상상력 강해져라 마케팅, pp.212,213.) 이 재미있는 행사로 헤이 온 와이라는 마을 이름이 전 세계적으로 유명해졌다. 옛 성을 사들인 '서적 왕 리처드'는 성벽을 따라 책장을 만들고 무인판매 '정직 서점'을 열어 관광 상품화하였다.

인구가 고작 1,300 명인 작은 마을 헤이 온 와이는 이제 매년 수십만 명의 관광객이 찾아오는 세계적인 관광명소가 되어 관광수입을 올리고 일거리를 창출하는 경제적 효과를 거두고 있다. 1988년부터 개최한 문학 페스티벌로 50만 명의 관광객을 유치하고 3백만 파운드의 수익을 올리고 있다. '특히 문학, 음악, 미술 등을 총망라하는 종합 문화예술 축제로 5월 마지막 주 열흘 동안 열리는 헤이 축제에는 (…) 전 세계에서 수많은 관광객들 및 저명인사를 맞이하고 각종 문화행사, 국제교류에 힘쓰고 있다.' (문화도시의 도시재생과 문화콘텐츠, pp.210, 211.)

스페인 빌바오

스페인 북부 바스크 지방에 있는 항구도시 빌바오는 1970년대까지는 세계 조선업과 철강업의 중심지로 도시의 경제가 활기를 띄고 눈부신 발전을 이룩한 공업도시였다. 그런데 1980년대에 들어서자 빌바오는 특히 한국 조선업의 급속한 성장으로 직접적인 타격을 입게 되었다. 도시경제가 침체되고, 산업고용 인구가 급격하게 감소하고, 환경이 극심하게 오염되고, 여기에 최악의 대홍수까지 겹치면서 빌바오는 위기에 빠졌다.

빌바오는 글래스고를 벤치마킹하여 도시를 살리기 위한 중요한 전략으로 문화예술을 선택하고, 자기 도시만의 차별화된 문화적 환경과 이미지를 만들면서 문화예술을 통한 도시재생 프로젝트에 착수했다. 문화에 과감히 투자하여 새로운 문화적 공간과 건축물들을 건설하는 등 문화벨트를 조성하면서 문화를 통한 도시 재생 사업에 힘을 쏟았다.

빌바오의 첫 번째 프로젝트는 뉴욕에 본관이 있는 구겐하임 미술관

구겐하임 미술관

의 분관을 유치하고 건립하는 일이었다. 구겐하임 미술관은 쇠락해가는 공업도시라는 빌바오의 부정적인 이미지를 씻어내고 문화도시로서의 새로운 이미지를 세계에 알릴 수 있는 상징적인 랜드 마크가 되었다. '메탈릭 플라워(Metalic Flower)'라는 수십만 장의 티타늄 판들을 건물 외벽에 붙인 세계적으로 드문 독특한 디자인의 미술관은 문화도시 브랜드 이미지 구축에 결정적인 역할을 했다.

빌바오 구겐하임 미술관은 1997년에 개관하자마자 건축물 자체가 매력적인 관광 상품이 되어 전 세계 건축가들과 문화관광객들이 가보고 싶어 하는 문화적인 명소가 되었다. 독특한 디자인의 건축물 자체가 매력적인 관광 상품이 된 것이다. 세계적인 문화관광명소로서의 인기에 힘입어 건물 보수를 위해 새것으로 교체하면서 떼어낸 티타늄판들을 관광객들에게 관광 상품으로 판매할 정도로, 빌바오의 문화관광 마케팅 전략은 대단히 치밀하다.

구겐하임미술관 분관은 문화관광객들을 빌바오로 불러들여 도시 경제를 살리는데 한 몫을 담당했다. 빌바오는 매력적인 문화예술의 도시라는 이미지를 얻고, 도시를 성공적으로 문화도시 브랜드화하는 데 성공한 대표적인 사례가 되었다. 구겐하임미술관 덕분에 도시재생에 성공하고 매력적인 문화도시로 다시 태어난 빌바오는 세계적인 문화관광 도시가 되어 수많은 관광객들을 유치하기에 이르렀다. 인구 35만 명의 빌바오에 세워진 구겐하임미술관을 보러 찾아온 관광객의 숫자는 개관한 지 1년 만에 136만 명, 3년 만에 350만 명에 달했다. 이들 관광객들이 빌바오에서 지출한 관광비용은 빌바오에 '2조원 이상의 경제효과'와 고용창출 효과를 가져다주었다. 문화도시 브랜드 경쟁에 뛰어든 세계의 도시들 사이에 이른바 '빌바오 효과'라는 말이 화두처럼 유행하게 되었다.

> 예술이 창출한 경제효과를 말할 때 빼놓을 수 없는 사례가 스페인 빌바오의 구겐하임미술관이다. 빌바오 구겐하임미술관은 예술이 더 이상 경제적 지원의 대상이 아닌 경제의 핵심적인 성장 동력이라는 사실을 훌륭하게 증명해냈다. 전 세계 대부분의 도시가 빌바오 구겐하임을 벤치마킹하고 있으며, 문화를 통해 경제적 부가가치를 창출하자는 '컬처노믹스'라는 패러다임이 새롭게 등장했을 정도다. (돈과 예술의 경제학, p.39.)

그러나 단순히 구겐하임 미술관 분관 유치만으로 빌바오의 문화도시 브랜드 마케팅이 성공한 것은 아니었다. 빌바오가 치밀한 도시재생 프로젝트를 세우고 하나하나 철저하게 실행에 옮겨 나갔기에 빌바오 효과를 거둘 수 있었던 것이다. 빌바오는 독특한 디자인의 구겐하임 미술관 분관이 들어서 있는 네르비온 강변에 다양한 문화를 담을 수 있는 건축물들을 신축하고 문화예술 단지를 조성하는 등 문화 예술을 통해 도시 이미지를 완전히 바꾸어갔다.

시민들이 쉽게 문화를 접할 수 있도록 '문화의 집(Casas de Cultura)'이라는 네트워크도 구성하였다. 빌바오는 쇠락한 도시에서 삶의 희망과 즐거움을 잃고 살아가던 시민들의 삶의 질 향상과 지역 경제 활성화라는 두 마리 토끼를 잡을 수 있었다. 문화적 경제적 혜택을 받은 시민들의 삶의 만족도는 높아지고 빌바오는 살고 싶은 도시로 바뀌어갔다.

역사적이고 문화적인 유산들을 보존하고 복원하였다. 그리고 종교적이고 역사적인 다양한 전통 축제들을 개최하고, '고고 민속 역사박물관', '투우박물관' 등 다양한 박물관들을 운영하여 빌바오를 찾아온 문화관광객들에게 보고 즐길 거리들을 더 많이 제공하여 세계적인 문화관광명소로서의 입지를 강화해 나갔다. 빌바오는 효과적인 문화도시 브랜드 마케팅 전략으로 매년 백만 명도 넘는 관광객들이 몰려들어 경제 침체에서 벗어날 수 있었다.

> 미래는 도시 자체가 브랜드이다. 도시를 파는 세상인 것이다. 사람들은 재미와 감동을 찾아 움직인다. 이것들이 충족되지 않으면 그 도시는 미래에 살아남을 수 없다. (문화도시의 도시재생과 문화콘텐츠, p.76.)

미국 아스펜

미국 남서부의 콜로라도 주 로키산맥 해발 2,400m의 고원지대에 위치한 폐광촌 아스펜을 세계적인 문화관광 도시로 다시 태어날 수 있게 만든 것은 아름다운 자연경관과 문화예술이다. 아스펜은 아름다운 자연경관과 문화예술을 절묘하게 조화시켜 성공적으로 브랜드 마케팅한 결과, 세계적인 문화관광 휴양 도시로 거듭날 수 있었다. 인구 6,000여 명의 작은 도시 아스펜은 쓰러져가는 도시를 살려내기 위해 로키산맥에 둘러싸인 아름다운 자연경관을 관광자원화하여 여름철에는 문화예술 축제를 기획하여 운영하고, 겨울철에는 스키장 등을 운영하여 관광 성수기와 비수기의 구별 없이 많은 관광객들을 불러들이고 있다.

국제음악제 '아스펜 뮤직 페스티벌'을 개최하고 음악학교를 유치하면서 쇠락해가던 폐광촌은 음악도시로 다시 태어났다. 아름다운 자연경관 속에서 세계의 명연주자들과 만나고 음악 레슨을 받고, 그들의 명연주를 즐길 수 있다는 매력이 사람들을 아스펜으로 모여들게 했다. 이제 미국의 대표적인 여름 클래식 음악축제로 자리 잡은 아스펜 뮤직 페스티벌은 전 세계 관광객들에게 매력적인 문화관광 상품이 되었고, 매년 여름이면 전 세계에서 10만 명이 넘는 음악 애호가들이 아스펜 뮤직 페스티벌을 즐기러 찾아오고 있다. 아스펜은 지역경제의 40%에 달하는 관광수익을 이 기간 동안 올린다.

폐광촌이었던 작은 산촌 마을에서, 매해 여름 전 세계의 관광객들이 모여드는 세계적인 휴양지로 탈바꿈된 아스펜은 문화예술과 관광사업이 완벽한 조화를 이룬, 일명 문화관광 산업이 모범적으로 운영되는 지역으로 자주 거론되

> 는 곳이다. (…) 우리나라 강원도 산골의 작은 마을과 다름없는 아스펜이 뮤직 페스티벌이라는 문화사업을 유치, 운영함으로써 세계적인 문화관광지로 성공적인 변신을 한 데 대한 감탄을 넘어서서, 매년 십만에 이르는 방문객을 보유하고 있는 아스펜뮤직페스티벌의 관객 확보 전략은 무엇인지 호기심을 갖게 되었다. (문화예술 경영 이론과 실제, pp.241,242.)

우리나라 강원도 평창 대관령에 자리 잡은 콘서트 전용 홀을 갖춘 알펜시아 리조트에서도 매년 여름 대관령 국제음악제와 음악학교가 열린다. 이 대관령 음악축제는 바로 아스펜 뮤직 페스티벌과 음악학교 운영을 모델로 하여 이루어진 축제이다. 아스펜과 마찬가지로 자연경관과 문화예술을 접목한 세계적인 음악축제로 발돋음 하기 위해서는 무엇보다도 치밀한 관객 확보 전략을 세울 필요가 있다. 보다 많은 관객 확보를 위해서는 대도시의 관광여행사들과 협력하여 음악축제와 연계할 수 있는 대관령 주변의 문화관광 프로그램을 함께 개발하는 것도 좋은 방안이 될 것이다.

참고문헌

강일중, 공연예술축제를 만드는 사람들, 연극과 인간, 2009.

김민주, 성공하는 기업에는 스토리가 있다-스토리텔링 마케팅 성공 전략 22가지, 청림출판, 2006.

김민주, 커져라 상상력 강해져라 마케팅, 리더스북, 2008.

김민주, 송희령, 시티노믹스-도시경쟁력을 키우는 콘셉트 전략, 비즈니스맵, 2010.

김선균, 스위스 오스트리아 동유럽, 통일신문사, 2011.

김우정, 돈과 예술의 경제학, 북카라반, 2008.

김춘식, 남치호, 세계축제경영, 김영사, 2012.

매일경제 한류본색 프로젝트팀, 한류본색, 매일경제신문사, 2012.

박복재, 우진경, 도시 브랜드 마케팅, 전남대학교출판부, 2011.

박상훈, 장동련, 장소의 재탄생-홍대앞에서 런던까지, 플레이스 브랜딩 노트, 디자인하우스, 2009.

박신의, 문화예술 경영 이론과 실제, 생각의 나무, 2002.

박종호, 유럽 음악축제 순례기, 시공사, 2012.

박흥식, 글로벌 시대 지방정부의 문화마케팅 전략, 집문당, 2003.

원제무, 문화가 도시를 살린다, 피앤씨미디어, 2014.

유경숙, 유럽 축제 사전, 멘토르, 2011.

유승호, 문화도시-지역발전의 새로운 패러다임, 일신사, 2008.

윤영석, 김우형, 도시 재탄생의 비밀 도시브랜딩, 모라비안유니타스, 2010.

이병훈, 문화 속에 미래가 있다, 디자인하우스, 2001.

장연욱, 최윤정, 유럽도시와 문화, 2014.

정태남, 유럽에서 클래식을 만나다, 21세기북스, 2011.

조규익, 임미숙, 아, 유럽!, 2007.

주정민, 문화도시의 도시재생과 문화콘텐츠, 전남대학교출판부, 2005.

황영관, 유럽 음악도시 기행, 시공사, 2010.

황인선, 컬처파워, 팜파스, 2010.

RuExp 프라하 팀, 프라하 이야기, 혜지원, 2013.

조태남

고려대학교 문과대학 불어불문학과를 졸업하고, 동대학원에서 문학석사와 문학박사 학위를 받았으며, 고려대학교와 상명여자대학교 등에서 강의했고, 현재 경남대학교 문과대학 문화콘텐츠학과 교수로 재직하고 있다.

주요 논문으로는 'Nerval의 Supernaturalisme 연구 서설', '제라르 드 네르발의『레 쉬메르』연구 서설', '제라르 드 네르발의 초자연주의', '네르발의『오렐리아』연구', '네르발과 오르페우스신화', '자아탐구로서의 문학', '사실주의에서 초자연주의로', '부활의 신화와 고대 비의', '컬처노믹스 시대의 문화도시 마케팅 사례 연구' 등이 있고, 주요 저서로는『되찾은 시간 -네르발의 '실비' 연구』,『꿈과 인생 -네르발의 '환상시집' 연구』,『상상력의 보고, 그리스 신화 읽기』,『문화콘텐츠와 스토리텔링』,『스토리텔링과 문화마케팅』등이 있다.

컬처노믹스 시대 문화도시 브랜드

(Cultural City Brand in the Culturenomics Age)

초판 1쇄 발행 _ 2014년 8월 25일

저　　자 • 조 태 남
발 행 인 • 정 현 걸
발　　행 • 신 아 사
인　　쇄 • 토탈프로세스
출판등록 • 1956년 1월 5일 (제9－52호)
주　　소 • 서울특별시 은평구 녹번동 28－36번지 2F
전　　화 • (02)382－6411 • 팩스 (02)382－6401
홈페이지 • www.shinasa.co.kr
E－MAIL • shinasa@daum.net

ISBN: 978-89-8396-872-2 (93300)

정가 15,000원